科学教育译丛
主编　王恩科　　主审　钟南山

面向科学素养培养的社会性科学议题教学

Socioscientific Issues-Based Instruction for
Scientific Literacy Development

〔美〕沃德尔·A. 鲍威尔（Wardell A. Powell）　主编
许辰佳　译
刘益宇　校

科学出版社
北京

图字：01-2024-1437

内 容 简 介

社会性科学议题教学是科学教育研究与教学实践中极为重要的核心主题之一，是当前国内外学者共同关注的研究与实践领域。本书集结了该领域的国际知名学者，基于最新研究进展与实践成果，针对不同的学习阶段，深入探讨了社会性科学议题如何渗透于课堂科学教育、促进科学素养培养，为进一步深化社会性科学议题教学提供了扎实的理论基础与丰富的教学实践案例，有重要参考价值。

本书可供科学教育研究人员、科学教育管理人员、政策规划者、科学教育学研究生等参考使用。

First published in the English language under the title
Socioscientific Issues-Based Instruction for Scientific Literacy Development
written by Wardell A. Powell.
Copyright © 2021 by IGI Global, www.igi-global.com.

图书在版编目（CIP）数据

面向科学素养培养的社会性科学议题教学 /（美）沃德尔·A. 鲍威尔（Wardell A. Powell）主编；许辰佳译. —北京：科学出版社，2024.6
（科学教育译丛 / 王恩科主编）
书名原文：Socioscientific Issues-Based Instruction for Scientific Literacy Development
ISBN 978-7-03-078651-7

Ⅰ. ①面⋯ Ⅱ. ①沃⋯ ②许⋯ Ⅲ. ①科学教育学–研究 Ⅳ. ①G40-05

中国国家版本馆 CIP 数据核字（2024）第 110617 号

责任编辑：郭勇斌 杨路诗 / 责任校对：张亚丹
责任印制：徐晓晨 / 封面设计：义和文创

科 学 出 版 社 出版
北京东黄城根北街 16 号
邮政编码：100717
http://www.sciencep.com

北京建宏印刷有限公司 印刷
科学出版社发行　各地新华书店经销

*

2024 年 6 月第 一 版　开本：720×1000　1/16
2024 年 11 月第二次印刷　印张：16 1/2
字数：328 000
定价：138.00 元
（如有印装质量问题，我社负责调换）

"科学教育译丛"编委会

主　编：王恩科

主　审：钟南山

编　委：（以姓氏笔画为序）

　　　　王　红　卢晓中　朱诗亮　刘守印（华中师范大学）

　　　　汤　庸　阳成伟　杨中民　张　卫　陈文海

　　　　范冬萍　郑永和（北京师范大学）　胡小勇

　　　　胡卫平（陕西师范大学）　柯清超　熊建文

主要缩写对照表

外文缩写	外文名称	中文名称
AAAS	American Association for the Advancement of Science	美国科学促进会
ABET	Accreditation Board for Engineering and Technology	（美国）工程技术认证委员会
ASCE	American Society of Civil Engineers	美国土木工程师协会
CSCL	computer supported collaborative learning	计算机支持的协作学习
CVGCA	Character and Values as Global Citizens Assessment	全球公民品格与价值观测评
EPA	Environmental Protection Agency	（美国）国家环境保护局
HEC	Higher Education Council	（土耳其）高等教育委员会
IPCC	Intergovernmental Panel on Climate Change	政府间气候变化专门委员会
NCSES	National Center for Science and Engineering Statistics	（美国）国家科学与工程统计中心
NGSS	Next Generation Science Standards	《下一代科学标准》
NOS	nature of science	科学本质
NRC	National Research Council	（美国）国家研究委员会
NSES	National Science Education Standards	全美科学教育标准
NSPE	National Society of Professional Engineers	全美专业工程师协会
OECD	Organisation for Economic Co-operation and Development	经济合作与发展组织
PCAST	President's Council of Advisors in Science and Technology	（美国）总统科学与技术顾问委员会
PEM	protein-energy malnutrition	蛋白质-能量营养不良
PTS	preservice teachers	职前教师
SIMBL	socio-scientific issue and model-based learning	社会性科学议题与基于模型的学习
SSA	socioscientific argumentation	社会科学论证
SSPT	socioscientific perspective taking	社会科学视角转换
UNEP	U. N. Environment Programme	联合国环境规划署
USGCRP	U.S. Global Change Research Program	美国全球变化研究计划
WHO	World Health Organization	世界卫生组织

科学教育：大学的使命与担当
（丛 书 序）

我少年时代就读于华南师范大学附中前身的岭南大学附属中学，也因此和华南师范大学结下深厚的渊源。2023 年 7 月，"全国科学教育暑期学校"中小学教师培训（广州会场）在华南师范大学开班，学校邀请我去作报告。我很认真地做了准备，去跟老师们讲我所理解的科学教育以及如何培养科学素质。在我看来，中小学老师会影响孩子一辈子，科学素质的培养必须从小抓起。

科学教育是提升国家科技竞争力、培养创新人才、提高全民科学素质的重要基础。2023 年 5 月，教育部等十八部门联合印发了《关于加强新时代中小学科学教育工作的意见》，对如何在推进教育"双减"的同时做好科学教育加法作出系统性的部署。这么多部门联合发布文件，一方面足见国家对科学教育的重视，要求集聚社会资源，加强部门联动；另一方面也是希望更多组织和相关人士能积极参与，担负起科学教育的使命。

作为广东教师教育的排头兵，华南师范大学一直很重视科学教育。除了这两年连续承办"全国科学教育暑期学校"，据了解，学校多年来还做了一系列示范性、前瞻性的工作。学校 2004 年开始招收科学教育专业本科生，2020 年开始招收科学与技术教育专业硕士，不仅招生规模居全国前列，而且形成了具有中国特色的"大科学教育"理念。2023 年我去作报告时，王恩科同志跟我介绍，学校又在全国率先成立科学教育工作委员会，组建了华南师范大学粤港澳大湾区科技创新与科学教育研究中心等平台，开展国内外小学科学课程标准的比较研究等。这些都说明，学校在科学教育上是有远见卓识的，也真正想为推动中国的科学教育发展做一些实事。

最近又很高兴地看到，华南师范大学集聚了一批专家学者完成了"科学教育译丛"的翻译工作。这套译丛以美国的科学教育研究与实践为主，内容包括社会性科学议题教学、天赋科学教育、科学教育的表征能力框架、STEM 教育、跨学科学习、批判性思维、科学教育理论与实践策略等。这些都是国外科学教育领域密切关注的重要主题和前沿性成果，对于国内科学教育的深入开展很有启发性和借鉴意义。从中可以看出，以美国为主的西方发达国家，对科学教育已经进行了长期的、广泛的、扎实而细致的专业研究与基础性工作。特别是，美国之所以在科技领域能够处于绝对领先地位，与它们在科学教育上的发展水平有着密不可分的关系。美国中学科学教育开始于 1821 年，是世界上最早在中学开设科学课程的国家之一。20 世纪 80 年代，美国启动"2061 计划"，开始实施课程改革，在数学、科学和技术教育方面提出了培养学生科学素养的新目标，要使科学素养成为公民的一种内在品质。随即，美国推出了一系列引领世界科学教育发展的标志性文件，包括《国家科学教育标准》《科学素养的基准》《面向全体美国人的科学》等。自 1993 年起，美国国家科学基金会每两年发布一次《科学与工程指标》，其中首先关注的是美国的中小学科学教育。2013 年，美国国家科学技术委员会向国会提交了《联邦政府关于科学、技术、工程和数学（STEM）教育战略规划（2013—2018 年）》，这是时任美国总统奥巴马主导的一项 STEM 教育发展战略，意在加强 STEM 领域人才储备，保证美国在科技创新人才领域的优势地位。

近些年来，我国开始借鉴美国 STEM 教育的经验，开展了许多相关的实践和研究。但在学习这些具体经验的同时，我们更要认识到，正所谓"冰冻三尺，非一日之寒"，美国科学教育的发达有着多方面的深刻原因，我们要更多地学习它们的策略、理念与方法。科学教育在美国被置于国家战略的重要地位，并从教育目标、课程标准、战略部署、全民素养、监测评价等方面进行了系统性的谋划，基于国家科技发展形成了有特色的科学教育体系。从华南师范大学推出的这套"科学教育译丛"也可以看出，在美国有一批高等院校和科技工作者致力于科学教育的深入研究，形成了大量的面向基础教育的中小学科学教育应用性成果。

应该说，当前我国已经越来越意识到科学教育的重要性，从党的二十大报告中关于教育强国、科技强国、人才强国战略的提出，到教育部等十八部门加强新时代中小学科学教育的工作部署，都体现了党和国家对于科学教育空前的重视。对比世界先进国家，我们在科学教育的师资队伍、教育理念、课程标准、课程体系以及专业研究等方面都还存在着很多短板，因此也迫切需要更多的师范大学、科研院所、科学场馆、高科技企业以及相关的大学教授、科学家、工程师、科学教育研究者等关注、支持和参与到中小学科学教育中来，真正从源头入手做好拔尖创新人才的早期培养。除了虚心学习引进国外的既有教育研究成果，我们更需要一大批的大科学家、大学者、大专家能够不辞其小，躬下身去面向中小学老师和学生做一些科普性、基础性的教育工作，这项工作的价值丝毫不低于那些高精尖的科技研究。

同时更重要的是，正如我在"全国科学教育暑期学校"的报告中提出的，我们要加强中国科学教育的"顶层设计"，构建具有中国特色的科学教育体系。要认识到，无论是美国的STEM教育还是英国的STS（科学、技术、社会）教育，都是基于各自的国家战略和科技发展需求而制定的，也都并非完美无缺，我们可以适当借鉴，但不能照搬照抄。从我们的国情、教情和文化基础来说，我个人认为，中国的科学教育应倡导的是IMH教育，即创新能力（Innovation）、使命感（sense of Mission）、人文精神（Humanity）。在科学教育中，我们要从这三方面做好中小学生的科学素质培养，三者缺一不可。

首先，科学素质的核心是创新能力的培养。具体来说，创新能力应包括开拓精神、尊重事实、执着追求、协作精神等内涵。同时，创新还意味着要学以致用，只有发明和发现还不够，要能够应用于实践，产生社会效益和经济效益。为此，老师要从小培养学生善于发现问题、善于设计解决方案的能力，引导他们利用学到的知识去解决实际问题，将书本所学和生活实践联系起来。

其次，科学教育必须注重使命感的培养。我们常说，科学没有国界，但科学家是有祖国的。在中国进行科学研究，开展科学教育，一定要有使命感。当前，部分西方国家在科学技术上到处卡我们的脖子，我们要进行科学创新，必须敢于担当，把国家和民族的发展放在心中。我们要注重培养学生对科学的好奇心和兴趣爱好，但更重要的是培养学生的使命感。

最后，科学素质的教育要倡导人文精神。这一点尤为重要。国家发展也好，大学教育也好，科技与人文一定是不可偏废的两翼。科技发展是为了让人的生活更美好，让人的发展更健全。没有人文精神做基础，只强调科技发展，不仅是片面的，也是危险的。我们既要注重科学教育，更要提倡德智体美劳全面发展；既要注重科学的发展，更要注重尊重人，学会宽容和公正，善于发现他人的优点和长处。

说到底，这些精神和素养也是青少年时代，母校教给我的令我受益一生的东西。2023年是华南师范大学建校90周年，我也再次受邀回学校出席建校90周年发展大会。我在致词中讲到，华南师范大学附属中学培养了我，为我打下好的基础，给我提供的良好教育让我能够为国家作贡献，同时让我自豪的是，华南师范大学在科技强国、民族复兴的征程上也能够勇担使命，体现了大学应有的精神品格。

从这套"科学教育译丛"中，我再次看到一所高水平大学应有的使命担当与精神品格。我也很愿意和华南师范大学一起，为推动科学教育的发展，为培养更多具有创新能力、使命感和人文精神的高素养人才尽一份力。

是为序。

2024年2月

译者序

2000年前后，北美教育界在科学、技术与社会（STS）教育的基础上，逐渐掀起了社会性科学议题（socio-scientific issues，SSI）运动。作为一种新的科学教育理念，SSI教学注重培养学生作为未来公民的科学素养，其目标对象不再仅限于科技精英，而是全体公民，其核心意图在于提升社会整体在争议性事件上的决策能力。SSI教学明确将学生的个人发展和品格培养作为教育目标，强调学生作为未来公民参与科技相关复杂议题的协商和解决过程，因此，它可以被视为科技时代的公民教育的重要组成部分。

经过20余年的探索与发展，SSI教学已经成为一套较为成熟的面向科学素养培养的教学法体系。本书可视为对该体系的系统性介绍，它从多个角度探讨了SSI教学的理念、方法和策略，包括课程设计、教学资源的选择和利用、教学方法的创新等。作者们结合了自己的教学经验和研究成果，提出了一系列可行的教学方案和模式，旨在帮助教师更好地开展SSI，实现"功能性科学素养"培养的目标。

大约自2016年，我国的科学教育工作者开始关注并探索SSI教学，将其应用于初高中生物、化学等学科教学中，以期为学生提供更加丰富和有意义的学习体验。这些对SSI教学进行本土化的初步探索，深入挖掘了SSI教学在培养推理论证等科学思维核心素养方面的独特价值与优势，为我国科学教育的发展带来了新的思路和方法。《义务教育科学课程标准（2022年版）》（下称新课标）的颁布进一步强调了科学教育从知识导向向素养导向的转变。新课标要求学生不仅要掌握科学观念，还要具备科学思维、探究实践和社会责任等科学核心素养。SSI教学对科学核心素养培养的独特价值，使之成为推动科学教育实践改革的重要抓手和载体。

在此背景下，翻译本书可以为我国的科学教育工作者们提供一扇窗口，了解国际上最新的科学教育理念和实践经验。我们希望可以借此机会，将SSI教学的最新理念、方法和实践经验引入我国的科学教育领域，特别是小学科学课堂，这在我国当前的 SSI 教学本土化实践中还是尚待开发的领域。实际上，SSI 教学不仅是培养批判性思维、非形式推理等科学思维能力的手段，还具有深刻的育人价值与内涵。正如本书所揭示的那样，SSI 教学可以提升学生的跨学科概念掌握和科学本质理解，为学生参与真实的设计与工程实践活动提供情境与契机，特别在培养学生的科学态度和社会责任方面有独特而突出的作用。更重要的是，SSI 教学还有助于强化核心素养之间的相互关联性，譬如通过发展学生的社会道德责任感和共情能力来促进非形式推理、批判性思维水平的提升，这对于小学生科学素养的培养尤为关键。因此，我们期待通过翻译本书，为我国小学阶段的科学教育提供全新的视野和思路，从而为培养具有批判性思维、创新能力和社会责任感的未来公民做出积极贡献。

翻译本书是一项具有挑战性的任务，但也是一种乐趣。这并不是一项个人工作，而是集体努力的成果；因此，本书的译者也并非我自己，而是多点组成的集体。我的两位科学与技术教育专业硕士学生张华欢、骆金莉在翻译过程中发挥了重要的作用，她们分别负责了本书部分章节的初步翻译，对关键术语和相关的制度、文化背景进行深入的思考和探究，为翻译工作奠定了坚实的基础。她们在这项工作中强大的自主性和自驱力，也使得翻译本书成为一个难得的教学情境，在其中，教师与学生的身份变得流动起来，而这也正是 SSI 教学在实践中展现出的重要面向之一。我所在的团队，华南师范大学科学技术与社会研究院，也是译者-集体的组成部分，提供了良好的学术环境和支持，为翻译工作的顺利进行提供了有力保障，学者们充分发挥自己的专业知识，对于一些专业术语和文化背景的翻译提出了宝贵的建议，确保了翻译的准确性和流畅性。总之，本书的翻译是译者-集体共同努力的成果，而其中可能存在的错漏之处，则是我个人的疏忽，欢迎读者批评指正。

我要感谢所有支持和帮助过我的人，也感谢科学出版社编辑对整个翻译项目的组织和协调。衷心希望这本书能够成为培养科学素养的重要工具，能够激发读者对 SSI 教学的兴趣和探究欲望。

许辰佳
2024 年 6 月
广州小谷围

序　言

在世界各地——美国尤甚，各类环境实践与政策愈发以牺牲多数人利益为代价而惠及少数人。有鉴于此，我产生了编写本书的想法，分享社会性科学议题运动代表人物的主要观点，探讨教育工作者如何培养学生成为具有科学素养的公民，从而对这些恶劣的环境实践做出明智决策。

把 SSI 作为一项关键的教学策略，可以培养学龄儿童的科学素养，增强他们参与讨论促进环境健康、社会正义等议题的各类相关实践能力。研究表明，SSI 可以提高学生科学解释现象的技能（Kosterman & Sadler 2010；Nielson 2012；Sadler，Klosterman & Topçu 2011；Zeidler et al 2005）。此外，SSI 教学强化了学生评估、设计科学探究的能力（Zeidler，Applebaum & Sadler 2011；Bencze, Sperling & Carter 2011）以及科学解读数据、证据的能力（Powell & Fuchs 2019；Powell 2020；Zeidler et al 2009）。SSI 还可以促进学生的道德品格发展（Owens，Sadler & Zeidler 2017；Zeidler 2014）。

以上研究成果凸显了 SSI 框架的重要性，它应当在学校科学课程中发挥更为关键的作用。为此，我先行编写本书，重点介绍科学教育者有关 SSI 如何影响科学素养的前沿研究。我希望研究者分享介绍各自科研工作时，能够以启发科学教育教学实践的方式呈现，因此，本书主要介绍针对大、中、小学生的研究项目中 SSI 教学的实施过程与成果。

本书分为十一章，为科学教师、科学教育研究人员带领不同学段学生参与 SSI 探究提供重要资源。

沃德尔·A. 鲍威尔
美国弗雷明翰州立大学

参 考 文 献

Bencze, L. L., Sperling, E., & Carter, L. (2011). Students' research informed socio-scientific activism: Re/Visions for a sustainable future. *Research in Science Education*, 42 (1), 129-148. doi:10.100711165-011-9260-3

Kosterman, M. L., & Sadler, T. D. (2010). Multi-level assessment of scientific content knowledge gains associated with socioscientific issues-based instruction. *International Journal of Science Education*, 32 (8), 1017-1043. doi:10.1080/09500690902894512

Nielson, J. A. (2012). Science in discussion: An analysis of the use of science content in socioscientific discussion. *Science Education*, 96 (3), 428-456. doi:10.1002ce.21001

Owens, D. C., Sadler, T. D., & Zeidler, D. L. (2017). Controversial issues in the science classroom. *Phi Delta Kappan*, 99 (4), 45-49. doi:10.1177/0031721717745544

Powell, W. A. (2020). Framework for using geospatial technology to promote middle school students' critical thinking on socioscientific issues. In M, Grassetti & Zoino-Jeannetti. *Next generation digital tools and applications for teaching and learning enhancement* (pp.47-78). IGI Global. doi:10.4018/978-1-7998-1770-3.ch004

Powell, W. A., & Fuchs, D. (2019). Using socioscientific issues to enhance evidence-based reasoning among middle school students. In S. Robinson & V. Knight (Eds.), *Handbook of research on critical thinking and teacher education pedagogy* (pp.150-176). IGI Global.doi:10.4018/978-1-5225-7829-1.ch009

Sadler, T., Klosterman, M., & Topçu, M. (2011). Learning science content and socio-scientific reasoning through classroom explorations of global climate change. In T. D. Sadler (Ed.), *Socio-scientific issues in the classroom: Teaching, learning and research* (pp.45-77). Springer. doi:10.1007/978-94-007-1159-4_4

Zeidler, D. L. (2014). Socioscientific issues as a curriculum emphasis: Theory, research, and practice. In N. G. Lederman & S. K. Abell (Eds.), *Handbook of research on science education* (Vol. II, pp.697-726). Routledge.

Zeidler, D. L., Applebaum, S. M., & Sadler, T. D. (2011). Enacting a socioscientific issues classroom: Transformative transformations. In T. D. Sadler (Ed.), *Socio-scientific issues in science classrooms: Teaching, learning and research* (pp.277-306). Springer. doi:10.1007/978-94-007-1159-4_16

Zeidler, D. L., Sadler, T. D., Applebaum, S., & Callahan, B. E. (2009). Advancing reflective judgment through socioscientific issues. *Journal of Research in Science Teaching, 46* (1), 74-101. doi:10.1002/tea.2028

Zeidler, D. L., Sadler, T. D., Simmons, M. L., & Howes, E. V.(2005). Beyond STS: A research-based framework for socioscientific issues education. *Science Education, 89* (3), 357-377. doi:10. 1002ce.20048

导　言

SSI 不期而遇：面向科学素养培养的 SSI 教学引介

不期而遇（serendipity）是一个经久不衰的词汇，因它丰富而悦耳的调子，也由于其内涵与意义因不同人在不同情况下的使用而有所变化。霍勒斯·沃波尔（Horace Walpole 1754）被认为是该词的创造者，在给其叔叔霍勒斯·曼爵士（Sir Horace Mann）的一封信中，他解释道：

> 我曾经读过一个纯真的童话故事，叫作"塞伦迪普（Serendip）的三王子"。王子们旅行时，总在不经意间，凭借智慧，获得并未刻意追寻的发现。例如，一个王子意识到，一个右眼失明的骡子最近可能和他们走了同一条路，因为只有路左边的草被吃了，比路右侧矮了一大截——现在你明白什么叫不期而遇了吧？（Rosenau 1935, p.91）

查阅各类英语词典，便会发现 serendipity 的定义大多不外乎"获得意料之外但令人欣喜之发现的小窍门"。我特别乐于看到类似的表述，因为它暗含了两个相互交织的要素：①窍门；②发现。因此，不期而遇可被理解为一种天赋，通过机缘和智慧的结合，在追求其他事物的过程中，发现某些有价值、令人欣喜的但并非刻意追寻的东西。"意外发现"并不是不期而遇的同义词；不期而遇的收获，源于个人在追求其他目标时做好了心理准备，不去轻易无视或忽略那些新奇而陌生的事物。伴随这些收获而产生的幸福感和愉悦感，则揭示并凸显了这一行为的情感本质。

我将我自己的 SSI 研究视为一场不期而遇的旅程（Zeidler 1984; Zeidler 2014; Zeidler, Herman & Sadler 2019; Zeidler & Schafer 1984）。起初，我并没有刻意计划开发一个 SSI 研究项目，而且我肯定不比雪城大学的其他研究生更聪明。然而，回想起来，我认为我只是为这场旅行做好了心理准备。

我一直在追求一个基本问题，即如何在科学教育实践中，不仅培养学生的认知功能，同时也发展个人的道德情操。这段旅程将我从"硬科学"领域带到了心理学、社会学和哲学等其他研究领域。因此，做好心理准备，不过是具备一种倾向，超越自我舒适区去好奇、去探究，同时利用博士研究的灵活性，探索主要学习计划之外的研究契机。

这正是 SSI 可以帮助科学教师及其学生所能做到的。SSI 为教师创设了一个情境，让他们可以设定条件帮助学生体验不期而遇的发现与收获。当学生寻找科学议题的答案时，会发现，道德伦理原则总是嵌在社会文化考量中——不靠灌输，而是以令人惊异且有趣的方式击中他们。SSI 是学生找到科学、道德、关怀、话语和行动交叉路口的场域。就其本质而言，SSI 最青睐那些时刻准备着，并乐于在不熟悉的领域进行探索的头脑，能使兴致寥寥的灵魂找到兴趣和目标，这是因为教育者鼓励"意外"发现——不仅是偶然的，而且必然要由对如何构建意义、相关性和共同理解具有不同观点的不同学生以各自的方式所揭示。

本书各章作者所做的工作便是这些，他们研究、推进各类相关主题，从而形成有关 SSI 的多元视角。至关重要的一点是，围绕 SSI 有很多相互关联的学术研究，涉及认识发展、社会道德话语、情感推理、品格/公民教育、科学本质（nature of science，NOS）、论证、社会科学推理（socio-scientific reasoning，SSR）及其他研究领域（Bencze et al 2020；Herman，Zeidler & Newton 2018；Evagorou，Nielsen & Dillon 2020；Lederman，Antink & Bartos 2014；Newton & Zeidler 2020）。这些主题的"共同核心"在于它们都指向 SSI 在先进科学教育框架下作为"社会文化过程"的独特定位。

事实上，SSI 关系到个人对社区乃至全球议题所作决策的质量，这就是 SSI 被视为"情境中的科学"的原因。它需要融合社会科学推理、启动不同维度上的理解、识别复杂性元素、探究、视角转换（perspective taking）、怀疑主义、科学的可供性（affordability）与局限性（Kinslow，Sadler & Nguyen 2019；Sadler et al 2007），以及进行社会科学视角转换（socioscientific perspective taking，SSPT）（Kahn & Zeidler 2016，2019）。SSPT 不仅仅是视角转换的特例，它要具备三个在 SSI 情境中的充要条件：参与关切自身的议题，在主位与客位之间转换，进入道德情境以促使人们进行伦理考量与道德推理。第三点尤为突出，让 SSPT 区别并超越视角转换："个体能够与他人联结，改变自己的观点从而理解他人看法，或出于恶意，或没有特别原因。正是在道德情境条件的前提假设下，视角转换才成为一种积极行为。"（Kahn & Zeidler 2019，p.621）

本书增进并扩展了目前我们对视角在 SSI 研究和教学中重要地位的理解。综观全书，第一章和第二章侧重于小学阶段 SSI 教学的各个方面。第三、四、五章考察了中学阶段的 SSI。第六章来到本科阶段，关注 SSI 与技术本质（nature of technology，NOT）的关系。（值得注意的是，本书并未收录高中 SSI 教学研究，经粗略估算，在 2000—2020 年已有数百项研究聚焦高中 SSI，其中包括本领域的开创性研究。）第七章和第八章考察了 SSI 和教师培训的重要问题。第九章和第十章分别介绍了将 SSI 与 STEM 项目、科学建模相结合的主张。作为开拓性的组织者，我着重介绍各章要点，并提出一些本书之旅中值得关注的兴趣点。

第一章　小孩并不小：小学 SSI 教学实施的教师研究

萨米·卡恩（Sami Kahn）

萨米从她作为一名教育家的丰富经验中汲取灵感，她坚信——用杰罗姆·布鲁纳（Jerome Bruner）的话来说——任何孩子都能以某种诚恳的方式被教导任何科目。她相信孩子，孩子们也相信她，这让世界发生了翻天覆地的变化。她探索并强调了面向幼儿实施 SSI 教学所需的改进，帮助教育者正视并重视自己在培养科学素养方面的能力。这段行程不容错过的亮点包括教师日志和学生反馈中的重点主题及其范例。

第二章　整合科学建模和社会科学推理　提升科学素养

柯力（Li Ke）、特洛伊·D. 萨德勒（Troy D. Sadler）　劳拉·A. 赞戈里（Laura A. Zangori）　帕特里夏·J. 弗里德里希森（Patricia J. Friedrichsen）

本章作者、教育者利用他们多年丰富的课堂教学与研究经验，来推进社会性科学议题与基于模型的学习（SIMBL）教学模式，从而提升科学素养。在这项研究中，他们聚焦建模的科学实践，将其作为磋商复杂 SSI、运用 SSR 的一种方式。请读者特别注意他们提供的 SIMBL 教学课例。

第三章　SSI 对中学生品格和全球公民价值观的影响

沃德尔·A. 鲍威尔（Wardell A. Powell）　马克·H. 牛顿（Mark H. Newton）达纳·蔡德勒（Dana Zeidler）

撰写本章的科学教师基于过去合作的 SSI 项目，聚焦科学素养中品格与责任感培养、教育学生在全球社区中与他人互动交流等重要内容。本章介绍了许多细节，值得注意的是其中针对社会道德同情心（social and moral compassion）、道德伦理敏感性（moral and ethical sensitivity）、视角转换、同理心关注（empathetic concerns）、社会科学担当（socioscientific accountability）、责任感（feeling of responsibility）等方面的讨论，因为它们直接关联着道德推理的情感条件。

第四章　利用 SSI 策略理解中学生对气候变化的信念与意向

沃德尔·A. 鲍威尔

沃德尔结合了自己的 SSI 教学经验，将其应用于如何外显中学生关于气候变化的信念这一核心问题。本章提供了一个具体课例，把 SSI 教学实施与科学素养培养紧密联系在一起，具有重要参考价值。其他的一些亮点包括如何在课程与教学中设计问题支架，引导学生深入理解课程内容并提出问题解决方案。

第五章　融合创造性戏剧与计算机支持的协作学习的社会科学论证教学

阿伊谢居尔·奥古兹·纳姆达尔（Aysegul Oguz Namdar）　巴哈德尔·纳姆达尔（Bahadir Namdar）

阿伊谢居尔和巴哈德尔带领我们进入两个可能被认为是相去甚远的研究领域——创造性戏剧和计算机支持的协作学习，并探讨如何提高社会科学论证。这种混合学习模式，为学生提供探索多种模态与形式学习的契机，激发对社会科学论证要素的深度理解。值得一看的是，作者如何在翻转课堂为创造性戏剧打开空间，导向科学素养的培养与提升。

第六章　以技术本质加强社会科学推理

李贤玉　李贤珠

本书这一段旅程带领读者沿着一条鲜为人知的道路去考察学生 SSR 如何通过技术本质观来强化。贤玉、贤珠探入一个尚未充分研究但十分重要的科学教育领域。作者从其他研究领域中提炼了 NOT 的要素，并将它们应用于基于 SSI 与 NOT 的科学素养培养。请留意有关 NOT 的描述如何在范畴、NOT 构件、内容之间进行串联，这为在 SSI 中融入 NOT 提供了很好的概念框架。

第七章　教师培训课程情境与职前教师对 SSI 教学的认知

马克·H. 牛顿　梅拉妮·金斯基（Melanie Kinskey）

本章中，马克与梅拉妮带我们进入了小学职前教师教育中尚待探索的领域，涉及如何培养教师理解并认同 SSI 对科学素养培养的作用与价值。本章关注小学教师对施授严缜科学教学不足的问题，并提供了成功解决这一问题的教学经验。读者不会想错过了解作者如何巧妙地将 SSI 课程内容情境化，并将其作为一种成就体验整合到常规方法课程中。两位作者具有多年小学教学和与职前教师共事的经验，他们的研究与建议扎根于对问题和研究对象的深入理解。

第八章　基于 SEE-SEP 模型的职前科学教师培训：以遗传学问题为例

迪莱克·卡勒尚（Dilek Karisan）　奥姆兰·贝图尔·杰贝索伊（Umran Betul Cebesoy）

本书另一段有趣的旅程由迪莱克和奥姆兰带领，他们认为科学素养必须包括在 SSI 探索中对道德伦理因素的考量。为此，他们使用 SEE-SEP 模型作为分析框架，考察职前教师如何综合六大学科领域（科学、环境、伦理/道德、社会学/文化、经济和政策），结合自身的价值观、知识、个人经验，从而形成对特定议题的决策。兴趣点在于该研究中不同学科领域的深度整合如何契合于该领域的现有研究。

第九章　整合性 STEM 教育与 SSI 的交叉

吉利恩·罗里格（Gillian Roehrig）　坤森·凯拉提萨姆库尔（Khomson Keratithamkul）　本尼·马特·R. 希瓦蒂格（Benny Mart R. Hiwatig）

有关科学素养培养的探险在吉利恩、坤森和本尼的章节中继续进行，他们将我们带到了 STEM 和 SSI 的十字路口。作者批判了将 STEM 仅仅视为满足就业需求之渠道的错误倾向和对工程实践的曲解。他们认为，STEM 应当被置于 SSI 框架内，通过道德伦理考量来更好地解决包容性和真实性的问题。该行程将带领读者领略一系列精巧的论证，以及在 K-12 课堂中整合 STEM 与 SSI 的具体课例。

第十章　SSI 与基于模型的学习

本泽居尔·杜拉克（Benzegül Durak）　穆斯塔法·萨米·托普丘（Mustafa Sami Topçu）

在本章旅程中，本泽居尔和穆斯塔法发展了萨德勒及其同事有关基于模型的学习应用于 SSI 的研究（见第二章）。他们对元建模知识的讨论提供了一个很好的出发点，引导读者将科学建模融入 SSI 中。一个值得停下细细品味的点是有关模型导向、基于议题的教学被应用于 SIMBL 教学模式的讨论。

第十一章　面向科学素养培养之 SSI 教学中的统一主题

沃德尔·A. 鲍威尔

沃德尔带我们安全回港，结束我们当前的旅程。他提醒我们，在当今瞬息万变的世界中，科学素养具有紧迫性，而 SSI 框架能够通过精心设计的科学探究，帮助我们应对未来的不确定性。如同旅行中寄给自己明信片，提醒自己不要忘记经历过的重要事情，我们须在此铭记，知识求索过程中，对善思的追寻，如岁月永恒。在科学教育的图景中慎重着墨 SSI，可让我们记住那些不应遗忘的原则和概念，也将令自己在未来的努力中受益匪浅。

引言伊始，我曾说不期而遇是一种收获，它源于个人在追求其他目标时做好了心理准备，不去轻易无视或忽略那些新奇而陌生的事物。当前领域现有研究中，充满了大量在 SSI 实施过程中师生收获惊奇的例子（如 Zeidler，Applebaum & Sadler 2011）。对于教师来说，其旅程通常是寻求改进自己科学教育的教学实践。对于学生来说，旅程引导他们与看上去遥远而疏离的主题建立个体相关的联系。本书的各个章节提供了具体翔实的例子，让我们看到，在追求全体社会成员科学素养发展的过程中，SSI 教学可能会带我们走向何处。

SSI 是一个概念框架，通过探索道德伦理议题与科学交汇的视角、立场和导向，偏爱并促进那些具有开放性的思维（Kahn & Zeidler 2017）。这便是 SSI 的不期而遇，亦是好奇探索倾向的行动表现。对此，我想起路易斯·巴斯德（Louis Pasteur 1854）的一句名言：

就观察而言，机遇只垂青有准备的头脑。（Dans les champs de l'observation le hazard ne favorise que les esprits prepares.）

达纳·蔡德勒
美国南佛罗里达大学

参 考 文 献

Bencze, J. L., Pouliot, C., Pedretti, E., Simonneaux, L., Simonneaux, J., & Zeidler, D. L. (2020). SAQ, SSI & STSE education: Defending and extending 'Science-in-Context.' *Cultural Studies of Science Education*, 1-27. doi:10.100711422-019-09962-7

Evagorou, E., Nielsen, J. A., & Dillon, J. (Eds.). (n.d.). Science teacher education for responsible citizenship: Towards a pedagogy for relevance through socio-scientific issues. Springer. doi:10.1007/978-3-030-40229-7

Herman, B.C., Zeidler, D.L., & Newton, M.(2018). Students' emotive reasoning through place-based environmental socioscientific issues. *Research in Science Education*, 1-29. doi:10.100711165-018-9764-1

Kahn, S., & Zeidler, D. L. (2016). Using our heads and HARTSS*: Developing perspective-taking skills for socioscientific reasoning (*humanities, arts, and social sciences). *Journal of Science Teacher Education*, 27 (3), 261-281. doi:10.100710972-016-9458-3

Kahn, S., & Zeidler, D. L. (2017). A case for the use of conceptual analysis in science education research. *Journal of Research in Science Teaching*, 54 (4), 538-551. doi:10.1002/tea.21376

Kahn, S., & Zeidler, D. L.(2019). A conceptual analysis of perspective taking: Positioning a tangled construct within science education and beyond. *Science & Education*, 28, 605-638. doi:10.100711191-019-00044-2

Kinslow, A. T., Sadler, T. D., & Nguyen, H. T.(2019). Socio-scientific reasoning and environmental literacy in a field-based ecology class. *Environmental Education Research*, 25 (3), 388-410. doi:10.1080/13504622.2018.1442418

Lederman, N. G., Antink, A., & Bartos, S. (2014). Nature of science, scientific inquiry, and socioscientific issues arising from genetics: A pathway to developing scientifically literate citizenry. *Science & Education*, 23 (2), 285-302. doi:10.100711191-012-9503-3

Newton, M., & Zeidler, D. L. (2020). Developing socioscientific perspective taking. *International Journal of Science Education*, 1-18. doi:10.1080/09500693.2020.1 756515

Pasteur, L. (1854). Formal inauguration of the faculty of arts and douai and of the faculty of science at Lille, University of Lille Nord de France. https://en.wikiquote. org/wiki/Louis_Pasteur

Rosenau, M. J. (1935). Serendipity (Presidential address delivered before the Society of American

Bacteriologists at its Thirty-sixth Annual Meeting, Chicago, December 28, 1934). *Journal of Bacteriology*, 29 (2), 91-98.

Sadler, T. D., Barab, S., & Scott, B. (2007). What do students gain by engaging in socioscientific inquiry? *Research in Science Education*, 37 (4), 371-391. doi:10.100711165-006-9030-9

Zeidler, D. L. (1984). Moral issues and social policy in science education: Closing the literacy gap. *Science Education*, 68 (4), 411-419. doi:10.1002ce.3730680406

Zeidler, D. L. (2014). Socioscientific issues as a curriculum emphasis: Theory, research and practice. In N. G. Lederman & S. K. Abell (Eds.), *Handbook of research on science education* (Vol. 2, pp.697-726). Routledge.

Zeidler, D. L., Applebaum, S. M., & Sadler, T. D.(2011). Enacting a socioscientific issues classroom: Transformative transformations. In T. D. Sadler (Ed.), *Socio-scientific issues in science classrooms: Teaching, learning and research* (pp.277-306). Springer. doi:10.1007/978-94-007-1159-4_16

Zeidler, D. L., Herman, B. C., & Sadler, T. D. (2019). New directions in socioscientific issues research. *Disciplinary and Interdisciplinary Science Education Research*, 1 (11), 1-9. doi:10.118643031-019-0008-7

Zeidler, D. L., & Schafer, L. E. (1984). Identifying mediating factors of moral reasoning in science education. *Journal of Research in Science Teaching*, 21 (1), 1-15. doi:10.1002/tea.3660210102

目 录

主要缩写对照表
丛书序
译者序
序言
导言

第一章 小孩并不小：小学 SSI 教学实施的教师研究 ································ 1
　　　萨米·卡恩（Sami Kahn）

第二章 整合科学建模和社会科学推理　提升科学素养 ···························· 25
　　　柯力（Li Ke）　　特洛伊·D. 萨德勒（Troy D. Sadler）
　　　劳拉·A. 赞戈里（Laura A. Zangori）
　　　帕特里夏·J. 弗里德里希森（Patricia J. Friedrichsen）

第三章 SSI 对中学生品格和全球公民价值观的影响 ································ 43
　　　沃德尔·A. 鲍威尔（Wardell A. Powell）　　马克·H. 牛顿（Mark H. Newton）
　　　达纳·蔡德勒（Dana Zeidler）

第四章 利用 SSI 策略理解中学生对气候变化的信念与意向 ····················· 70
　　　沃德尔·A. 鲍威尔

第五章 融合创造性戏剧与计算机支持的协作学习的社会科学论证教学 ········· 97
　　　阿伊谢居尔·奥古兹·纳姆达尔（Aysegul Oguz Namdar）
　　　巴哈德尔·纳姆达尔（Bahadir Namdar）

第六章 以技术本质加强社会科学推理 ··· 120
　　　李贤玉　李贤珠

第七章 教师培训课程情境与职前教师对 SSI 教学的认知 ······················· 144
　　　马克·H. 牛顿　　梅拉妮·金斯基（Melanie Kinskey）

第八章 基于 SEE-SEP 模型的职前科学教师培训：以遗传学问题为例 ········· 169
　　　迪莱克·卡勒尚（Dilek Karisan）
　　　奥姆兰·贝图尔·杰贝索伊（Umran Betul Cebesoy）

第九章　整合性 STEM 教育与 SSI 的交叉 ·· 194
　　吉利恩·罗里格（Gillian Roehrig）　坤森·凯拉提萨姆库尔（Khomson Keratithamkul）
　　本尼·马特·R. 希瓦蒂格（Benny Mart R. Hiwatig）

第十章　SSI 与基于模型的学习 ··· 213
　　本泽居尔·杜拉克（Benzegül Durak）
　　穆斯塔法·萨米·托普丘（Mustafa Sami Topçu）

第十一章　面向科学素养培养之 SSI 教学中的统一主题 ························· 228
　　沃德尔·A. 鲍威尔

第一章 小孩并不小：小学 SSI 教学实施的教师研究

萨米·卡恩（Sami Kahn）
美国普林斯顿大学

摘要：SSI 研究提供了令人信服的证据，证明其能够提供情境化的科学学习，培养学生成为有智识的公民。然而，很少有 SSI 研究提出关于 SSI 的教学要求在对儿童实施时是否需要进一步修改或完善的见解。通过这项探索性教师研究，教师-研究者在一年级、二年级和四年级科学课堂中开发并实施了一年的 SSI 单元课程。结果表明，虽然 SSI 为科学学习和学生交流提供了一个重要的真实世界情境，但仍然存在一些明显影响学生发展的挑战，包括学生难以从论证的情感基础转向认知基础、学生恐惧的非意向性激发、学生在真实和想象情境之间的混淆，还有情绪调节失衡。研究结果和建议为未来的课程和教学研究奠定了基础，可以促进小学 SSI 教学的成功实施。

引　言

我每天都在等待……当我的学生忘记我在那里的那个神奇时刻！在那一刻，我把我的教室想象成一片热带雨林，而我，一个勇敢的探险家，专心倾听它的声音。起初安静而犹豫不决，继而迸发出令人心悦的喧嚣，咯咯笑着，争论着，尖叫着，嗡嗡作响，只有偶尔的呼喊"卡恩老师"，像刺破散乱迷雾的鸟鸣。对我来说，这是小学科学教学中最快乐的时光。当幼儿获得工具、机会和鼓励来分享他们的想法时，他们可能会令人毫无防备地表现出惊人的洞察力，有时甚至会忘记你的存在。他们有很多话要说！我认为，只有当你赢得他们的信任并为他们最深刻的想法创造一个安全的环境时，这才是正确的。向幼儿教授科学的美妙之处在于，他们只是温和地被引导到社会规范中；

小学生能够说出他们的所思所想，这为实施 SSI 提供了一个理想的环境。

——教师/研究者日志，2016 年

美国《下一代科学标准》(*Next Generation Science Standards*，*NGSS*)（NGSS Lead States 2013）呼吁激发学生对科学相关议题的探索兴趣，为他们提供内容知识和实践技能，从而帮助他们学会在日常生活中应用科学。可以说，SSI 框架实现了这一目标，因为它利用真实世界的、结构不良的、与社会相关的科学议题作为科学学习的情境，有助于塑造论证（Chinn & Brewer 1993；Lin & Mintzes 2010）、道德和品格发展（Zeidler 2014）、道德敏感性（Fowler, Zeidler & Sadler 2009）、非形式推理（Karpudewan & Roth 2018）、NOS（Abd-El-Khalick 2006；Khishfe et al 2017）、视角转换（Kahn & Zeidler 2019）和负责任的全球公民所需的文化视角（Lee et al 2012）。SSI 的这些特点将其与早期的科学和技术框架区分开，并似乎支持这样一种假设，即 SSI 在小学阶段应该十分有效，它有利于培养全面发展的孩子，特别是与品格相关的社会情感和道德方面，这对于低年级教师来说是教学的关键目标（Denham 2015）。此外，阅读和数学是美国《州共同核心标准》的基础（National Governors Association 2010），占据了小学教学的绝大部分时间（Blank 2013），而这些也很容易融入 SSI 课程中，因为 SSI 是一种跨学科的科学教学方式，要求学生在真实世界情境，利用、评估各类文本和媒介资源，并进行数据分析（Zeidler & Kahn 2014）。对经常需要在有限的时间里努力"兼顾"所有工作的小学教师而言，SSI 看起来提供了一个十分高效的框架。SSI 教学倡导者指出，SSI 对学生发展与认识需求而言十分重要，适合于 K-12 阶段学生的科学学习。实际上，大多数现有研究都在中学课堂里或教师教育计划中展开（Linn & Mintzes 2010）。针对小学课堂进行的研究极少，有一部分研究重点关注特定的结果变量，例如环境意识（Burek & Zeidler 2015）、通过线上环境进行论证（Evagorou 2011；Evagorou & Osborne 2013）、批判性思维（Vieira & Tenreiro-Vieira 2016）、非形式推理（Karpudewan & Roth 2018）；还有研究介绍了已经成功实施的课例（Dolan, Nichols & Zeidler 2009）；尚未有研究探索如何调整 SSI 教学、课程与教学法以适应小学生的科学学习需求。此外，目前还没有经验研究记录面向一年级和二年级儿童的 SSI 教学实践。与学生发展相适应的课程设计和实践对于每个年级的学生都是必不可少的，对于早期阶段的学生更为重要（Copple et al 2014），特别是在科学领域（Yoon & Onchwari 2006），因为该领域涵盖了所有学生未来需要学习的课程。通常认为教师内容知识储备不足、科学教学时间有限、缺乏行政支持是影响提高小学科学水平的障碍（Roth 2014），然而 SSI 教学框架本身是否存在固有问题，目前仍然没有答案。据此，本章介绍一名小学科学教师/研究者为期一年的教师研究结果，主要探讨以下问题：①在小学阶段实施 SSI 教学的关键主题是什么？②面向幼儿实施 SSI 教学可能需要进行哪些调整改进？

讨论以上问题可以为教师、教育工作者、研究人员进行适合学生年龄的 SSI 课程设计、教学方法以及未来研究提供更坚实的基础。

背　　景

SSI 作为科学素养的载体

SSI 框架将真实世界中与社会相关的科学议题磋商作为科学学习的情境（Zeidler 2014）。常见的 SSI 课例包括基因工程、实验动物、自来水氟化、核能等。从定义上来说，SSI 是复杂且结构不良的，虽然它们与科学相关，但不能完全用科学回答；换句话说，科学为处理 SSI 提供相关信息，但并不决定这些议题的解决方案。SSI 的倡导者坚信，向学生提供就科学议题进行情境化论证的机会，可以为他们成年后的公民参与奠定基础。不同于其他将科学与社会议题联系起来的教学方法，如 STS（science, technology and society，科学、技术与社会），SSI 综合考虑学生的心理和认识发展，以及品格与美德培养（Zeidler et al 2005）。SSI 以愿景 II 的科学素养为前提（Roberts 2007；Roberts & Bybee 2014），强调情境化、以学生为中心的科学学习，在不断变化的社会中培养知情公民；SSI 还包括推动道德发展和反思性推理，促使学生考虑自己的决策所涉及的伦理意涵。这种"功能性科学素养"（functional science literacy）（Zeidler & Sadler 2011）指向"学习者需求的情境与文化敏感性"（p.180），促使学生做出"具有内部一致性、尊重多元视角、包容异议"的更好的道德选择（p.181）。一系列实证研究表明，SSI 可以影响学生论证（Chinn & Brewer 1993）、道德和品格发展（Zeidler & Sadler 2008）、道德敏感性（Fowler, Zeidler & Sadler 2009）、NOS（Abd-El-Khalick 2006），以及负责任的全球公民所需的文化视角（Lee et al 2012）。

虽然 SSI 课程可以采用多种形式，但典型的教学设计一般需要先向学生介绍议题，让他们确定议题的构成要件，对议题展开研究，反思自己的价值取向，再与他人进行探讨，从而做出决策或达成共识（Kahn 2019；Zeidler & Kahn 2014）。在整个过程中，教师要督促学生质疑他们现有的信念，通过各种研究方式收集和评估证据，并展开论证。最重要的是，要让学生有机会接触他人质疑自己观点的不同声音，学会视角转换（Kahn & Zeidler 2016）。SSI 把伦理议题融入其中，但教师并没有强制学生去相信某事，而是帮助学生获得灵活、开放的视角和视角转换的能力，使学生能够将知识内容与情感、理性与直觉相互结合起来（Sadler & Zeidler 2005）。普雷斯利等（Presley et al 2013）提出了基于 SSI 的课程实施框架，明确了一系列课程设计元素（例如，利用一个引人注目的议题、提供一个激动人心的体验）、学习者体验（例如，参与高阶实践、就议题的社会维度进行磋商）、教师特质（例如，科学内容知识储备、与学生一起学习的意愿）。作者还强调了创建相互协作和相互尊重的课堂环境的重要性，以确保学生能够敢于分享他们的想法。总而言之，大量关于 SSI 教学的研究表明，在 SSI 友好的课堂环境中实施精心设计的课程和教学方法，可以培养学生的批判性科学思维、知识和人际交往技能，帮助他们在瞬息万变的社会中做好与科学相关的决策。

小学阶段的 SSI 会是什么样？虽然 SSI 倡导者认为该框架对学习者发展和认识需求十分重要（Zeidler et al 2005）而且适用于 K-12 阶段学生的科学学习（Zeidler & Kahn 2014），但是实际上现有研究大多基于中学课堂或教师教育计划（Linn & Mintzes 2010），针对小学课堂的研究极少，大多聚焦环境意识（Burek & Zeidler 2015）、通过线上环境进行论证（Evagorou 2011）等特定结果变量，或是介绍已经成功实施的特定课例（Dolan, Nichols & Zeidler 2009），尚未有研究探索面向小学生的 SSI 课程与教学可能需要进行的调整。这不由地引发了一个问题，即专注于复杂的、真实世界的，甚至十分棘手之主题的 SSI 框架是否适合低年级学生？

小学科学教学目标和挑战

长期以来，幼儿的科学能力一直被低估，因为儿童发展理论传统关注儿童思维中的缺陷而非优势（Gelman & Baillargeon 1983）。例如，粗浅地理解皮亚杰认知发展阶段理论并进行课程开发，往往带来这样的假设，即儿童的认知是具体的、前运算的，他们无法以相互联系的方式思考（NRC 2000）。近年来，越来越多研究使认知发展学者认识到，低年级学生在关系性、抽象性、实验性思维方面拥有巨大潜能（National Academies of Sciences, Engineering, and Medicine 2018）。

然而，尽管幼儿的潜力正在得到认可，但由于时间、内容知识储备、行政支持等若干实践障碍，小学教师在实施科学课程时面临着重重困难（Roth 2014）。可以说，近年来对问责制的重视导致学校教育在应试和"算"成绩的内容上花费了过多的时间。在过去的几十年里，学校安排的小学科学课时不断减少，将更多的时间都分配给了语文和数学（Blank 2013）。的确，仅仅增加科学课时并不能填补学生在科学素养方面存在的差距，但有证据表明，增加小学科学课时有助于提高学生成绩（Curran & Kitchin 2019）。因此，确定课程框架，帮助小学教师更容易在日常教学中融入科学，譬如将之与语文、数学、社会研究相结合，可以为学生科学学习带来益处。

学科之间的相互依存是共同核心课程的基础，驱动着与学生学习方式相适应的跨学科教学（Pearson & Hiebert 2013）。除了减少学科领域的人为割裂之外，在学业质量框架中凸显基于证据进行论证、交流发现、评估媒介的一般性跨学科技能，也为教师提供了实现各学科课程标准要求的有效途径。

当然，小学教学不仅仅（甚至可以说"主要"）关涉学术。培养全面发展的孩子，关注学生品格的社会情感与伦理面向，对于低年级教师来说十分关键。人们普遍认为社会情感学习（social-emotional learning，SEL）是影响学生未来社会和学业表现的关键因素（Rimm-Kaufman & Hulleman 2015；Taylor et al 2017），许多小学已经统整了强调 SEL 能力的课程，培养对他人的关心和关爱、负责任决策、建设性冲突解决、建立良好关系、自我情绪管理（Collaborative for Academic, Social, and Emotional Learning 2017）。与此相关，当代小学道德教育的愿景，离不开创设基于相互尊重且支持个体发展的社会道德环境（DeVries & Zan 2012），具体体现为教师帮助学生解决冲突并引导他们反思社会道德议题（Hildebrandt & Zan 2014）。

从理论上讲，支持 SSI 的研究表明，SSI 教学与当代小学教育目标高度契合，特别是就其具有培养学生良好品格、使其成为合格全球公民的这一功能而言（Lee et al 2012）。引导儿童参与与真实世界相关的讨论，可以让他们了解自己的行为在当地和全球层面上的影响。如此，SSI 可以帮助孩子成为知情决策者，考量科学决策的伦理与人文方面，从而创造更公平的明天。当然，如果不掌握科学内容，那么这种崇高的动机对于科学课程来说毫无意义。所幸的是，大量研究表明，SSI 为学生提供了有意义的情境，让他们以跨学科的方式来应用知识，达成美国国家标准要求。就此，本章提出了以下框架（图 1.1），来指导本研究的理论实践探索和阐述。

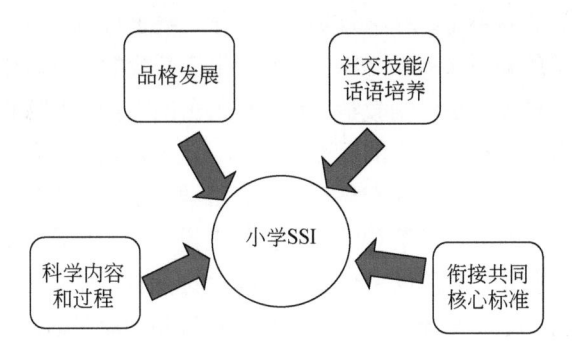

图 1.1　SSI 框架核心要素与小学教学目标的衔接（Kahn 2019）

然而，单靠理论无法实现这些目标。因此，本研究还考察了 SSI 在小学课堂中的实践启示，着眼于揭示 SSI 教学可能需要的调整、改进，以实现上述小学科学教育、科学素养目标。

方　　法

教师研究

我（教师/研究人员）选择教师研究法（Cochran-Smith & Lytle 1999；Rust 2009）作为本研究的方法论框架/原则，该方法让教师在反思自身实践的同时成为研究的信息提供者（informant），从而弥合研究与实践之间的差距。采用教师研究法而非教师行动研究法，是因为本研究的重点在于教师的反思日志和学生的书面作业，这些文本材料是研究的关键数据，而不是实验结果（Feldman 1996）。该方法可以较详细地描述 SSI 在小学课堂中的实施情况。

研究背景和反身性陈述

2015—2016 学年期间，是我在美国东北部某大城市的一所男女独立预科学校担任小学科学教师的第 12 年，我在一年级、二年级和四年级的课堂上设计并实施了一系列 SSI 教学单元。在校学生来自不同的族裔，有着不同的社会经济背景，但根据招生标准，他们都可以被合理地认为是优等生。我在两周时间内进行了共计三次科学课程，每次课 50 分钟，每个班级的学生均分为两个小组上课，从而确保了小班制（大约每班 12 名学生）教学。参与研究的学生总数为：一年级 48 名，二年级 24 名，四年级 50 名。

教师内容知识储备不足、科学教学时间有限、缺乏行政支持经常被认为是影响提高小学科学水平的障碍（Roth 2014）。而我很清楚我的课堂教学情况并不具有代表性。我很幸运能够进行小班制教学，有管理人员的支持，在课程设计方面拥有极大的灵活性，无须面对影响重大的标准化考试。此外，我是专任科学教师，每天进行全天的科学课程教学。除了拥有科学教育、法学两个博士学位，我还拥有科学学科的硕士学位。这样的教育背景对于小学教师来说尤其少见，大部分小学教师不具备科学方面的知识背景，通常也无须在 SSI 内含的科学和社会两个方面都取得同等专业水平（Sadler 2011）。毫无疑问，我的教育背景和相对灵活的教学环境，让我有机会测试一系列不同的教学方法，特别是那些有助于改善 SSI 教学的技巧。

从某种意义上说，我的教学条件为本研究创造了一个完美的测试环境，因为我能够处理（控制）通常会影响小学科学教师的种种局限。大多数课堂研究力求一般化，强调课堂案例的代表性、典型性（"如果在此可行，那么在任何条件下都可行"），但我的研究情境代表了"规范"的对立面，从而构成了一个关键案例样本（critical case sample）（Patton 1990），通过控制典型变量得到结论，这样我们就可以说，"如果在此不可行，那么在任何条件下都不可行"（Patton 1990，p.175）。换言之，我在实施 SSI 教学时发现的任何挑战可能都不是由于上文提及的实践障碍，而更得归因于小学阶段 SSI 教学的固有困境。表 1.1 总结了这一论点。

表 1.1 本研究关键案例样本的构成要素

小学科学教学的常见阻碍	当前"关键案例"的针对性研究
缺乏内容知识	教师-研究者持有科学学科和科学教育研究生学位
缺乏行政支持	教师-研究者的 SSI 教学得到部门领导和校长的全力支持
缺乏科学课程时间	教师-研究者在独立的科学课堂上授课，并有机会扩展到其他课堂提供科学内容相关支持
缺乏资源	教师-研究者获得一系列实践材料、图书馆资源和在线工具的资源支持

除了上述可能影响 SSI 教学实践的因素之外，还有一些其他要点值得披露，以便于读者理解本研究的开展情况。根据建构主义哲学，我采用了回应式课堂（Responsive Classroom 2020），这是一种以学生为中心的社会情感教学与课堂管理方法。在我的科学课堂上，每天上课都会进行例会，构筑集体感、共同制定规则、明确不当行为会产生的逻辑后果，并使用积极的教师语言（Denton 2007）。将课堂营造为相互尊重、相互信任、令学生敢于分享观点的场所，已被证实是实施 SSI 的重要支撑条件（Presley et al 2013）。此外，我实行了合作学习方法（Slavin 1980）来帮助学生与团队成员建立有意义和相互支持的关系，提升个人责任感，并形成共识。最后，我制作了布告栏，用以展示学生参与实践、体现科学家思维习惯的图片，明确指出（并要求学生指出）效仿科学家做法的活动，例如表现出怀疑态度、使用证据进行辩驳、富有创造力等，以此凸显 NOS（Lederman 2007）的宗旨。在 12 年的教学生涯中，我的课程设计和教学能力得到了高度认可，获得了多项优秀教学评估、教学奖项、课程开发经费等。

课程背景

本研究中实施的教学单元包括：河狸搬迁（一年级）、火星居住地（二年级）、稀土元素（rare earth elements，REEs）（四年级）和湿地开发（一年级、二年级和四年级）。每个年级都完成两个 SSI 单元；一个专为不同年级而设计，另一个（湿地开发)则为三个年级共用。通过这种设计,我能够同时体验同年级与跨年级的课堂教学情况。选择这些主题是考虑到课程情境的时代性和个人相关性,因为这些要素被认为是激发学生对科学学习产生兴趣的必要条件(Stolz et al 2013; Zeidler et al 2009)。每个大单元教学持续4—6周,各包括3—4节SSI课程。下文对本研究涉及的四个SSI课程展开更全面的探讨(表1.2)。

表1.2　SSI课程情况概览

SSI主题	年级	推动科学与工程问题	伦理道德问题	分享不同观点的机会
河狸搬迁	一年级	动物如何改变其环境以满足自身需求? 如何使用图纸和模型来表达解决问题的设想?	人兽冲突、动物权利、环境管理	市政厅会议、河狸提案、画廊漫步
火星居住地	二年级	人类生存需要什么? 火星的主要行星特征是什么? 为了确保宜居性和可持续性,我们需要考虑哪些要素?	资源分配、行星保护、进取精神/命定说①	是/否光谱线、联合国"行星居住地提案"与投票
稀土元素（REEs）	四年级	什么是可再生资源和不可再生资源? REEs的哪些特性使其在制造业中备受青睐? 环境质量和"绿色技术"如何影响资源使用决策?	经济与环境权衡、公共安全政府监管	国会小组委员会听证会与投票
湿地开发	一年级、二年级和四年级	什么是湿地,它们有什么重要功能? 开发项目如何影响湿地,哪些步骤可以减轻这些影响?	产权、土地使用、环境可持续性	市政厅会议、开发与缓解计划介绍

一年级(六到七岁):河狸搬迁

该活动是"动物建筑师单元"的补充延伸,单元教学目标主要是将工程设计嵌入生命科学研究中。学生首先通过多媒介探究河狸的解剖结构和行为,而后设计、建造、测试了河狸水坝在指定时间内蓄水的能力。接下来,通过视频向学生介绍一个真实生活中的争议,即河狸水坝导致城镇洪水泛滥。视频中,市民正在考量以下选项:①不理会河狸水坝;②移动河狸水坝;③拆除河狸水坝。观看视频后,学生参加了市政厅会议,扮演城镇居民的角色并发表了自己在这个议题上的立场。该活动最精彩的部分是,学生在市政厅会议上分享自己的观点、介绍自选研究项目、传达河狸的物理适应性和环境改变能力的科学事实,表达自己对于

---

① 命定说(Manifest Destiny),又译为昭昭天命、天定命运、美国天命论等,1845年由约翰·奥沙利文提出,是一种鼓吹民族扩张是上帝授权的唯心史观,认为上帝和美国优越的制度赋予了美国人将其文明传播到整个大陆的权力乃至责任,成为美国对外扩张政策的理论依据。——编者注

河狸搬迁争议的看法（Kahn 2019）。

二年级（七到八岁）：火星居住地

二年级"太空单元"包括一系列模拟太空旅行过程的调查活动，如任务计划、确定携带物品、火箭设计、火箭燃料测试、行星表面探索。学生展开任务小组合作，研究、比较地球与火星环境的差别，结合重量、时间、经济限制等方面考虑，决议任务计划。在 SSI 课上，我在教室的两端放了两个牌子，一个表示"同意"，大拇指朝上，另一个表示"不同意"，大拇指朝下。我指示学生认真听我即将发表的陈述，然后站在想象的光谱线上的任意位置来反映自己对该陈述的看法。接着，我念道，"美国应该在火星上建立一个居住地"，要求学生利用我写在白板上的句式"我认为……因为……"来分享想法。学生移动到各自所想的位置并进行讨论。如果觉得被其他论点说服了，可以对其进行深入探讨。讨论结束后，学生小组要合作制定火星居住地建设计划，须在其中描述如何在火星上满足基本的人类需求、如何制定规则来组织治理居住地。本课例改编自蔡德勒与卡恩（Zeidler & Kahn）最初为中学编写的课程。

四年级（九到十岁）：稀土元素（REEs）

我改编了中学 REEs 课程（Zeidler & Kahn 2014）作为环境科学大单元的重点活动。首先向学生展示"智能手机元素"信息图，展示其中使用的各种 REEs。我的学生都持有或曾经使用过智能手机、iPad 和其他含有 REEs 的电子产品，因此把电子产品作为教学情境有助于将 REEs 定位为与个人相关的问题。然后，学生观看《60 分钟》REEs 特别报道，该报道概述了 REEs 及其用途，还介绍了有关 REEs 开采的争议：由于环境问题，美国停止了 REEs 开采，结果导致依赖中国进口。我将班级随机分成小组，分别代表采矿公司、环保人士、智能手机制造商、消费者，同时讲授了两节相关课程，为进行国会小组委员会会议活动做好准备。最后学生在会议上进行了投票，并得出决议。

一年级、二年级、四年级：湿地开发

在进行了数周关于湿地在防洪、滤水、为野生动物提供苗圃、粮食生产等方面所发挥的关键作用的学习活动后，我向学生介绍了为课程特别设计的"牛蛙池塘"，在虚构设定中，这是一个正在考虑开发的湿地（有关该活动的更多信息，请参阅 Kahn 2019）。每组学生都拿到了一幅该池塘的空白地图，要为各种纸质游戏道具（包括住宅、商店、农场、工厂、道路等）选择最佳位置。如果时间允许的话，他们还可以为自己的城镇增添特色。此外，学生小组被随机分配到房主、企业主和农民的角色，须代表这些选民做出决定。为确保学生理解其决定的潜在后果，检验他们是否理解课程所要求的视角转换，我们通过头脑风暴形成了一个矩阵表，分析在池塘附近开发城镇对不同小组的利与弊。例如，业主可能会享受美丽的景色、能够钓鱼和划船、池塘附近房价上涨等好处，但家庭垃圾和海岸线破坏可能会危害野生动物、加剧洪涝灾害。各组完成地图后，在市政厅会议上分享各自的计划，展示基本理念，探讨各自计划对环境的潜在影响，并提出减少潜在影响的缓解方案。然后，居民们负责通过辩论、磋商、妥协来确定最终计划。

数据收集与分析

在 SSI 实施阶段，我完成了一组系统的反思性日志，基于琳达·瓦利（Valli 1997）关于教师反思的研究，以叙事形式进行撰写。我还收集了学生作业，并在每次 SSI 活动后向学生获取课堂教学反馈（一年级和二年级为口头反馈，四年级以口头、书面相结合的方式反馈）。我还会定期与一位同办公室的同事进行同行汇报，讨论我对课堂的印象。我分三个阶段对资料进行了归纳主题分析并对关键字和短语进行编码：①组织熟悉；②编码、缩减（使用恒定比较法）；③阐释表征（Ary, Jacobs & Sorenson 2010）。基于共现代码（co-occurring codes）（即由多个代码编码的数据），将几个编码整合为更大主题，如"学生自豪感"和"教师自我怀疑"。我还进行了分析者三角互证法（analyst triangulation）（Patton 2002），从教学日志中随机选择了十条记录，发给了两位具有社会科学研究背景但不专门从事教育的同事，让他们以一种对自己有意义的方式对记录进行主题划分。在所有分类中并没有发现差异，评分者间信度较高。然后，将我生成的主题与可能同日志研究相左的学生作业进行比较，所发现的唯一差异在于，学生作业反映的批判性程度显著低于教学日志，学生对做"真正的科学"表现出强烈的正面情绪。这一表述虽然没有出现在日志中，但普遍存在在学生评估中，因此我把它添加到了主题中（表 1.3）。

表 1.3　教师日志和学生反馈中的主要主题范例

主题	教师日志样本	学生反馈范例	研究者解读
学生自豪感	最初对加入"环保"队很不高兴的四年级学生惊呼道："哇！真不敢相信我们赢了！收集所有这些信息并说服他们真的很难，但我们做到了！"（湿地开发） 当我问（一年级）"业主"他们的发展计划如何时，整个团队喜笑颜开，（学生）惊呼"我们做得很棒！"并用双臂搂住他的伙伴。（湿地开发）	"今天是我经历过最棒的科学日！我擅长这种研究，我必须去做！"（REEs 课上的四年级学生） "我们以为大坝会破裂，但它很坚固！我们是非常聪明的河狸！"（河狸搬迁课上的一年级学生） "我爱我们的小镇。起初我们有分歧，但当我们每个人都提出一个想法并将其整合在一起时，它就奏效了！"（湿地开发课上的二年级学生）	这些范例表明，SSI 可以为学生提供机会，让他们在尝试完成具有挑战性的课程时感到自豪，确定自己的相对优势领域。

续表

主题	教师日志样本	学生反馈范例	研究者解读
做"真正的科学"		"我喜欢规划火星居住地,因为我们像真正的科学家一样交谈。"(火星居住地课上的二年级学生) "在国会上发言真是太棒了……我觉得自己像个真正的科学家。"(REEs课上的四年级学生) "我喜欢研究REEs,了解所有事实并为之辩护。我就像一个专家……一个真正的科学家!"(REEs课上的四年级学生)	这些范例表明,相关场景和活动促使学生感到他们正在从事"真正的科学"工作,并且感觉自己像"真正的科学家"。有趣的是,这个主题并没有出现在教师/研究人员的日志中。
做"正确的事"	(一年级学生)决定(与他的两个朋友)寻求妥协。在他们争论了一会儿之后,他说:"来吧朋友,让我们把河狸转移到另一个地方……它们会很高兴,你的房子也不会被淹。这是正确的做法!"(河狸搬迁)	"政府需要保护民众……如果我们开采REEs,我们必须安全地进行。这才是正确的做法!"(四年级学生) "河狸是'自然的',是它们先来到这里的,所以不应该打扰它们……河狸只是在做它们喜欢做的事儿,为此而伤害它们是不对的。"(河狸搬迁课上的一年级学生)	这些范例表明,SSI如何促使学生考虑正义、公平、作为/不作为的决策后果等,启发基于道德考量的决策。
学生挫败感	(四年级学生)流着泪离开房间,坐在外面哭泣。当我问他发生了什么事时,他说:"他们不听我说话!我一直告诉他们不要继续(湿地)开发,因为这会伤害动物,但他们继续这样做!"(湿地开发)	"很难说话,因为(学生)吵得越来越大声。"(火星居住地课上的二年级学生) "我们找不到像其他团队那样多的关于REEs的信息……这让我很沮丧。"(四年级学生)	这些范例表明,学生还在形成中的社交/情感技能(尤其是合作技能)可能是SSI引起挫败感的因素。此外,媒介资源分配不均(真实的或感知的)也可能是挫败感的来源。
学生恐惧感	一名(二年级)学生还提到(在火星居住)很可怕,因为"如果那里有恐怖分子,就很难逃脱"。然后这话传遍了整个班级。几个学生明显变得不安,并开始谈论太空恐怖分子。 (一年级学生)看完视频后非常沮丧,只是不停地重复:"我不希望河狸发生任何事情。别让河狸出事。"我觉得视频太过真实了。	"如果我们用一台可以释放氧气的机器建造一个殖民地,要是它坏了,我们都会死!"(火星居住地课上的二年级学生) "如果我们停止从中国购买稀土元素,他们生气了怎么办?他们可能会攻击我们!"(REEs课上的四年级学生)	这些范例表明,在一些孤立但影响深远的事件中,学生可能对相关讨论或情景感到苦恼和焦虑。
教师自我怀疑	今天我觉得自己很失败……与其说是老师,不如说是个杂耍演员……我知道自己想要什么,但我总是做不到。 老实说,我以为我了解我的学生,但今天的讨论令我大开眼界。		这些范例体现了SSI对教师的挑战性,因为社会问题往往涉及甚广,而学生对这些问题的讨论具有不可预测性。

续表

主题	教师日志样本	学生反馈范例	研究者解读
教师成就感	我每天都在等待……当我的学生忘记我在那里的那个神奇时刻……这是小学科学教学中最快乐的时光…… 很高兴(四年级学生)能够发光！我没想到他会这么擅长这个。每个人都注意到了！他是四年级的新星！今天真是美好的一天！ 我很高兴这项 SSI 活动激发了我那些居住在城市的学生将自己置于乡村环境中，作为全球公民，也作为未来决策者进行思考。		这些范例表现了教师在 SSI 教学中获得的强烈成就感，因为学生往往呈现出高水平的学习投入度，还可以提供发挥不同学生优势的机会。

结　果

本研究的第一个问题是："在小学阶段实施 SSI 教学的关键主题是什么？"上述归纳性主题分析揭示了七个主题：①学生自豪感；②做"真正的科学"；③做"正确的事"；④学生挫败感；⑤学生恐惧感；⑥教师自我怀疑；⑦教师成就感。下面将更全面地探讨各个主题。

学生自豪感：学生自豪感出现在所有年级和课程。当与团队达成共识时，或是在特定主题上展开合作研究和形成自己的论点、努力解决具有挑战性的问题或活动、得以说服他人认同自己观点时，一些学生感受到了愉悦之情。特别值得注意的是，部分学生表示，SSI 活动有助于他们发现、发挥某些学术或社交优势（例如，在线研究、循证论证、磋商等），这些可能在传统的科学课程中不被强调。也许并不奇怪，这些情况通常也会使教师产生成就感（编码为"教师成就感"）。

做"真正的科学"：一个特别有趣的主题是，学生相信参与 SSI 可以效仿真正的科学实践，而且认为自己就是"真正的科学家"。他们列举了各类具体活动，包括在国会小组委员会上发言(在四年级 REEs 课上)、起草和辩论火星居住地提案。这个主题并没有出现在教师反思日志中。

做"正确的事"：这个主题在一年级河狸搬迁争论和四年级 REEs 辩论中尤为明显。学生们在道德决策上采取了非常强的立场，使用正义、公平、同情进行辩护。以下是四年级课堂上讨论稀土问题的一段摘录。

学生 1：中国应该向美国提供 REEs，因为我们依赖它们。占有它们是不对的，我们已经买了这么长时间。

学生2：但是他们为什么要放弃呢？这是他们的东西！

学生1：但我们真的、真的需要它们。当有人需要一些东西的时候，你应该给他们，因为这是对的。

学生3：也许我们有他们需要的东西，所以我们可以交易！

学生1：是的，也许吧。但他们无论如何都应该给我们。这就是对的。

一年级班级在讨论河狸困境时也出现了类似的讨论；在这种情况下，做"正确的事"表现为对做错事的警示。

老师：如果河狸水坝在城镇引发洪水怎么办……应该移动还是摧毁它？

学生1：河狸是"自然的"，是它们先来到这里的，所以不应该打扰它们。

学生2：但我不想房子被淹。

学生1：河狸只是在做它们喜欢做的事儿，为此而伤害它们是不对的。

学生挫败感：该主题在各年级的 SSI 单元教学的不同阶段均有出现。学生挫败感主要源于团队成员互动。尽管所有科学课都采取了合作学习方法，特别是话轮转换（turn taking）、积极倾听、用恰当语言表达分歧等，但证据表明 SSI 活动很容易让学生产生被团队成员盖过声音的感受，时常觉得自己不被重视、不被倾听。挫败感的另一来源（虽然不太常见）是学生认为其他同学或团队的立场更容易辩护或是更容易获得相关信息资源。

学生恐惧感：这个主题并没有出现在很多课堂上，但是当它出现时，情况是相当极端的。如一名一年级学生在观看了小镇纠结于是否要摧毁河狸水坝的视频后，明显感到不安。在二年级火星居住地课堂上，一名学生表达了对氧气系统故障的担忧，而另一名学生表达了对恐怖分子可能前往火星居住地的担忧。

老师：（在学生们对"美国应该在火星上建立居住地"表达同意/不同意立场后）有人愿意分享一下为什么他们认为美国不应该在火星上建立居住地吗？

学生1：因为如果那里有恐怖分子，我们就很难逃脱。

学生2：但是太空中没有恐怖分子！

学生1：可能有，要是他们有枪，我们就会死的。

学生3：但是枪在太空中不能射击，对吗？（紧接着几名学生忧心忡忡地猜测枪支在太空中是否能使用）

学生4：我可不想在太空中弹！

在简短的交流之后，教师认可了学生的担忧，承认她不知道枪支在太空中是否能用，并迅速将课堂重点转移到关键讨论点上。在这节课的后半段，教师在网上快速检索了该问题，并与所有学生冷静而投入地分享了检索结果。然而，这段插曲对教师产生了深远的影响，她在反思日志中表达了自我怀疑，下面将更全面地介绍这一主题。

教师自我怀疑：上述交流的不可预测性导致教师对自己以及自己对学生的了解表示怀疑。

> 老实说，我以为我了解我的学生，但今天的讨论令我大开眼界。我们从探讨在火星上生活需要什么变成了讨论恐怖主义！我应该预料到这一点吗？我感到很糟糕，因为我没有意识到世界事件对他们的影响有多大，也没有意识到关于太空的讨论会把我们引向如此黑暗的道路。我试图把它变成一个"教学契机"，但我仍然感到难过。这是一个时代的标志吗，孩子们太成熟了以至于他们因恐惧而麻痹了吗？我们未来的探险家将从何而来？我怎样才能帮助我的学生在现实世界和梦想赋予的能力之间取得平衡呢？（教师日志，2015年）

教师自我怀疑的另一个来源是，在试图将可能相当耗时的SSI课程纳入小学科学课堂相对严格的时间结构时所面临的挑战。

> 今天我觉得自己很失败……与其说是老师，不如说是个杂耍演员。我们不得不匆匆忙忙地完成课程，以便在下一单元上课之前备好课。我知道自己想要什么，但我总是做不到。我渴望继续实施这个单元教学直至学年结束，这样我的学生就可以给美国国会写信，发起一场运动，通过Skype与全球各地的学校交流，改变世界！相反，我们会沉浸一小段时间，然后继续前进。我还想做更多！！！（教师日志，2016年）

最后，自我怀疑还来源于，在SSI教学过程中，学生经常会表达与教师相反的立场和偏好。下面是关于四年级湿地开发课程的教师日志。

> 我不禁想起了加勒特·哈丁（Garrett Hardin）的《公地悲剧》（*The Tragedy of the Commons*），书中描述了个人/团体为了自身利益而滥用共有资源的倾向；这种情况的结果是资源消耗殆尽，对个人自身及公共利益都会产生负面影响。作为一名生态学家，看到我的学生们很快忘记了几分钟前才学习过的相互依存和相互平衡，我感到很难过。一旦有机会侵占自然，他们就会这样做，完全不受限制。也许是因为没有要求他们扮演环保主义者的角色。也可能是因为他们的营造活动不受经济或法律限制，刚才还谈到保护食物链重要性的那些学生现在却忘记了它的存在。我温和地向全班学生发问，开发计划可能会带来什么后果，于是他们重

新审视了每个区开发的"负面影响",但我仍然无法释怀学生如此迅速地破坏土地。难道这个单元的前半部分都白教了吗?

教师成就感:在所有年级、所有课程中,教师都表达了实施 SSI 带来的强烈成就感。这些积极情绪主要来自两种截然不同的情况——一是看到通常面临学习困难的学生不断成长,二是感到学生成功驾驭了具有挑战性的话题并从中获得了有意义的知识、技能。

我对(一个四年级学生)处理来自其他学生挑战的能力感到有点紧张。他的思维往往非常僵化,当别人不以他的方式看待事物时,他就很容易感到沮丧。但在市政厅会议上,他站了出来,精彩地展示了自己团队的计划,并且能够应对其他团队非常尖锐的挑战与质疑,而没有变得过于激进。他确实听取了他人的意见,考虑了他人的想法!我为他感到骄傲!会议结束后,我询问了全班同学的反馈,(这名学生)说这是他上过的最好的科学课,也是他在学校最棒的一天之一!很高兴他能发光!我没想到他会这么擅长这个。每个人都注意到了!他是四年级的新星!今天真是美好的一天!

我很高兴这项 SSI 活动激发了我那些居住在城市的学生将自己置于乡村环境中,作为全球公民,当然,也作为未来决策者进行思考。随着城市和郊区的扩张侵占动物领地,城市野生动物管理面临着非常现实的挑战,毫无疑问,一年级学生在成年后将面临这些问题。这项活动帮助学生看到了该争议性议题的复杂性;虽然他们最初的反应相当简化、情绪化,但进一步的议题探究引发了更丰富的智识辩论。此外,我们还关注探讨了以下关键要点,即科学无法回答所有问题,技术也无法解决所有难题。

讨 论

研究结果表明,实施 SSI 教学为科学学习和学生讨论提供了一个极具吸引力和参与性的真实世界情境,也引发了许多学生强烈的自豪感和满足感。在研究和论述中学生欣然接受成为"真正的科学家"的感觉,他们通常也能够识别并提出证据来支持自己的论点。这些结果支持了先前的研究结论,即 SSI 是支持学生掌握论证、内容知识、理解 NOS 的有效框架(Zeidler 2014)。然而,仍然存在一些明显影响学生发展的挑战,包括学生难以从论证的情感基础转向认知基础、学生恐惧的非意向性激发、学生在真实和想象场景之间的混淆,还有情绪调节失衡——这在合作技能方面尤为突出。基于以上结论，在心理社会发展理论视角下，可以回应本研究提出的第二个研究问题，即"面向幼儿实施 SSI 教学可能需要进行哪些调整改进？"

埃里克森（Erikson 1959，1963）的心理社会发展理论表明，处于小学年龄段的学生要努力应对勤勉与自卑之间的矛盾张力，处理好这组关系，在成年后会获得能力感。很明显，许多学生在合作研究、辩论中体验了"勤勉"，成功克服了社交和学习方面的挑战，最终产生自豪感和成就感。然而，SSI 教学对讨论和辩论的强调，也会让那些不如他人那样熟练或不太可能坚持自我的学生感到尴尬、自卑、挫败。社群意识理论研究（McMillan & Chavis 1986）可以帮助小学教师找到方法创造高接纳度的环境，尊重人们互相交流方式的多样性，将其明确地纳入 SSI 教学。与这一理论精神相契合，在 SSI 中整合 SEL 方法（Collaborative for Academic，Social, and Emotional Learning 2017），可以强化理想课堂价值、接纳与信任等属性，这些反过来也将支持科学课程之外、小学教学重要目标的达成。此外，针对低学段而改良的 VoiceThread 等应用程序、WISE（基于 Web 网络的科学学习环境）（Evagorou 2011）等线上 SSI 环境，可以为低年级学生提供更具针对性的技能培养指导，从而促进学生的能力感。这种方法也可以为英语学习者（English language learners，ELLs）和有学习或语言障碍的学生提供一个安全可控的环境，并最终减少课堂情绪调节的整体负担。同时，在本研究中，教师运用了合作学习方法，进一步强调合作学习、增强学生人际交往技能可能有助于学生对 SSI 进行磋商（Day & Bryce 2013）。

有些学生在研究中似乎也经历了"自卑"，与他们被分配到的角色、支持这些角色立场的资源可供性不均衡（或他们所感知的不均衡）有关。确保所选主题的多元立场均可得到有力证据支持，保证相关资源的获取难易度均等，对小学阶段的 SSI 教学非常重要，而在其他学段实施 SSI 也同样如此（Presley et al 2013）。教师还可以承诺学生，无论被分配到哪个角色，都将有机会分享自己的立场，从而消除学生的担忧。还有部分学生在区分真实和假设场景时会遇到困难，例如在进行河狸搬迁议题和火星居住地讨论时，这与皮亚杰（Piaget 1926）对具体运算阶段（7—11 岁）的描述是一致的，表明抽象思维对一些孩子来说相当具有挑战性。这促使教师有效利用各类"具象性"工具，例如操作、演示等。

然而，SSI 教学的挑战在于，当使用具象性工具（如真实河狸的照片或视频）来吸引学生时，虽然可以帮助他们在情感上与主题产生联结，但许多学生却无法转换到论证的认知领域。这一发现表明，在对非常年幼的儿童（如一年级和二年级）实施 SSI 教学时，SSI 可能是一把双刃剑，情感联结常常用来吸引学生参与 SSI 课程，但同时似乎也使论证与合作技能的培养更加困难。科学教育研究者或许可以从社会研究教育中获得启发，特别是有关历史共情的研究（Foster 2001），因为它与 SSI 教学法在使用角色扮演和情感参与方面很相似。这一系列研究还可以阐明如何把握 SSI 对真实世界社会议题的强调，在本研究中，这鼓励学生表达了通常不会在科学课上讨论的担忧和恐惧。回顾火星居住地恐怖分子的小插曲，当一名学生的恐惧迅速传遍整个班级时，情绪传染（emotional contagion）（Schoenewolf 1990）便开始生根发芽。这个例子再次说明了学生不仅在区分真实/当前与假设/未来的威胁方面面临挑战，亦显示了他们在情绪调节方面上的困难（即根据对象和场合恰当地表现情绪强度）（Cole，Martin & Dennis 2004；Garner 2010）。在 SSI 中整合 SEL 方法，可能能够帮助学生和教师预见到恐惧情绪的产生，更好地处理恐惧情绪。例如，在提出有关火星居住地问题之前，老师可以组织晨会，让学生投票决定他们是否愿意去太空旅行（在图表上画勾或在代表愿意/不愿意的杯子里投币），然后让学生在积极的讨论氛围中表达他们的想法（和恐惧），这可以帮助学生缓解担忧，同时也提醒教师留意可能引发学生恐惧的敏感话题。当然，应当尽可能确保议题及其解决方案不涉及不必要的恐慌主题，特别是面对低年级学生时。例如，在一年级河狸水坝困境中，将选项限制为"保持原地不动"或"搬迁"二选一，而不包括"拆除"，这样可以实现大致相同的知识和过程目标（尽管是以没那么真实的方式）而不会不必要地引发学生恐惧情绪（Kahn 2019）。

虽然并非本研究的重点，值得一提的是，教师身份认同的一些方面在此过程中凸显出来，呼应了蔡德勒等（Zeidler，Applebaum & Sadler 2011）对教师在中学阶段实施 SSI 过程中发生"变革性转变"的讨论。本研究也有许多类似发现，特别包括以下几点：SSI 涉及的议题是耗时的；由于其不可预测性，SSI 教学要求教师具有灵活性；同时还要求教师对与自己立场不同的学生观点要持开放态度。因此，持续加强培养职前、在职教师了解 SSI 教学实施的具体细节至关重要。

尽管存在着挑战和困难，本研究中，SSI 提供了十分令人满意的教学经验。特别值得注意的是，SSI 为教师（和她的学生）提供了发现学生才能的机会，在传统的科学课堂中，这些才能往往很难得到展示。虽然科学评价以一组狭隘的优势特征来界定科学人才，因而广受诟病（Sumida 2010），但是，通过科学实践识别、强化学生的优势，是激发学生未来从事科学的兴趣和倾向的宝贵手段（Kahn 2018）。进一步探究 SSI 发掘、增强学生优势的方式，譬如融入基于优势的教学（Armstrong 2012），是很有必要的。

总而言之，以下具体实践可能有助于 SSI 在小学阶段的实施：
- 在议题立场的强度和立场辩护资源的可供性之间寻求平衡
- 使用真实世界情境，但要意识到现实的视频、书籍等媒体资料对一些年幼的孩子而言可能"过于真实"

• 在 SSI 教学中融入 SEL、合作学习方法，以助力团队建设、树立共识，营造安全、支持性的课堂氛围

• 关注学生可能通过 SSI 活动展现出来的优势

• 以理解和安慰的方式回应学生的担忧或恐惧，同时探索帮助学生积极调节情绪

局限与未来研究方向

本项探索性研究的特点在于研究规模较小、研究者为个人而非团队、研究设置较为特殊等，对本研究结论在其他情境下的适用性有所影响。此外，来自教师方面的因素，如在课堂上明确强调 NOS，也可能会限制结论的可迁移性（transferability）。虽然如此，须记住本研究提供了一个关键案例样本，涉及理想化而非典型化的条件设置，澄明了 SSI 教学实施中的困难主要源于 SSI 框架本身，而非教师或学校环境方面的因素。即便如此，未来研究可扩展更多的数据来源，包括学生访谈、课堂视频，对学生讨论特别是有关冲突化解的部分进行更详细的分析。本研究提出下列问题供进一步探究：

• SSI 研究人员和课程开发人员如何利用小学教师对儿童发展心理学理解来改善 SSI 教学效果？

• 有哪些框架（譬如来自社会研究、语言艺术领域）可以促进在小学阶段实施跨学科 SSI 教学？

• 教师身份认同与小学课堂 SSI 教学有何关系？

• 如何向非阅读者/写作者、残障学生、ELLs 等特殊需要学生实施 SSI 教学？

• 如何构建针对小学阶段不同 SSI 话题的教学内容知识模型？（Shulman 1987）

结　　论

由于小学阶段 SSI 教学的相关研究较为缺乏，本项探索性研究为广泛探究小学 SSI 课堂中教师与学生的特殊需求奠定了重要的基础。具体而言，开发适合学生心智发展阶段的课程与教学方法、特别关注小学生的社会心理与认知需求，可以巩固 SSI 作为 K-12 框架的定位与功能，帮助学生为高年级学习论证、NOS、非形式推理、道德推理打好基础。本研究表明，尽管 SSI 应用于小学科学课堂可能需要进行一些调整，特别是在议题与媒介资源选择、论证支持、课堂管理等方面，但毋庸置疑的是，即便是最年幼的学习者也值得且能够接受知情公民和社会性科

学决策的培养。

参 考 文 献

Abd-El-Khalick, F. (2006). Socioscientific issues in pre-college science classrooms.In D. L. Zeidler(Ed.), *The role of moral reasoning and discourse on socioscientific issues in science education*(pp. 41-61). Springer.

Armstrong, T. (2012). *Neurodiversity in the classroom*. Alexandria, VA: Association for Supervision and Curriculum Development.

Ary, D., Jacobs, L. C., & Sorensen, C. (2010). *Introduction to research in education*. Belmont, CA: Wadsworth.

Blank, R. K. (2013). Science instructional time is declining in elementary schools: What are the implications for student achievement and closing the gap? *Science Education, 97*(6), 830-847. doi:10.1002ce.21078

Burek, K., & Zeidler, D. L. (2015). Seeing the forest for the trees! Conservation and activism through socioscientific issues for young students. In M. Mueller & D. J. Tippins(Eds.), *Ecojustice, citizen science & youth activism: Situated tensions for science education*(pp. 425-441). Springer.

Chinn, C. A., & Brewer, W. F. (1993). The role of anomalous data in knowledge acquisition: A theoretical framework and implications for science instruction. *Review of Educational Research, 63*(1), 1-49. doi:10.3102/00346543063 001001

Cochran-Smith, M., & Lytle, S. (1999). The teacher research movement: A decade later. *Educational Researcher, 28*(7), 15-25. doi:10.3102/0013189X028007015

Cole, P. M., Martin, S. E., & Dennis, T. A. (2004). Emotion regulation as a scientific construct: Methodological challenges and directions for child development research. *Child Development, 75*(2), 317-333. doi:10.1111/j. 1467-8624.2004.00673.x PMID: 15056186

Collaborative for Academic, Social, and Emotional Learning. (2017). *Social and emotional learning (SEL) competencies*. Retrieved March 2, 2020, from https: //casel.org/wp-content/uploads/2019/12/CASEL-Competencies.pdf

Copple, C., Bredekamp, S., Koralek, D., & Charner, K. (2014). *Developmentally appropriate practice: Focus on children in first, second, and third grades*. National Association for the Education of Young Children.

Curran, F. C., & Kitchin, J. (2019). Early elementary science instruction: Does more time on science or science topics/skills predict science achievement in the early grades? *AERA Open, 5*(3). Advance online publication. doi:10.1177/2332858419861081

Day, S. P., & Bryce, T. G. (2013). The benefits of cooperative learning to socioscientific discussion in secondary school science. *International Journal of Science Education, 35*(9), 1533-1560. doi:10.1080/09500693.2011.642324

Denham, S. A. (2015). Assessment of SEL in educational contexts. In J. A. Durlak, C. E. Domitrovich, R. P. Weissberg, & T. P. Gullotta(Eds.), *Handbook of social and emotional learning: Research and practice*(pp. 285-300). New York: Guilford.

Denton, P. (2007). *The power of our words: Teacher language that helps children learn*. Turners Fall, MA: Northeast Foundation for Children.

DeVries, R., & Zan, B. (2012). *Moral classrooms, moral children: Creating a constructivist atmosphere in early education*. Teachers College Press.

Dolan, T. J., Nichols, B. H., & Zeidler, D. L. (2009). Using socioscientific issues in primary classrooms. *Journal of Elementary Science Teacher Education, 21*(3), 1-12. doi:10.1007/BF03174719

Durlak, J. A., Weissberg, R. P., Dymnicki, A. B., Taylor, R. D., & Schellinger, K. B. (2011). The impact of enhancing students' social and emotional learning: A meta-analysis of school-based universal interventions. *Child Development, 82*(1), 405-432. doi:10.1111/j.1467-8624.2010.01564.x PMID: 21291449

Erikson, E. H. (1959). Identity and the life cycle. *Psychological Issues, 1*, 1-71.

Erikson, E. H. (1963). *Childhood and society*. Norton.

Evagorou, M. (2011). Discussing a socioscientific issue in a primary school classroom: The case of using a technology-supported environment in formal and nonformal settings. In T. D. Sadler(Ed.), *Socio-scientific issues in science classrooms: Teaching, learning and research*(pp.133-159). Springer. doi:10.1007/978-94-007-1159-4_8

Evagorou, M., & Osborne, J. (2013). Exploring young students'collaborative argumentation within a socioscientific issue. *Journal of Research in Science Teaching, 50*(2), 209-237. doi:10.1002/tea.21076

Feldman, A. (1996). Enhancing the practice of physics teachers: Mechanisms for the generation and sharing of knowledge and understanding in collaborative action research. *Journal of Research in Science Teaching, 33*(5), 513-540. doi:10.1002/(SICI)1098-2736(199605)33: 5<513:: AID-TEA4> 3.0.CO;2-U

Foster, S. J. (2001). Historical empathy in theory and practice: Some final thoughts. In O. L. Davis, E. A. Yeager, & S. J. Foster(Eds.), *Historical empathy and perspective taking in the social studies*. Rowman and Littlefield.

Fowler, S. R., Zeidler, D. L., & Sadler, T. D. (2009). Moral sensitivity in the context of sociocientific issues in high school science students. *International Journal of Science Teacher Education*, *31*(2), 279-296. doi:10.1080/09500690701787909

Garner, P. W. (2010). Emotional competence and its influences on teaching and learning. *Educational Psychology Review*, *22*(3), 297-321. doi:10.100710648-010-9129-4

Gelman, R., & Baillargeon, R. (1983). A review of some Piagetian concepts. In *Handbook of child psychology* (4th ed., pp. 167-230). New York, NY: Wiley.

Hildebrandt, C., & Zan, B. (2014). Constructivist approaches to moral education in early childhood. In L. Nucci, T. Krettenauer, & D. Narvaez(Eds.), *Handbook of moral and character education*(pp. 180-197). Routledge.

Kahn, S. (2018). From access to assets: Strength-based visions for inclusive science education. In M. Koomen, S. Kahn, C. L. Atchison, & T. A. Wild(Eds.), *Towards inclusion of all learners through science teacher education*(pp. 105-114). Brill. doi:10.1163/9789004368422_012

Kahn, S. (2019). *It's still debatable! Using socioscientific issues to develop scientific literacy, K-5*. NSTA Press.

Kahn, S., & Zeidler, D. L. (2016). Using our heads and HARTSS[*]: Developing perspective-taking skills for socioscientific reasoning([*]Humanities, ARTs, and Social Sciences). *Journal of Science Teacher Education*, *27*(3), 261-281. doi:10.100710972-016-9458-3

Kahn, S., & Zeidler, D. L. (2019). A conceptual analysis of perspective taking in support of socioscientific reasoning. *Science & Education*, *28*(6-7), 605-638.doi:10.100711191-019-00044-2

Karpudewan, M., & Roth, W. M. (2018). Changes in primary students' informal reasoning during an environment-related curriculum on socio-scientific issues. *International Journal of Science and Mathematics Education*, *16*(3), 401-419.doi:10.100710763-016-9787-x

Khishfe, R., Alshaya, F. S., BouJaoude, S., Mansour, N., & Alrudiyan, K. I. (2017). Students' understandings of nature of science and their arguments in the context of four socio-scientific issues. *International Journal of Science Education*, *39*(3), 299-334. doi:10.1080/09500693. 2017.1280741

Lederman, N. G. (2007). Nature of science: Past, present, and future. In S. K. Abell & N. G. Lederman(Eds.), *Handbook of research on science education*(pp. 831-879). Lawrence Erlbaum Associates.

Lee, H., Chang, H., Choi, K., Kim, S. W., & Zeidler, D. L. (2012). Developing character and values for global citizens: Analysis of pre-service science teachers' moral reasoning on socioscientific issues. *International Journal of Science Education*, *34*(6), 925-953. doi:10.1080/09500693. 2011.625505

Linn, S.-S., & Mitzes, J. J. (2010). Learning argumentation skills through instruction in socioscientific issues: The effect of ability level. *International Journal of Science and Mathematics Education, 8*(6), 993-1007. doi:10.100710763-010-9215-6

McMillan, D. W., & Chavis, D. M. (1986). Sense of community: A definition and theory. *Journal of Community Psychology, 14*(1), 6-23. doi:10.1002/1520-6629(198601)14: 1<6:: AID-JCOP2290 140103>3.0.CO;2-I

National Academies of Sciences, Engineering, and Medicine. (2018). *How people learn II: Learners, contexts, and cultures*. National Academies Press.

National Governors Association. (2010). *Common core state standards*.

National Research Council. (2000). *How people learn: Brain, mind, experience, and school: Expanded edition*. National Academies Press.

Next Generation Science Standards Lead States. (2013). *Next generation science standards: For states, by states*. National Academies Press.

Patton, M. Q. (1990). *Qualitative evaluation and research methods*. Sage.

Patton, M. Q. (2002). *Qualitative research and evaluation methods*(3rd ed.). Sage.

Pearson, P. D., & Hiebert, E. H. (2013). Understanding the common core state standards. *Teaching with the Common Core Standards for English Language Arts PreK-2*, 1-21.

Piaget, J. (1926). *The language and thought of the child*. Harcourt Brace.

Presley, M. L., Sickel, A. J., Muslu, N., Merle-Johnson, D., Witzig, S. B., Izci, K., & Sadler, T. D. (2013). A framework for socio-scientific issues based education. *Science Educator, 22*, 26.

Responsive Classroom. (2020). *Responsive classroom: Principals and practices*. Retrieved from https: //www.responsiveclassroom.org/about/principles-practices/

Rimm-Kaufman, S., & Hulleman, C. S. (2015). SEL in elementary school settings: Identifying mechanisms that matter. In J. A. Durlak, C. E. Domitrovich, R. P.Weissberg, & T. P. Gullotta(Eds.), *Handbook of social and emotional learning: Research and practice*(pp. 151-166). Guilford.

Roberts, D. A. (2011). Competing visions of scientific literacy: The influence of a science curriculum policy image. In C. Linder, L. Ostman, D. A. Roberts, P. Wickman, G. Erickson, & A. MacKinnon(Eds.), *Promoting scientific literacy: Science education research in transaction*(pp. 11-27). Routledge/Taylor & Francis Group.

Roberts, D. A., & Bybee, R. W. (2014). Scientific literacy, science literacy, and science education. In N. G. Lederman & S. K. Abell(Eds.), *Handbook of research in science education*(Vol. 2, pp. 545-558). Routledge.

Roth, K. (2014). Elementary science teaching. In N. Lederman & S. Abell(Eds.), *Handbook of research on science education*(Vol. 2, pp. 361-394). Routledge. Rust, F. O'C. (2009). Teacher research and the problem of practice. *Teachers College Record, 111*(8), 1882-1893.

Rust, F., & Meyers, E. (2006). The bright side: Teacher research in the context of educational reform and policy-making. *Teachers and Teaching, 12*(1), 69-86. doi:10.1080/13450600500365452

Sadler, T. (2011). Situating socioscientific issues in classrooms as a means of achieving goals of science education. In T. Sadler(Ed.), *Socio-scientific issues in the classroom: Teaching, learning and research*(pp. 1-9). Springer. doi:10.1007/978-94-007-1159-4_1

Sadler, T., & Zeidler, D. (2005). The significance of content knowledge for informal reasoning regarding socioscientific issues: Applying genetics knowledge to genetic engineering issues. *Science Education, 89*(1), 71-93. doi:10.1002ce.20023

Schoenewolf, G. (1990). Emotional contagion: Behavioral induction in individuals and groups. *Modern Psychoanalysis, 15*(1), 49-61.

Shulman, L. (1987). Knowledge and teaching: Foundations of the new reform. *Harvard Educational Review, 57*(1), 1-22. doi:10.17763/haer.57.1.j463w79r56455411

Slavin, R. E. (1980). Cooperative learning. *Review of Educational Research, 50*(2), 315-342. doi:10.3102/003465 43050002315 PMID: 6698102

Stolz, M., Witteck, T., Marks, R., & Eilks, I. (2013). Reflecting socio-scientific issues for science education coming from the case of curriculum development on doping in chemistry education. *Eurasia Journal of Mathematics, Science and Technology Education, 9*(4), 361-370.

Sumida, M. (2010). Identifying twice-exceptional children and three gifted styles in the Japanese primary science classroom. *International Journal of Science Education, 32*(15), 2097-2111. doi:10.1080/09500690903402018

Taylor, R. D., Oberle, E., Durlak, J. A., & Weissberg, R. P. (2017). Promoting positive youth development through school-based social and emotional learning interventions: A meta-analysis of follow-up effects. *Child Development, 88*(4), 1156-1171. doi:10.1111/cdev.12864 PMID: 28685826

Valli, L. (1997). Listening to other voices: A description of teacher reflection in the United States. *Peabody Journal of Education, 72*(1), 67-88. doi:10.120715327930pje7201_4

Vieira, R. M., & Tenreiro-Vieira, C. (2016). Fostering scientific literacy and critical thinking in elementary science education. *International Journal of Science and Mathematics Education, 14*(4), 659-680. doi:10.100710763-014- 9605-2

Yoon, J., & Onchwari, J. A. (2006). Teaching young children science: Three key points. *Journal of Early Childhood Education, 33*(6), 419-423. doi:10.100710643-006-0064-4

Zeidler, D. L. (2014). Socioscientific issues as a curriculum emphasis: Theory, research, and practice. In N. G. Lederman & S. K. Abell(Eds.), *Handbook of research on science education*(Vol. 2, pp. 697-726). Routledge.

Zeidler, D. L., Applebaum, S. M., & Sadler, T. D. (2011). Enacting a socioscientific issues classroom: Transformative transformations. In T. D. Sadler(Ed.), *Socioscientific issues in science classrooms: Teaching, learning and research*(pp.277-306). Springer. doi:10.1007/978-94-007-1159-4_16

Zeidler, D. L., & Kahn, S. (2014). *It's debatable! Using socioscientific issues to develop scientific literacy, K-12*. NSTA Press.

Zeidler, D. L., & Sadler, D. L. (2011). An inclusive view of scientific literacy: Core issues and future directions of socioscientific reasoning. In C. Linder, L. Ostman, D. A. Roberts, P. Wickman, G. Erickson & A. MacKinnon (Eds.), *Promoting scientific literacy: Science education research in transaction* (pp. 176-192). New York, NY: Routledge / Taylor & Francis Group.

Zeidler, D. L., & Sadler, T. D. (2008). The role of moral reasoning in argumentation: Conscience, character and care. In S. Erduran & M. Pilar Jimenez-Aleixandre(Eds.), *Argumentation in science education: Perspectives from classroom-based research*(pp. 201-216). Springer Press.

Zeidler, D. L., Sadler, T. D., Applebaum, S., & Callahan, B. E. (2009). Advancing reflective judgment through socioscientific issues. *Journal of Research in Science Teaching, 46*(1), 74-101. doi:10.1002/tea.20281

Zeidler, D. L., Sadler, T. D., Simmons, M. L., & Howes, E. V. (2005). Beyond STS: A research-based framework for socioscientific issues education. *Science Education, 89*(3), 357-377. doi:10.1002ce.20048

关键术语及释义

心理社会发展：理解人类在生命历程中如何因社会和环境影响在心理、社会方面发生变化的理论路径。

科学素养：科学教育目标之一，帮助学生在日常生活和社会情境中应用科学。

社会性科学议题：运用结构不良的、与科学有关的社会问题作为科学学习情境的教学框架。

教师研究：一种重视教师作为知识创造者的教育研究方法，不要求引入具体的干预措施来进行测试。

第二章　整合科学建模和社会科学推理提升科学素养

柯力（Li Ke）
美国北卡罗来纳大学教堂山分校
特洛伊·D. 萨德勒（Troy D. Sadler）
美国北卡罗来纳大学教堂山分校
劳拉·A. 赞戈里（Laura A. Zangori）
美国密苏里大学
帕特里夏·J. 弗里德里希森（Patricia J. Friedrichsen）
美国密苏里大学

摘要：SSI 受到广泛推崇，它提供了促进科学素养的有效情境，培养负责任的公民能够在日常生活中运用科学。然而，许多教师发现实施 SSI 教学具有挑战性，将 SSI 与基于学科的教学视为相互排斥的科学教学方法。在本章中，作者介绍了社会性科学议题与基于模型的学习（SIMBL）教学模式，兼顾学科知识及其社会关联性。作者特别提出，整合科学建模和社会科学推理（SSR）可以提高学生在这两个方面的能力，从而提高科学素养。通过小学 SIMBL 教学的说明性案例，作者详述了学生建模实践与 SSR 之间的联系。在本章结尾，作者提出一套认识工具（epistemic tools）为学生的建模实践和 SSR 提供支持，并讨论了该工具对课堂组织的启示。

引　言

在过去的几十年里，各类改革措施都主张科学素养（scientific literacy，SL）是学校科学教育的主要目标。科学素养一词表述了公众对科学的一般性和功能性理解（DeBoer 2000）。然而，与探究等其他概念一样，科学素养已被广泛使用和解读，其内涵和目的因此变得模糊不清。罗伯茨等（Roberts 2007；Roberts & Bybee 2014）整合了关于此概念的现有文献,提出一个启发式框架来理解有关科学素养的不同观点,从而为界定科学教育目标提供依据。科学素养框架是一个连续区(continuum)(Roberts 2007):其一端是愿景Ⅰ,倾向于优先考虑那些与科学学科相关的学术知识与实践,要求学生理解科学内容以及科学如何运作,目标是培养未来的科学家;在另一端,愿景Ⅱ强调科学知识及视角的社会相关性,主张超越科学学科界限,在愿景Ⅱ下,科学教育的目标是让学生成为负责任的公民,可以在生活中应用科学并做出知情决策。

先前关于 SSI 的研究表明,让学生参与复杂社会问题磋商,是实现愿景Ⅱ学习目标的有效方式(参见 Zeidler 2014 的综述)。SSI 教学为学生提供了有意义的情境,反思科学如何与他们自己的生活、社会相关联。它还促使学生考虑复杂社会问题中的道德和伦理意涵,这些问题对日常生活中的个人判断、决策至关重要。除了实现愿景Ⅱ的目标外,基于问题的教学方法还可提升愿景Ⅰ下的学习成就。在 SSI 情境中学习科学,可以帮助学生理解科学内容知识和 NOS(Khishfe 2014;Sadler,Romine & Topçu 2016;Zohar & Nemet 2002)。

尽管 SSI 可以同时实现科学素养的两种愿景,但现有文献中,SSI 的教育功能很少转化为科学课堂教学实践。许多教师认为在课堂上实施 SSI 教学具有挑战性,原因有很多,例如他们对讨论没有明确解决方案的全球性问题感到不安(Ekborg et al 2013;Hancock et al 2019;Lee,Abd-El-Khalick & Choi 2006)。此外,教师对 SSI 的理解以内容为中心,把 SSI 教学的社会-政治面向视为次要的背景(Lazarowitz & Bloch 2005;Tidemand & Nielsen 2017)。对于一些教师来说,在教学中弱化议题的社会层面并没有什么问题,因为实施 SSI 教学的目标是促进学生对给定内容/知识的学习。而致力于实现愿景Ⅱ学习目标的教师则认为,围绕议题的社会影响进行课堂讨论不够"科学",不能在科学课堂上占有一席之地。这些对 SSI 的片面看法揭示了教师倾向于把 SSI 教学和基于学科的教学视为相互排斥的教学策略。换句话说,对于许多教师来说,要想有效地教授 SSI,只能牺牲学生对科学知识和科学实践的学习。

教师在平衡愿景Ⅰ和愿景Ⅱ目标时所面临的困境表明,我们迫切需要重新构建 SSI 教学,以兼顾两种愿景。这是非常重要的,因为大多数科学教育者须在实践中关照一系列整合了两大科学素养愿景的教学目标(Aikenhead 2007)。一方面,科学教师表示希望学生能够在不同程度上将在课堂上学到的知识应用到日常生活中;另一方面,他们也必须帮助学生达到一定的学业水平,以满足科学素养愿景Ⅰ下的课程标准要求。因此,从实用角度来看,与学科知识和实践直接关联的 SSI 教学模式,可以更好地帮助教师实施 SSI 教学。

本章介绍我们共同开发的 SSI 教学模式——社会性科学议题与基于模型的学习（socio-scientific issue and model-based learning，SIMBL）——该模式既强调学科知识也注重伦理规范及其社会意涵，从而可以解决上述困境（Sadler，Friedrichsen & Zangori 2019）。特别是，我们认为科学建模和 SSR 可以相互协同发挥作用，二者的整合能够提升学生在这两个领域的能力，同时提高学生在愿景 I 和 II 下的科学素养。在各类科学实践中，我们选取了科学建模作为关注点，原因如下：首先，建模是一种关键认知实践，它集中体现了科学家在该学科中的实际工作方式，其重要性近年来在全球各国科学教育改革中都有所强调。因此，聚焦于科学建模为我们提供了一个切入点，以串联教师为实现科学素养愿景 I 所需关照的多种学习需求。其次，建模实践和复杂社会议题磋商（即 SSR）有重要的相似之处，例如，建模和 SSR 都需要系统思维。因此，我们认为这两种实践的共同点可能会帮助学生更容易将科学理解和实践转化为对 SSI 的推理（从而实现科学素养愿景 II）。最后，尽管科学建模在我们的 SSI 教学框架中占有中心地位，但我们认为，不能孤立地进行建模教学，而要将建模与其他科学实践（例如，构建解释和论证）联系起来。事实上，我们认为学生应该根据需要整合科学建模与其他实践（例如，分析和解释外部数据以判断模型是否需要改进），从而让这些科学实践对学生而言有意义。换句话说，我们将建模视为锚定实践（anchoring practice），而不是唯一认识实践，让学生在探索复杂问题的科学维度时参与其中。

接下来，我们先简要介绍科学建模和 SSR 研究的背景，以及整合这两种实践的内在逻辑。然后，介绍 SIMBL 教学模式和相关的教学设计，展示如何将科学建模和 SSR 整合到教学中。接下来，我们将介绍小学 SIMBL 教学的一个说明性案例，以探讨学生的建模实践与他们在作业中展现的 SSR 之间的联系。本章最后介绍了我们所开发的支持学生建模实践和 SSR 的认识工具，并讨论对课堂应用的启示。

背　　景

科学建模

科学模型是用以说明、解释、预测现象的简化表征（Lehrer & Schauble 2006；Schwarz et al 2009）。科学建模，即开发、改进、评估、测试科学模型的实践，是科学家为深化对自然界认知而不断进行的知识实践。它被认为是科学的基石，因为呈现理论是科学探索的核心（Clement 2008；Nersession 2002）。学习建模对学生在科学课堂上的知识构建也有教学上的帮助，亦是现代科学教育的基本目标（Gilbert 2005）。美国 NGSS 要求学生像科学家一样进行科学实践，而科学建模是所有学生都应掌握的八项关键实践之一，与学科核心概念和跨学科概念的运用相配合来理解世界。

有关基于模型的教学（model-based instruction，MBI）的文献提供了充分证据表明，各年级学生都能以富有成效的方式投入建模实践（参见 Louca & Zacharia 2012 的综述）。尤其是，已有研究发现，在适当的教学和课程支持下，学生基于模型的推理（model-based reasoning）和对内容知识的理解都得到了改善（Louca, Zacharia & Constantinou 2011; Manz 2012; Passmore, Gouvea & Giere 2014; Zangori & Forbes 2014）。虽然科学模型有多种形式，如图表、计算机模拟、数学方程式，但典型的 MBI 是涵盖多种建模实践元素的建模过程。学生会从建模开始，针对某一现象检验假设或回答问题，随着他们获得更多有关现象及相关证据的经验，不断改进、评估、应用模型。除了科学建模过程之外，有关建模目的和目标的知识，即元建模知识（metamodeling knowledge）（Schwarz & White 2005），也是 MBI 的关键部分。为保证 MBI 课堂的意义性，学生在参与建模过程时，亦需要了解模型性质与建模本质（例如，什么是模型？如何使用模型？模型有什么用？用什么标准来评估模型？）。从本质上讲，科学建模是一种知识实践，学生需要了解什么是模型、如何使用模型，以便充分发挥 MBI 的认识潜力。否则，建模可能会沦为一种程序性练习，即学生将"正确"的东西放入模型中，而不会运用模型作为工具来理解现象或深层次系统（Ke & Schwarz 2020）。

社会科学推理（SSR）

为了最大限度地发挥 SSI 教学的潜在价值，学生不仅要学习科学概念及实践，更需要有机会进行广泛探索（Sadler 2009）。基于 SSI 的教学应帮助学习者更好地掌握磋商复杂问题的技能。虽然科学内容知识可能在某种程度上有助于议题磋商，但仅聚焦科学内容是不够的，不能充分培养议题磋商所要求的知识和能力。然而，SSI 倡导者一直无法操作化、评价这些所谓科学内容之外的"其他"知识和能力。针对这一问题，有学者提出 SSR 概念，用以指涉考量、磋商复杂问题所必需的知识能力（Sadler, Barab & Scott 2007）。从定义上看，SSR 是一组相互关联的知识性推理实践，包含以下五个维度（Kinslow, Sadler & Nguyen 2019）：

- 认识到 SSI 的内在复杂性以及这种复杂性如何影响问题解决
- 认识到我们并不了解 SSI 的所有可知信息，SSI 具有开放性、有待探究
- 从不同利益相关者可能拥有的多元视角考量 SSI

- 对可能的偏误信息抱持怀疑态度
- 认识到科学作为理解和解决问题的方式之一具有可供性和局限性

针对中学生（Kinslow 2018；Kinslow，Sadler & Nguyen 2019）和本科生（Romine，Sadler & Dauer，in review）的经验研究表明，在基于 SSI 的学习中，学生的 SSR 能力得到了发展。例如，在金斯洛（Kinslow 2018）的研究里，一组高中生参与了将科学和社会研究融入 SSI 教学方法的课程，在进行了一学期的基于问题的学习后，他们的 SSR 能力得到了显著改善。其他学者扩展了 SSR 的概念内涵，聚焦"社会科学决策"（Eggert et al 2013；Simonneaux & Simonneaux 2009），也发现了类似的结果。总体而言，虽然相关研究仍处于起步阶段，但已有证据表明可以通过 SSI 教学实现 SSR 培养，不过这也要求大量时间投入、高质量的教学和课程材料（Kinslow et al 2019）。

整合建模与 SSR 的内在逻辑

虽然我们非常了解科学建模、SSR 二者分别如何有效地促进实现科学素养愿景Ⅰ和Ⅱ所对应的教学目标，但是怎样将两者结合起来共同达成两大愿景，仍有待探索。在本节中，我们提出的理论主张强调科学建模和 SSR 可以相互支持，整合协同二者能够有效地同时实现科学素养愿景Ⅰ和Ⅱ的相关目标。

第一，SSI 为学生提供有意义的情境参与科学建模，让学生联系自身生活来解释和预测科学现象。SSI 支持建模实践，因为议题的相关性让学生可以将个人目标（例如，就重要议题进行决策）与科学学科目标（例如，参透议题深层次的现象的运作机制）联系起来。例如，某学生的个人目标是说服父母戒掉电子烟，可以此为驱动力，通过建模来研究尼古丁对人体的影响机制。此外，对于那些对科学或与科学相关的专业缺乏兴趣的学生，SSI 也可以作为一个有意思的情境，激发学生探索议题的科学面向，让他们不至于在科学建模等学科活动中无所事事。

第二，我们提出以下假设，即利用建模实践来理解与议题相关的科学知识可以反过来支持学生的 SSR 实践。已有研究成果显示，SSI 深层次的内容知识对于复杂问题的磋商十分重要（参见 Sadler & Zeidler 2005 的综述）。我们认为，学生在开始参与 SSR 之前需要对相关科学内容有基本的理解。这一点在萨德勒和唐纳利（Sadler & Donnelly 2006）关于高中生的内容知识如何影响其 SSI 论证质量的研究中得到了详述。综上，MBI 可以促进学生对内容知识的掌握和对科学运作方式的理解，因此让学生参与科学建模以探索与议题相关的深层次现象应该能够提高他们的 SSI 推理技能。

第三，如前所述，我们看到两种实践子维度的深层次构成理念高度契合。我们认为，这些理念之间的联系，深刻影响着学生把学科知识和认识方法运用于复杂社会议题决策和问题解决的知识迁移。例如，科学建模的一个关键点在于，通过识别关键构件、阐明其因果关系、基于已识别的因果关系描述并预测系统行为过程，对现象进行解释。同样，SSR 涉及考量不同视角、分析不同利益相关者所认知的因果关系及可能结果。因此，从两种实践（建模和 SSR）所共通的系统视角深入理解因果推理的基本概念，可能有助于学生将复杂推理从一种情境应用到另一种情境。我们在建模和 SSR 之间看到的另一个相似之处在于，无论科学模型还是 SSR 都不是静态的；二者对探究保持开放性，并可能在更多证据下需要进一步改进。同样重要的是，科学建模和 SSR 在解释现象或解决问题方面的效用都有局限性。据此，我们提出假设，两种实践在深层次理念上的一致性可能是支持学生从理解科学过渡到在生活中运用科学的关键。

社会性科学议题与基于模型的学习（SIMBL）教学模式

我们基于有关 SSI 教育内涵及内容的研究（Friedrichsen et al 2016；Sadler 2011），进行了相应的教学设计，经过不断迭代，形成了 SIMBL 教学模式。该模式同时强调科学建模和 SSR——要求学习者通过建模活动来理解重大社会议题背后的科学原理及过程，形成有关这些议题的立场或解决方案。SIMBL 模式包括 SSI 教学的必要元素和教学步骤设计建议。教学步骤是不断调整的学习环，几十年来一直是科学教学的重要教学策略（Bybee 2015）。SSI 教学步骤包括三个连续的阶段（图 2.1），从学生对课程单元教学重点 SSI 的探索开始，该阶段重点是让学习者熟悉议题、（理想的话）产生兴趣，支持学习动力。第二阶段要求学生投入与议题相关的科学建模，为学生创造机会在掌握关键科学实践的同时，深入理解相关核心科学概念（Zangori et al 2017）。该阶段亦涉及学生 SSR，帮助他们理解

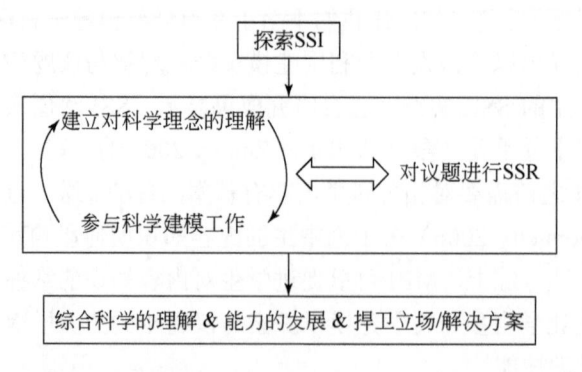

图 2.1　SIMBL 教学模式（Sadler，Friedrichsen & Zangori 2019）

议题及其深层次的科学现象、社会挑战及影响之间的复杂关联。在最后阶段，学生综合在整个课程单元中掌握的科学概念、建模实践、SSR 能力，结合自己的责任感和价值观，形成关于议题的立场或解决方案并为之进行辩护。

说明性案例

本节介绍一个学生个案，表明整合科学建模和 SSR 如何提高学生在这两个方面的能力。具体而言，我们要求一名小学生进行模型建构，通过 SSI 论文写作展现 SSR，据此我们对其学习轨迹进行了追踪，揭示了低年级学习者如何通过建模过程强化推理并在复杂问题磋商中进行应用。值得注意的是，我们在此并不打算对 SIMBL 教学模式在小学阶段的有效性进行检验（Zangori et al 2018，2020）。本章力图通过该焦点学生的说明性案例来讨论建模实践和 SSR 如何在 SSI 学习中相互促进。

案例背景

研究在美国中西部某小城市展开，三年级的 4 个班级参与了研究，学生年龄在 8—9 岁（n=54）。授课单元焦点议题为帝王蝶种群数量减少，内容重点是生态系统中的生态关系。之所以选择这个问题，是因为州自然保护部将帝王蝶种群数量减少列为当地生态环境的重大问题。4 位参与研究的教师与研究团队在为期 6 天的专业发展研讨会上，基于 SIMBL 模式共同设计了本单元教学方案，并在整个学年中持续跟进、交流教学与研究进展。在专业发展研讨会期间，教师了解了课程设计、SSI 和建模的相关背景知识以及二者在教学中的整合。

该单元从以下问题开始："我们应该把学校的足球场之一改造成花园来吸引蝴蝶吗？"引导学生针对焦点问题进行第一次写作（SSI 写作 1）。接下来，学生探索不同类型的模型、了解不同专业的科学家如何使用模型，以便更好地理解科学模型的本质。然后，学生用纸和铅笔绘制图表模型（模型 1）来回答"各种动物、昆虫、人类和植物如何与环境相互作用？"这一问题。学生们还得到了 3 个反思性提示：①你的模型展示了什么？②为什么你认为动物、昆虫、人类和植物是这样与环境相互作用的？③你做了哪些观察来帮助你理解动物、昆虫、人类和植物与环境的相互作用？这些提示旨在引导学生使用证据来构建模型，表征并解释深层次的现象，这是建模实践的一个关键认知点。

学生先通过科学建模初步了解了生态系统内部的相互关系，之后进行一系列教学活动（例如，观看蝴蝶迁徙的电影片段、全班协作使用外部数据构建蝴蝶迁徙象形图），探索帝王蝶种群数量减少问题及其社会维度。在 SSI 活动后，要求学生再次回答本单元开始时的问题："我们应该把学校的足球场之一改造成花园来吸引蝴蝶吗？"（SSI 写作 2）值得注意的是，课程设计并不主张针对这个问题的特定立场，而是鼓励学生运用所学到的概念和证据来形成自己在这个问题上的立场。

通过蝴蝶迁徙及种群数量减少的 SSI 课程，学生进一步学习了蝴蝶的生命周期、栖息地内不同生物（如蝴蝶和植物）之间的相互依存关系，继而改进了初始模型（模型 2）。根据要求，学生基于新收集的证据，对模型进行改进。本单元的终章是另一个 SSI 课堂，教师引导学生写一封信给另一所小学的校长，讨论他们校园里的草坪是否应该改造成足球场（SSI 写作 3）。接下来，我们将对一名焦点学生罗斯（Ross）在学习本单元课程中的科学模型和 SSI 论文进行分析，以呈现前文所讨论的建模实践与 SSR 技能之间的理论关联。

罗斯的案例

在单元伊始的 SSI 写作 1 任务中，罗斯赞成将足球场改造成花园，因为他"喜欢蝴蝶，花园可以给它们更多的乳草（milkweed）"。他的回答主要是关于蝴蝶的具体推理，还涉及了人类通过喂养表达关怀从而与蝴蝶建立的联结。这在三年级学生中并不少见，因为低年级学习者倾向于根据个人情感倾向对复杂问题做决策。我们观察到，许多学生用了和罗斯类似的推理模式明确反对这项提议，原因是他们喜欢踢足球。

在罗斯的初始生态交互模型（图 2.2）中，他在树上画了一只鸟，旁边是鸟蛋和鸟巢，不远处还有一只豹子正伺机捕捉这只鸟。在鸟和豹子旁边还有一个池塘，里面有几条鱼、一只螃蟹和藻类。在初始模型中，罗斯描绘了不同的物种，并表明它们之间存在着关系。在半结构化采访中罗斯谈论了自己的初始模型，访谈数据表明，他能够识别树与鸟的关系（例如，"寄居关系"）、鸟与豹子的关系（例如，"捕食关系"）。然而，罗斯对模型的其他部分展现了不确定的态度，他说"我不太确定它们（鱼和藻类等生物体）是如何相互作用的"，他"只想在鸟和树之外画一些别的东西"。这表明，对于池塘系统，罗斯能够识别其中的要素并据此表征系统，但不能明确要素之间的具体关系从而进行解释。

在第二篇 SSI 论文中，罗斯继续坚持原先立场，但运用了不同的推理来支持将足球场改造成花园。他写道："我的观点没有改变，因为我们需要更多乳草来让蝴蝶生存和产卵。"特别是，罗斯似乎将他在初始模型中确定的两种关系，即"寄居关系"（例如，帝王蝶在乳草上产卵）和"捕食关系"（帝王蝶吃乳草），应用到了他对这个议题的推理中。

罗斯改进后的生态交互模型（图 2.3）和他的初始模型一样，包含了"捕食关系"和"寄居关系"，但新模型聚焦于蝴蝶而不是鸟或豹子。他在画面右侧画了一

图 2.2 罗斯的初始生态交互模型（模型 1）

图 2.3 罗斯改进后的生态交互模型（模型 2）

只正在吃乳草的毛毛虫，左侧画了一只正在孵化的蝴蝶卵。他在后来的访谈中说道："我决定画蝴蝶是因为我学到了更多（关于蝴蝶的）知识。"这意味着罗斯通过 SSI 生态单元中对蝴蝶种群数量减少问题的探索，获得了更多关于蝴蝶的知识，并将之作为改进模型的参考依据。

本单元的最后，议题重点稍稍转向了生态保护，以进一步探索学生的 SSR。我们要求罗斯写信给一位正在考虑将学校旁边的草坪改造成足球场的校长，表达他在这个问题上的立场。以下是罗斯有关 SSI 写作 3 的访谈摘录。

采访者：我们要看看你关于这个议题的写作。你写的内容有什么变化？

罗斯：我了解到它们（蝴蝶）只吃乳草，它们只在乳草上产卵，我好像还了解到它们从花中获取花粉，为水果、植物什么的授粉。

采访者：现在有另一所学校，它有一个足球场和一个自然栖息地，正在考虑将那个栖息地改造成第二个足球场。你怎么看？你会怎么说？

罗斯：我会说我不希望蝴蝶园被改造成足球场，因为那样蝴蝶就没有家了。嗯，它们可能会有，但是它们没有足够的乳草吃，它们会死的。这就是我要说的。我会说不。

从访谈笔录中可以明显看出，罗斯在推理中运用了他掌握的有关蝴蝶的知识，即它们"只吃乳草，（它们）只在乳草上产卵"。这个推理也与他在SSI写作2和模型2中所呈现的内容一致。然而，这一次他同时考虑了两种关系（例如，"捕食关系"和"寄居关系"），从而得出了半定量因果关系。他推测，栖息地的消失或乳草数量的减少将导致蝴蝶种群数量下降（例如，"它们会死的"）。换句话说，他的推理从SSI写作2中的关系推理转向了SSI写作3中的因果推理。

总结

在图2.4中，我们总结了罗斯在建模和SSR方面的学习轨迹。就建模能力而言，罗斯的改进模型进一步聚焦于解释蝴蝶和乳草之间的相互作用，而他的初始模型主要是对系统整体（例如，池塘系统）进行表征。在应对复杂性问题方面，在本单元的学习过程中，罗斯的推理模式变得更加精密复杂，从SSI写作1中的个人推理转变为SSI写作2中的关系推理，在SSI写作3中则转变为因果推理。

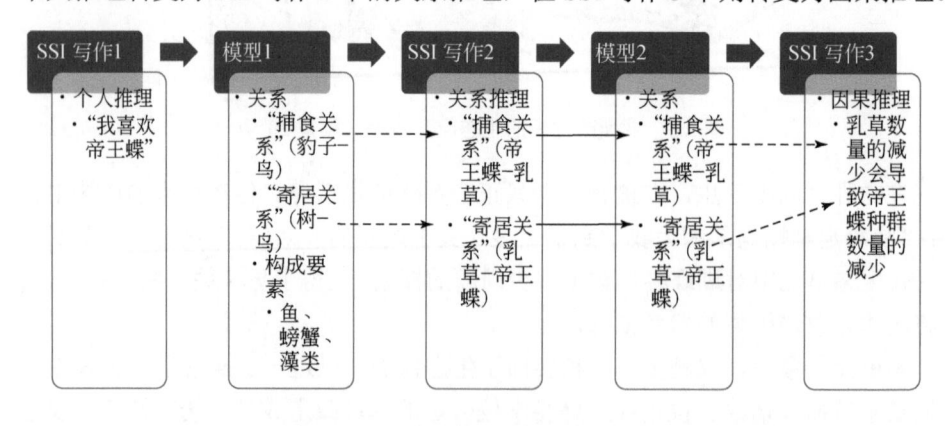

SSI写作1	模型1	SSI写作2	模型2	SSI写作3
·个人推理 ·"我喜欢帝王蝶"	·关系 ·"捕食关系"（豹子-鸟） ·"寄居关系"（树-鸟） ·构成要素 ·鱼、螃蟹、藻类	·关系推理 ·"捕食关系"（帝王蝶-乳草） ·"寄居关系"（乳草-帝王蝶）	·关系 ·"捕食关系"（帝王蝶-乳草） ·"寄居关系"（乳草-帝王蝶）	·因果推理 ·乳草数量的减少会导致帝王蝶种群数量的减少

图2.4 罗斯在建模和SSR方面的学习轨迹

不仅如此，我们认为科学建模和SSR的整合促进了罗斯在这两方面的学习。很明显，罗斯在最初模型中确定的两种关系（"捕食关系"和"寄居关系"）是其建模与后续SSI写作的中心思想。我们据此提出假设：最初的建模活动帮助罗斯认识到深层次的关系，之后能够将其应用于SSI情境。须注意，虽然模型1和SSI

写作 2 中呈现的两种关系相同，但组成要素不同。这表明尽管存在情境差异，罗斯仍能够对推理模式进行迁移。在图 2.4 中，我们使用虚线箭头表示两个情境之间的迁移模式。此外，罗斯的 SSI 写作 2 和模型 2 之间的一致性（由图 2.4 中的两个实线箭头表示）表明 SSI 情境在罗斯的建模工作中也发挥了关键作用。从访谈数据中我们知道，在之前的 SSI 课程中探索该议题促使罗斯将蝴蝶纳入新模型。最后，我们在理论上认为，改进模型巩固了学生对两种关系的理解与运用，这可能在很大程度上帮助罗斯的议题磋商从关系推理转向半定量因果推理：在"捕食关系"和"寄居关系"的基石上形成了"乳草数量的减少会导致帝王蝶种群数量的减少"的因果理解（由图 2.4 中模型 2 和 SSI 写作 3 之间的两个虚线箭头表示）。总而言之，罗斯的学习轨迹与我们的假设一致，即科学建模和 SSR 能够相互促进，其方式如 SIMBL 教学模式（图 2.1）所示。

可能会有人提出，罗斯只是把学到的内容知识放入了模型和 SSI 论文中。虽然这种替代性解释看似合理，但我们认为罗斯及其大多数同学并非如此，原因有二。第一，我们将科学建模和 SSR 都视为学生为了特定目标或目的而参与的认知实践。即使学生们被告知"蝴蝶吃乳草并在上面产卵"，他们可能也并不一定会选择将其纳入模型 SSR，除非这符合活动目标。在我们的研究中，科学模型指理解事物运作方式的工具。同样，SSI 写作任务旨在帮助学生基于合理推理与证据在复杂问题上形成自己的立场。因此，学生需要决定在他们的知识产物中包含什么，以便与活动的目的保持一致，而不是随机地将学到的内容扔到模型或 SSI 论文中。第二，从访谈资料中，我们知道，罗斯还了解过蝴蝶授粉。然而，罗斯并没有将那部分知识纳入模型或 SSI 论文中。这一反证反驳了上述替代性解释的主张，即主要是内容知识的获得提高了建模和 SSR 能力。事实上，蝴蝶与其他植物、花卉相互作用是一个富有成果的想法，罗斯可以将其纳入模型中，这可能会加深他对生态系统内部相互关系的理解。这也是我们希望罗斯能够进一步掌握的，从而在进行 SSR 活动时，能够看到移除栖息地对蝴蝶、乳草以外的物种造成的影响。然而，"授粉关系"并没有呈现在罗斯的建模和 SSR 中，虽然这个想法在课堂中得到了很好的讨论。

用于建模和 SSR 的认知工具

如罗斯的案例所示，整合建模和 SSR 虽然具有巨大潜力，但对于教师而言，将其实施在课堂教学中仍然具有挑战性。这主要是由于大多数教师不熟悉支持学生特别是在认知方面参与建模和/或 SSR（Danusso et al 2010；Justi & Gilbert 2003）的方式。为了应对这一困难，我们研究团队设计了一组认识工具，以更好地支持教师进行建模和 SSR 教学、帮助学生推理在内容与议题之间切换。认识工具旨在促进知识构建，具有"符号相关性，本身亦是一个知识及思维体系"（Magnusson 2009，p.168）。同时，这些工具十分灵活，因此教师的投入对于在课堂上有效应用这些工具至关重要。

就科学建模而言，我们针对生态系统单元内容开发了一个建模课和建模包，作为课程设计的重要部分。建模课首先要求学生考量他们所了解的有关模型一词的定义，思考什么是科学模型以及它代表什么。学生在班级里与其他同学一起，探索不同类型的模型并建立一个共识模型。他们须明确不同类型建模的目的，评估它们分别如何支持学习。建模课的这些内容侧重于元建模知识，关注模型本质（什么是模型？模型表征什么？模型与现实之间的关系是什么？）、建模过程（模型是如何构建的？模型曾经改变过吗？）、模型评估（如何确定模型是否对理解某事有用）、模型目的（模型有哪些用途？模型如何对科学家和/或学生有用？）。

在建模课之后，学生将接触到建模包，让学生绘制课程初（前期）、课程中（中期）和课程末（后期）模型并回答有关模型的问题，引导学生思考建模工作中与实践相关的关键认知考量（例如，事物如何运作以及为何如此运作？我有什么证据来支持我的模型？）。建模包作为一种工具，帮助学生在理解深层次的科学现象时参与创建、改进和评估模型。学生根据相同的问题和反思性提示，进行模型开发。当学生创建中期、后期模型时，他们首先须查看之前的模型，阐述该模型回答其建模问题的有效程度，写明他们对模型的满意之处和欲改进之处。建模包始终侧重于单元的深层次科学现象，因此，虽然个别课程可能着眼于现象的某些特定方面，但当学生回顾其前/中/后模型时，建模包要求他们明确从课程中学到的新知识如何增补其关于主要现象如何产生、为何产生的知识。在建模包中，连接建模实践的认知方面或元建模知识是必不可少的，这些知识不仅可以促使学生理解关于现象的科学内容，还能帮助他们掌握在不同科学学科中，知识如何通过科学模型得到建构和辩护。

在 SSR 方面，我们开发了两种认识工具，星图和因果图。星图（图 2.5）帮助学生理解 SSI 的多维性。学生可以使用星图来探索议题，五个角分别代表思考议题时必须关注的多重维度，在相应的位置填写想法，可帮助形成自己对于议题的立场。教师可以为星图各角选择不同的维度，引导学生关注、思考议题的不同维度，因而星图在使用上十分灵活，适当修改即可用于任何 SSI。例如，我们团队围绕电子烟（电子烟的使用）问题开发了一个高中 SSI 单元，在其中，学生们完成了包含以下五个维度信息的星图：科学（例如，电子烟中的化学混合物）、政治（例如，政府对电子烟销售的监管）、经济（例如，电子烟的销售）、历史（例

第二章 整合科学建模和社会科学推理 提升科学素养 ·37·

图 2.5 星图

如，吸烟史）和伦理（例如，针对青少年的广告）。

学生就多重维度进行推理，来确定各自在议题上的立场，绘制因果图。因果图是一种概念性表征工具，用以明确系统要素之间的因果关系，帮助学生认识问题的复杂性。这里的系统指的是社会系统，要素涉及与议题相关的多个社会政治维度。基于因果图，学生得以考量自己的立场/解决方案可能对系统整体带来的影响。例如，在电子烟单元中，要求学生制定电子烟法规并通过因果图来确定该法规对系统整体的影响。图 2.6 是一名学生提出的管控（例如，禁止电子烟产品广告）因果图示例。中心周围是学生所识别的多元利益主体，分别是儿童、青少年、父母、成人、员工、电子烟公司和广告商。该学生认为，利益主体的分歧在于管控所产生的影响。例如，管控会为父母带来积极影响，称他们会"感觉放心一点，不必太担心孩子吸电子烟"。

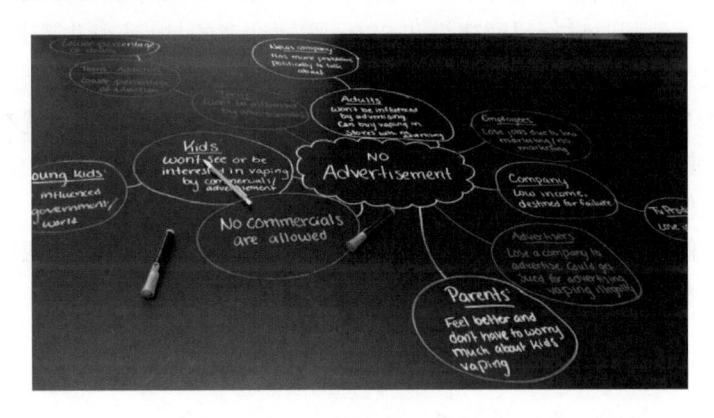

图 2.6 电子烟管制因果图示例

重要的是，学习者使用工具的方式可能会与工具的预期用途有所出入。这取决于许多因素，包括学习者已学习的知识、学习目标、社会情境。例如，我们从之前的工作中发现，学生对星图和因果图的运用可分为三个层次：①缺乏运用；②运用表面特征；③运用认知目的（Ke et al 2020）。虽然第3级运用与工具的预期用途一致，但我们观察到，大约一半的学生要么根本不使用工具（第1级，学生群体的一小部分），要么将工具作为一种做笔记的方式（第2级）。从访谈数据中可以明显看出，学生在使用工具时，大多遵循"学校认识论"（school-based epistemologies）[即"学校怎么教就怎么做"（"doing school"）]。研究结果表明，当学生在学习中使用这些工具时，教师明确并引导学生朝向认知目标是非常重要的。

结 论

在科学教育中，SSI学习要求学生建立对科学的理解、了解差异化的全球视野。虽然议题背后的科学对于理解问题产生的基础（例如物种减少、抗生素耐药性、气候变化）至关重要，但同时学生还必须探索政治、经济等方面以及/或者全球层面上的影响。考虑到这一点，我们把研究目的定为探索科学认识实践——尤其是建模——如何支持学生建立稳固的内容知识，并试图理解学生如何能够将这些知识迁移到有关SSI立场的推理与辩护。此外，我们开发了SIMBL教学策略不可或缺的认识工具，帮助学生理解议题相关科学知识的建模实践，支持他们把科学知识纳入对议题多元维度的探究中。

在本章中，我们特别选择了一个文献中鲜有的三年级学生个案来展示小学生如何能够有效地同时进行科学建模和SSR。需要注意的是，小学生不是白纸一张，他们通过兄弟姐妹、家庭、电视、媒介了解并关注全球议题。因此，在小学课堂上以适合各个学段的方式引入建模和SSI教学非常重要，这样学生就有机会探索这些议题、提出问题并对解决方案进行推理。要培养科学素养，学生需要了解科学如何与他们的生活交织在一起，而不是将其视为两个不同的孤岛，一个侧重于内容，一个侧重于全球性议题。我们培养科学素养方法是，在科学课堂中整合认知科学实践和SSI教学，从而同时实现科学素养的愿景Ⅰ与愿景Ⅱ。

参 考 文 献

Aikenhead, G. S. (2007). Expanding the research agenda for scientific literacy. In *Promoting scientific literacy: Science education research in transaction, proceedings of the Linnaeus*

Tercentenary Symposium held at Uppsala University (pp. 64-71). Uppsala: Geotryckeriet.

Bybee, R. W. (2015). *The BSCS 5E Instructional Model: Creating Teachable Moments*. doi:10.2505/9781941316009

Clement, J. (2008). The role of explanatory models in teaching for conceptual change. In S. Vosniadou (Ed.), *International handbook of research on conceptual change* (pp.417-452). Routledge.

Danusso, L., Testa, I., & Vicentini, M. (2010). Improving prospective teachers' knowledge about scientific models and modelling: Design and evaluation of a teacher education intervention. *International Journal of Science Education, 32*(7), 871-905. doi:10.1080/09500690902833221

DeBoer, G. E. (2000). Scientific literacy: Another look at its historical and contemporary meanings and its relationship to science education reform. *Journal of Research in Science Teaching, 37*(6), 582-601. doi:10.1002/1098-2736(200008)37:6<582::AID-TEA5>3.0.CO;2-L

Eggert, S., & Bogeholz, S. (2010). Students' use of decision-making strategies with regard to socioscientific issues: An application of the Rasch partial credit model. *Science Education, 94*(2), 230-258. doi:10.1002ce.20358

Ekborg, M., Ottander, C., Silfver, E., & Simon, S. (2013). Teachers' experience of working with socio-scientific issues: A large scale and in depth study. *Research in Science Education, 43*(2), 599-617. doi:10.100711165-011-9279-5

Friedrichsen, P. J., Sadler, T. D., Graham, K., & Brown, P. (2016). Design of a socio-scientific issue curriculum unit: Antibiotic resistance, natural selection, and modeling. *International Journal of Designs for Learning, 7*(1). Advance online publication. doi:10.14434/ijdl.v7i1.19325

Gilbert, J. (2005). Visualization: A metacognitive skill in science and science education. In J. Gilbert (Ed.), *Visualization in science education. Models and modeling in science education* (pp. 9-27). Springer. doi:10.1007/1-4020-3613-2_2

Hancock, T. S., Friedrichsen, P. J., Kinslow, A. T., & Sadler, T. D. (2019). Selecting socio-scientific issues for teaching. *Science & Education, 28*(6), 639-667. doi:10.100711191-019-00065-x

Justi, R., & Gilbert, J. (2003). Teachers' views on the nature of models. *International Journal of Science Education, 25*(11), 1369-1386. doi:10.1080/0950069032000070324

Ke, L., Sadler, T., Zangori, L., & Friedrichsen, P. (2020). Students' perceptions of socio-scientific issue-based learning and their appropriation of epistemic tools for systems thinking. *International Journal of Science Education*, 1-23. Advance online publication. doi:10.1080/09500693.2020.1759843

Ke, L., & Schwarz, C. (2020). Using epistemic considerations in teaching: Fostering students' meaningful engagement in scientific modeling. In A. Upmeier zu Belzen, D. Kruger, & J. Van Driel (Eds.), *Towards a competence-based view on models and modeling in science education* (pp. 181-199). Springer International Publishing.

Khishfe, R. (2014). Explicit nature of science and argumentation instruction in the context of socioscientific issues: An effect on student learning and transfer. *International Journal of Science Education, 36*(6), 974-1016. doi:10.1080/09500693.2013.832004

Kinslow, A. T. (2018). *The development and implementation of a heuristic for teaching reflective scientific skepticism within a socio-scientific issue instructional framework* (Unpublished dissertation). University of Missouri.

Kinslow, A. T., Sadler, T. D., & Nguyen, H. T. (2019). Socio-scientific reasoning and environmental literacy in a field-based ecology class. *Environmental Education Research, 25*(3), 388-410. doi:10.1080/13504622.2018.1442418

Lazarowitz, R., & Bloch, I. (2005). Awareness of societal issues among high school biology teachers teaching. *Journal of Science Education and Technology, 14*(5), 437-457. doi:10.100710956-005-0220-4

Lee, H., Abd-El-Khalick, F., & Choi, K. (2006). Korean science teachers' perceptions of the introduction of socio-scientific issues into the science curriculum. *Canadian Journal of Science. Mathematics and Technology Education, 6*(2), 97-117. doi:10.1080/14926150609556691

Lehrer, R., & Schauble, L. (2006). Scientific thinking and science literacy: Supporting development learning in contexts. In W. Damon, R. M. Learner, K. A. Renninger, & I. E. Sigel (Eds.), *Handbook of child psychology* (6th ed., Vol. 4). John Wiley and Sons.

Louca, L. T., & Zacharia, Z. C. (2012). Modeling-based learning in science education: Cognitive, metacognitive, social, material and epistemological contributions. *Educational Review, 64*(4), 471-492. doi:10.1080/00131911.2011.628748

Louca, L. T., Zacharia, Z. C., & Constantinou, C. P. (2011). In Quest of productive modeling-based learning discourse in elementary school science. *Journal of Research in Science Teaching, 48*(8), 919-951. doi:10.1002/tea.20435

Magnusson, T. (2009). Of epistemic tools: Musical instruments as cognitive extensions. *Organised Sound, 14*(2), 168-176. doi:10.1017/S1355771809000272

Manz, E. (2012). Understanding the codevelopment of modeling practice and ecological knowledge. *Science Education, 96*(6), 1071-1105. doi:10.1002ce.21030

Nersessian, N. J. (2002). The cognitive basis of model-based reasoning in science. In P. Carruthers, S. Stich, & M. Siegal (Eds.), *The Cognitive Basis of Science* (pp.133-153). Cambridge University

Press. doi:10.1017/CBO9780511613517.008

NGSS Lead States. (2013). *Next generation science standards: For states, by states*. National Academies Press.

Passmore, C., Gouvea, J. S., & Giere, R. (2014). Models in science and in learning science: Focusing scientific practice on sense-making. In M. R. Matthews (Ed.), *International handbook of research in history, philosophy and science teaching* (pp. 1171-1202). Springer Netherlands. doi:10.1007/978-94-007-7654-8_36

Roberts, D. A. (2007). Scientific literacy/Science literacy. In S. K. Abell & N. G. Lederman (Eds.), *Handbook of research on science education*. Lawrence Erlbaum Associates., doi:10.4324/9780203824696-32

Roberts, D. A., & Bybee, R. W. (2014). Scientific literacy, science literacy, and science education. In N. G. Lederman & S. K. Abell (Eds.), *Handbook of research on science education* (Vol. 2, pp. 545-558). Routledge. doi:10.4324/9780203097267-38

Romine, W., Sadler, T. D., & Dauer, J. (in review). *Measurement of socio-scientific reasoning (SSR) and exploration of how students' SSR competencies improve over time*.

Sadler, T. D. (2009). Situated learning in science education: Socio-scientific issues as contexts for practice. *Studies in Science Education, 45*(1), 1-42. doi:10.1080/03057260802681839

Sadler, T. D. (2011). Socio-scientific issues-based education: What we know about science education in the context of SSI. In T. D. Sadler (Ed.), *Socio-scientific issues in the classroom: teaching, learning and research* (pp. 355-369). Springer Netherlands. doi:10.1007/978-94-007- 1159-4_20

Sadler, T. D., Barab, S. A., & Scott, B. (2007). What do students gain by engaging in socioscientific inquiry? *Research in Science Education, 37*(4), 371-391. doi:10.100711165-006-9030-9

Sadler, T. D., & Donnelly, L. A. (2006). Socioscientific argumentation: The effects of content knowledge and morality. *International Journal of Science Education, 28*(12), 1463-1488. doi:10.1080/09500690600708717

Sadler, T. D., Friedrichsen, P., & Zangori, L. (2019). A framework for teaching for socio-scientific issue and model based learning (SIMBL). *Educação e Fronteiras/Education and Borders, 9*(25), 8-26.

Sadler, T. D., Romine, W. L., & Topçu, M. S. (2016). Learning science content through socio-scientific issues based instruction: A multi-level assessment study. *International Journal of Science Education, 38*(10), 1622-1635. doi:10.1080/09500693.2016.1204481

Sadler, T. D., & Zeidler, D. L. (2005). The significance of content knowledge for informal reasoning regarding socioscientific issues: Applying genetics knowledge to genetic engineering issues.

Science Education, *89*(1), 71-93. doi:10.1002ce.20023

Schwarz, C. V., Reiser, B. J., Davis, E. A., Kenyon, L., Acher, A., Fortus, D., Shwartz, Y., Hug, B., & Krajcik, J. (2009). Developing a learning progression for scientific modeling: Making scientific modeling accessible and meaningful for learners. *Journal of Research in Science Teaching*, *46*(6), 632-654. doi:10.1002/tea.20311

Schwarz, C. V., & White, B. Y. (2005). Metamodeling knowledge: Developing students' understanding of scientific modeling. *Cognition and Instruction*, *23*(2), 165-205. doi:10.12071 532690xci2302_1

Simonneaux, L., & Simonneaux, J. (2009). Students' socio-scientific reasoning on controversies from the viewpoint of education for sustainable development. *Cultural Studies of Science Education*, *4*(3), 657-687. doi:10.100711422-008-9141-x

Tidemand, S., & Nielsen, J. A. (2017). The role of socioscientific issues in biology teaching: From the perspective of teachers. *International Journal of Science Education*, *39*(1), 44-61. doi:10.1080/09500693.2016.1264644

Zangori, L., & Forbes, C. T. (2014). Scientific practices in elementary classrooms: Third-grade students' scientific explanations for seed structure and function. *Science Education*, *98*(4), 614-639. doi:10.1002ce.21121

Zangori, L., Foulk, J., Sadler, T. D., & Peel, A. (2018). Exploring elementary teachers' perceptions and characterizations of model-oriented issue-based teaching. *Journal of Science Teacher Education*, *29*(7), 555-577. doi:10.1080/1046560X.2018.1482173

Zangori, L., Ke, L., Sadler, T. D., & Peel, A. (2020). Exploring primary students causal reasoning about ecosystems. *International Journal of Science Education*. doi:10.1080/09500693.2020. 1783718

Zangori, L., Peel, A., Kinslow, A., Friedrichsen, P., & Sadler, T. D. (2017). Student development of model-based reasoning about carbon cycling and climate change in a socio-scientific issues unit. *Journal of Research in Science Teaching*, *54*(10), 1249-1273. doi:10.1002/tea.21404

Zeidler, D. L. (2014). Socioscientific issues as a curriculum emphasis: Theory, research, and practice. In N. G. Lederman & S. K. Abell (Eds.), *Handbook of research on science education* (Vol. 2, pp. 711-740). doi:10.4324/9780203097267-45

Zohar, A., & Nemet, F. (2002). Fostering students' knowledge and argumentation skills through dilemmas in human genetics. *Journal of Research in Science Teaching*, *39*(1), 35-62. doi:10.1002/ tea.10008

第三章　SSI 对中学生品格和全球公民价值观的影响

沃德尔·A. 鲍威尔（Wardell A. Powell）
美国弗雷明翰州立大学
马克·H. 牛顿（Mark H. Newton）
美国东卡罗来纳大学
达纳·蔡德勒（Dana Zeidler）
美国南佛罗里达大学

摘要：本章展示了在动物克隆 SSI 教学单元中引导中学生运用生态世界观（ecological worldview）、社会道德同情心、社会科学担当来决议是否应该允许动物克隆，从而提升学生决策能力。美国东南部一所公立中学的 77 名七年级学生参与了本研究。非参数双尾威尔科克森（Wilcoxon）检验结果表明，学生的社会道德同情心（$Z=-2.505$，$p=.012$）、社会科学担当（$Z=-2.381$，$p=.017$）出现显著变化。相反，学生的生态世界观在调查前后并未显示出显著的统计学差异（$Z=-1.185$，$p=.236$）。质性资料分析则揭示了一系列耐人寻味的趋势和主题。本研究结果表明，应当采用 SSI 作为关键教学策略，提升中学生的全球公民品格与价值观。

引　言

科学教育的长期目标之一是培养学生具备相关能力，以支持社会环境可持续的方式参与解决争议性议题，这在各国的科学教育建议中都有所体现（NGSS Lead States 2013；UNESCO 2019）。该任务至关重要，它帮助学生负责任地参与社会正义运动来保护环境、支援有需要者。无论是投身民主进程，还是在各自就业岗位上的直接决策，公民应当对环境、人类健康、他人安全进行决议，这样的能力即功能性科学素养（Zeidler 2003）。知情决策（informed decision-making）离不开对数据进行仔细查证以评估证据。相关研究对评估争议性议题所必需的证据类型进行了讨论，表明学生较少对研究结果、谁在展开研究、在何地进行研究提出质询要求（Korpan，Bisanz & Henderson 1997）。这些发现值得担忧，因为学者一直不断强调学生应当展现出怀疑态度、仔细评估可能的偏误信息（Sadler 2007；Sadler et al 2011）。同样令人不安的是，研究显示学生存在不评估证据而直接接受信息的倾向（Owens，Sadler & Zeidler 2017；Ratcliffe 1999）。在政策制定者可以忽视美国城市水污染——譬如密歇根州弗林特的情况、立法者否认气候变化（Fisher，Waggle & Leifeld 2012；McWright & Dunlap 2011）、生命因天然气管道架设而受到威胁（Brito，de Almedia & Mota 2009；Sklavounos & Rigas 2006）的时代，让学生学会独立思考、评估证据、做出恰当而明智的决策是至关重要的。不经评估而直接接受主张只会增加知情决策的难度。

新冠疫情在世界各地的传播就是一个很好的例子，说明了为什么学生乃至全体公众须具备对科学现象进行知情决策的能力。在疫情期间，我们看到普通公民、信仰领袖、政客抛开已知的科学事实，仅凭个人感觉和意识形态，提出令人震惊的主张。一些听从了这些错误主张的人最终付出了生命的代价。例如，在美国，许多牧师、政客弱化了新冠疫情带来的威胁，怂恿追随者无视科学共同体提出的社交距离准则，而部分遵循这种错误建议的人最终死于病毒。这种公然不尊重科学及其作用的行为绝不能在社会中成为惯常。科学很重要，科学知识是必不可少的。因此，教师必须为学生提供机会，培养他们对SSI做出知情科学决策的能力。

学者指出，SSI框架是培养科学素养、帮助公民掌握磋商复杂议题之必备技能的途径之一（Zeidler，Berkowitz & Bennett 2013；Zeidler & Sadler 2008；Zeidler，Applebaum & Sadler 2011；Zeidler et al 2009）。SSI在本质上通常具有争议性，可以从多元视角考量，不存在简单结论，并且常常关涉道德伦理（Zeidler et al 2002）。SSI要求个人在评估证据、对涉及科学现象的争议性议题进行知情决策的同时，运用道德考量、同理心关注、视角转换、责任感（Kahn & Zeidler 2014）。SSI能够让学生更好地理解自己对环境的社会科学责任和对他人的道德责任（Sadler，Klosterman & Topçu 2011）。学生自由讨论、评估证据、确定解决复杂问题之行动路径的能力是民主制度的标志（Aikenhead，Orpwood & Fensham 2011；Kolstø 2001；Miller 1983，1998；Sadler 2004；Shamos 1995）。

为了培养功能性科学素养，必须关注个人的品格与价值观，以促使个人在解决SSI时能够做出负责任、利他性的决策（Lee et al 2013；Herman，Zeidler & Newton 2018）。在这个问题上，"品格与价值观"的概念体系提供了重要洞见，它包含三个子类，分别是生态世界观、社会道德同情心、社会科学担当，下文将对这些子类展开讨论。

生态世界观

　　一般公众，特别是学生须理解自然界中任何事件都不是孤立的，而是一系列相互依存关系作用的结果。这一认识对于学生形成生态世界观、采取以可持续性为目标的行动十分重要。"生态"指生物体及其物理环境之间的相互作用。是以生态世界观指这样一种信念，认为人类和自然在全球社会生态系统中是相互联系的，是发展和演化过程中的共创生伙伴（co-creative partner）(Du Plessis 2009，2015)。我们的生存依赖于众多生态系统的可持续未来。例如，全球空气和水污染对人类的健康福祉有害（WHO 2010）。

　　高水平生态世界观有助于学生就各类议题做出知情决策，譬如确定垃圾填埋场的最佳选址、应该在哪些社区修建天然气管道、科学家是否应该从事胚胎干细胞研究、是否应该允许科学家克隆动物以缓解食物短缺问题。为做出正确决策，学生需要理解环境中不同系统的相互关联性。他们还必须了解促进不同环境系统可持续发展所需的行动。例如，关于气候变化的争论就说明了全面生态世界观的重要性。虽然数据表明在过去的一个世纪里大气中的二氧化碳水平有所增长，但在世界各地，尤其是美国，许多政策制定者否认全球气候变化，这样的态度意味着他们未能理解地球上各种系统之间的相互关联性。这使得我们当前尚未采取必要的可持续发展行动来保护地球上众多受到气候变化威胁的系统。

相互关联性

　　相互关联性（interconnectedness）指认识到人类与自然息息相关且密不可分（Dunlap et al 2000；Zeidler, Berkowitz & Bennett 2013；Smith & Williams 1999）。例如，面临空气污染问题的社区通常会有更多的人罹患相关疾病。全球流行病学研究表明，空气颗粒物与心脏疾病、呼吸系统疾病的发病率与死亡率之间存在强关联（Du et al 2016；Lee & Lee 2014）。从本质上看，环境空气污染越严重，我们的健康状况就会越差。人与自然之间的相互作用是相互关联性的决定性特征。具有高水平相互关联性认识的个体会考虑环境资源决策对人类和自然环境的影响。

可持续发展

　　可持续发展一词存在多种定义（Redclift 2005）。通常认为这一概念是将不断扩大的环境议题与社会经济议题结合起来的一种尝试（Hopwood, Mellor & Geoff 2005）。生态世界观水平较高的个体提倡问题解决方案应当满足人类当前和未来数代人的需求，并且尊重和保护自然（Dillion 2014）。因此，环境问题的解决方案应该有利于人类和环境（Colucci-Gray et al 2006；Mueller 2008，2009）。

社会道德同情心

SSI 具有结构不良的性质，促使学生在对缺乏明确解决方案的议题进行道德推理时考虑各自观点并对他人产生同情心。因此，学校科学课程必须作为一个载体，让学生准备好就其今后必须面对的科学议题进行明智决策。为了培养学生做出正确决策的技能，价值观、道德教育、品格发展必须融入所有教学。一项对 1980 年代中期到 2000 年代中期相关文献的综述性研究表明，学生经常使用个人经历、情感、社会、道德因素来推动他们对 SSI 的决策（Zeidler et al 2005）。在强调学校教育的道德导向时，杜威（Dewey 1909）指出"道德"并不仅仅指生活中的一个特定领域或阶段。他认为，我们必须把道德转化为社会生活的条件和驱动力、个人的直觉和习惯。如果要培养学生对彼此、对环境的社会道德同情心，就必须进行道德教育（Herman，Zeidler & Newton 2018）。

道德伦理敏感性

长期以来，科学教育研究人员一直呼吁将与科学概念相关的真实情境议题融入所有科学课程（Driver et al 1996；Kolstø 2001；Siebert & McIntosh 2001；Zeidler & Keefer 2003）。他们认为，这样的课程可以培养学生运用道德考量进行 SSI 决策的能力。根据萨德勒（Sadler 2004）的观点，道德敏感性描述了个人能够意识到议题可能产生的道德影响的倾向。要求学生对挑战他们固有信念的议题进行决策，往往会激起他们的道德感。

视角转换

一个常见的错误是，将询问他人在某个议题上的立场（position），混淆为对他人视角（perspective）的提问（Kahn & Zeidler 2016）。当要求某人分享其视角时，其回答必须解释所陈述立场背后的信念。

这种解释被视为个人视角，因为它要求当事人对观点有更深层次的理解。卡恩和蔡德勒（Kahn & Zeidler 2016）进一步指出，"接受"他人的视角，需要在一个人的外部或客位视点与另一个人的内部或主位视点之间进行心理转换（p.9）。在这个意义上，视角更具个人性、私密性，而立场则具有一般性、公开性（Kahn & Zeilder 2016）。例如，提问学生是否应该克隆动物即是要求他们对动物克隆表明立场。对这个问题的任何回答背后的思考都更具一般性、公开性。然而，提问学生对动物克隆的视角将为学生创造机会，深入思考自己在克隆问题上的立场，解释为什么会采取这种立场。在这种情况下，学生的回答将更加个人化，因为它要求学生探索自己的态度、感受、价值观、道德信仰、情感。

视角形成根植于 SSI 框架本身的特征（Kahn & Zidler 2019）。视角转换能力是影响学生论证的关键，一些学者将其表述为基于科学实践参与科学讨论的过程（Jiménez-Aleixandre & Erduran 2007；Latour & Woolgar 1986）。当我们提问学生是否应该克隆动物，应要求他们考虑克隆的各种视角，这将促使学生能够在做出决策之前权衡不同视角的利与弊。

同理心关注

同理心是一种与他人感同身受的情绪反应（Eisenberg et al 1994）。这种设身处地为他人着想的能力，特别在他人有需要的时候，往往能唤起情感。将个人与其情感剥离是一个棘手的命题，因为情感影响着人们对议题的兴趣与否。因此，教育者需要明白，激发学生积极或消极情感的教育练习影响着学生对他人福祉的同理心关注，这将对学生的学习投入度产生重大影响。SSI 教学旨在帮助学生理解并积极尝试视角转换、认识情感状态、关心他人福祉、对他人困境产生亲社会行为（Herman et al 2018；Kahn & Zeidler 2016）。认识到有人因饥饿或疾病暴发等情况而死亡可能会引起学生的同理心，让他们转而支持那些与自己长期秉持的传统观点相悖的举措。这可能使他们决定采取不同的行动，从而影响其他有类似情况的人。

社会科学担当

公共教育系统培养出的毕业生，须能够坚守社会正义，在全球各地倡导、寻求生存境况的改善。长期以来，我们看到，世界上贫困地区的居民在直接影响其生活的重要环境决议中没有发言权。公共教育系统有责任提高学生各项能力，使他们能够切实为自己、为他人、为环境发声。当政策制定者决定在何处建造核电站、垃圾填埋场、天然气管道，决议是否进行水力压裂时，学生必须有能力主张更安全的环境条件。不担负起社会正义的责任，将造成贫困群体境况的进一步恶化。

"让美国再次强大"很可能会导致环境保护等相关保障措施倒退。一旦发生这种情况，那么毫无意外将出现饮用水铅污染、空气污染加剧等情况，进而产生更多健康问题。提高学生在这些重要环境议题上进行有效决策的能力是民主制度的标志（Aikenhead，Orpwood & Fensham 2011；Kolstø 2001；Miller 1998；Owens，Sadler & Zeidler 2017；Sadler 2004；Shamos 1995）。在本研究中，学生面临的关键问题之一是，他们是否有责任抛开诸如宗教信仰、家庭价值观等个人立场，支持克隆以满足食物供给。

责任感

在对道德和社会议题进行决策时，我们的良知会因是否采取行动产生责任感（Green 1985）。因此，人们常常为自己无法掌控的事情自责。托马斯·格林（Green 1985）强调了良知的重要性及其与道德教育的关系：

> ……比起"道德教育"，可能"良知塑造"的概念更为恰当。一个简单的事实是，我们每个人都有能力判断自己的行为，甚至对我们自己的情感构成进行判断。我们的良知会影响我们每个人在各自的情况下做出的判断。简而言之，这是一种反身性判断。（p.3）

SSI 决策有时需要责任感。研究发现，学生会摒弃自己在解决环境 SSI 上的责任从而减轻自己对环境问题的忧虑（Herman，Zeidler & Newton 2018）。学生们应该意识到，类似投票这样简单的行为，就足以影响法律的制定，阻止科学家从事胚胎干细胞研究。这可能会导致研究人员迟迟无法取得有效治疗数百万患者遗传疾病所需的研究突破。当对类似议题进行决策时，学生需要对自己的作为与不作为担负责任。如果我们不能产生责任感并据此采取行动、做出所有人都有饮用无铅污染的洁净水之权利的决议，那么我们与野兽无异（Green 1985；Zeidler 2007）。

SSI 相关研究大多主要考察高中生、大学生、从事 SSI 教学的高校教授的各种特征，而对于初中生在多大程度上能够利用道德感和同理心驱动社会正义直觉进行 SSI 决策的问题，相关研究还很匮乏。本研究目的在于阐明学生的同理心推理如何影响其在满足个人、社会、环境需求之生物技术应用问题上的作为/不作为。

行动意愿

长期以来，研究人员一直强调科学教育的主要目标是培养学生在个人、社会、全球层面上采取行动的能力（Lee et al 2013）。为保障子孙后代的环境，学生须为环境利益发声。他们应倡导饮用水资源保护，支持致力于检测与治疗的生物技术研究，探索海洋污染物减量途径，思考如何防止有毒气体排放破坏臭氧层等。然而，要想取得成功，就需要学生具备环境方面的素养。环境素养会影响学生采取行动参与实现环境可持续性的意愿。尽管如此，关于中学生环境素养的实证研究却很少（McBeth & Volk 2010），导致教育政策制定者、教育工作者很难确定中学生态教育应当坚持哪些基本原则从而提高学生保护环境的行动意愿。

然而，针对中学生气候变化行动意愿的研究指出，学生通常认为他们可以采取的行动包括在不使用时关灯、拔掉电器插头（Chhokar et al 2010；Chu et al 2007；Hermans & Korhonen 2017；Skamp，Boyes & Stanisstreet 2009）。此外研究还指出，学生不太愿意通过出售或购买二手旧物、适当距离步行（Hermans & Korhonen 2017）来帮助减少气候变化。这些研究结果表明，在 K-12 系统中需要更强有力的环境教育课程。本研究旨在探讨动物克隆 SSI 教学对学生的生态世界观、社会道德同情心、社会科学担当的影响。具体而言，本研究致力于解决以下研究问题。

1. SSI 在多大程度上影响中学生在动物克隆问题上的生态世界观？

理念：生物技术可以提高农业生产力，然而根据有关研究报告，大多数美国人并不了解生物技术在多大程度上已经渗透于食品供应体系（Haban 2004；Pew 2001）。SSI 教学让学生可以批判性地研究关于动物克隆的不同视角、克隆可能对自然环境产生的潜在后果。现有 SSI 研究表明，有效的 SSI 教学的确可促使大学生审视自己的生态世界观并发展出更成熟、细致的生态世界观（Herman，Zeidler & Newton 2018；Lee et al 2012）。尚不清楚的是，初中生（13—14 岁）在参与 SSI 教学后，生态世界观是否也会发生类似的变化。

2. SSI 在多大程度上可能影响中学生在动物克隆问题上的社会道德同情心？

理念：蛋白质-能量营养不良（PEM）导致了近半数因营养相关疾病的过早死亡（WHO 2000）。然而，利用农业生物技术助力食品生产却很少得到公众的支持（Knight 2006）。为了培养下一代具有必要的社会道德同情心，引导他们对有需要者进行作为或不作为，须将价值观、道德、品格教育纳入所有 K-12 科学教育课程中。这具有重要的研究意义，有助于了解学生在面对他人因健康、社区背景、经济等境况而无法满足生存需求时，同理心推理如何影响他们的作为/不作为。在 K-12 科学教育课程中进行 SSI 教学，可为学生提供机会参与争议性科学议题的讨论，促进学生的价值观、道德、品格的发展。同时也可为科学教育研究人员提供契机，了解学生的同理心推理如何影响他们对需要帮助的人伸出援手。

3. SSI 在多大程度上可能影响中学生对克隆动物的社会科学担当？

理念：作为未来的全球公民，学生将面临通过投票影响美国及世界其他地区生物技术长远发展的责任。为了让学生就是否应该食用转基因动植物的问题进行知情决策，他们必须理解自己对他人的社会科学担当。社会科学担当指利益相关者在参与全球性 SSI 时表现出的担当和个人责任感，在必要时采取社会政治行动的意愿（Zeidler，Berkowitz & Bennett 2013）。为了促进学生对社会科学担当的理解，K-12 政策制定者应该考虑将 SSI 纳入通识性科学教育课程。这一变化将为学生提供参与课堂讨论的机会，从而增强他们的社会科学担当。

在解决 21 世纪众多艰巨科学难题的过程中，公共教育系统肩负着培养全球公民具备必要技能解决难题的责任。经验证据表明，有效的 SSI 教学可以促进中学及以上阶段的学生培养解决复杂议题所需的技能。本研究旨在明确 SSI 教学在多大程度上可以培养六到八年级的学生具备这些技能。

研究设计/方法

参与者

本研究的参与者是美国东南部一所大型公立中学的 77 名七年级学生（13—14 岁；43 名女生，34 名男生），他们参加了由同一位老师教授的五门综合性科学课程。该中学六到八年级在校生总人数超过 1100 人，其中少数族裔学生占 46%。总体而言，该校在全州阅读和数学能力测评中排名中下游（后 50%）。

测试工具

本研究使用全球公民品格与价值观测评（Character and Values as Global Citizens Assessment，CVGCA，见本章附录）调查收集了定量数据。CVGCA 调查由蔡德勒等（Zeidler et al 2013）开发，测试学生在参与 SSI 教学时运用品格与价值观的能力。本研究在 CVGCA 中加入了克隆相关术语，使调查工具更契合于本研究考察的 SSI 单元内容。CVGCA 调查通过相互关联性和可持续发展来衡量学生的生态世界观；通过道德伦理敏感性、视角转换和同理心关注来衡量社会道德同情心；通过责任感和行动意愿来衡量社会科学担当。

数据编码

我们采用了先验编码（Stemler 2001），对书面文本进行多样化编码。编码从 CVGCA 调查中提取；两名在分析质性资料方面具有丰富经验的研究生与第一作者共同对一组数据子集（10 名学生）进行了编码和分析。所有编码都进行了调整以呈现它们之间的联系，从而便于分类。然后，学生数据集被拆分为两组，分别由两位分析员进行处理。分析员先分别进行分析，然后将生成的共同主题和趋势提交给第一作者进行评估。集体讨论后形成共识，将主题分为以下几类：①相互关联性；②可持续发展；③道德伦理敏感性；④视角转换；⑤同理心关注；⑥责任感；⑦行动意愿。

设计与程序

本研究采用了并行混合方法设计来收集数据（Greene 2007），所应用的教学单元包括 10 个课时（表 3.1）。下文将先讨论 CVGCA 调查的定量分析结果，随后对质性分析做更详细的解释，最后对本研究 SSI 教学总体实施情况展开深入讨论。

表 3.1　课堂活动

课时	数据采集
1	• 进行 CVGCA 调查前测 • 学生完成关于克隆的 KWL 表[①]的"我所知道的"和"我想知道的"部分 • 小组讨论"我所知道的"和"我想知道的"内容
2	• 学生们观看克隆 101（https://www.youtube.com/watch?y= g0B9BnIWW4）后完成"观察-思考-探究"练习 • 全班讨论动物克隆的成本和效益
3	• 对开放式问题的回答 • 根据支持或反对克隆动物的立场进行学生分组 • 小组讨论动物克隆的成本和效益
4	• 全体学生阅读《克隆动物的利与弊》（Smith, Bordignon, Babkline, Fecteau & Keefer 2000） • 支持动物克隆的学生阅读有关克隆的潜在应用 • 反对动物克隆的学生阅读克隆的健康危害 • 两组学生阅读结论 • 学生总结指定阅读材料的要点
5	• 全班讨论动物克隆的利与弊 • 学生使用指定阅读材料中的信息来强化他们对是否应该克隆动物的立场
6	• 威斯敏斯特冠军犬克隆困境论证活动准备
7&8	• 学生进行威斯敏斯特冠军犬克隆辩论
9	• 完成 KWL 表的"我所学到的"部分 • 回答关于动物克隆的开放式问题
10	• 进行 CVGCA 调查后测

定量研究结果

生态世界观

CVGCA 调查主要通过学生对自然相互关联性陈述的回应和关于保护地球系统可持续性的信念来衡量学生的生态世界观。我们开展了威尔科克森符号秩检验，

[①] KWL 表是由三列构成的简单表格，K 代表 know（我所知道的），W 代表 what to know（我想知道的），L 代表 learned（我所学到的），使用 KWL 表可以帮助学习者在整个学习过程中持续记录和思考，使学习者更好地在新旧知识之间建立联系，提高学习效率。——编者注

以确定学生在检验前后的分数是否存在差异。表3.2展示了前后概念构件的比较,威尔科克森符号秩检验结果表明,前后测之间没有统计学上的显著变化(Z=-1.185,p=.236)。

表3.2 生态世界观概念构件威尔科克森符号秩检验结果

概念构件	检验前中位数(pre-test median, pre-Md)	检验后中位数(post-test median, post-Md)	Z	p	r
生态世界观	3.171	3.33	−1.185	.236	.320

相互关联性

通过CVGCA项目1—3,对学生相互关联性的前/后分数进行了威尔科克森符号秩检验,其差异不具有统计学意义(pre-Md 3.00,post-Md 3.33,Z=-1.503,p=.133,r=.264)。正如其他研究(Lee et al 2013)指出,这可能是由于在本研究开展之前学生就已经具备较强的生态世界观。图3.1显示了在探讨生物技术研究及其对自然平衡、健康、食品生产、野生动物管理的影响时,学生选择相互关联性陈述项目的频次。

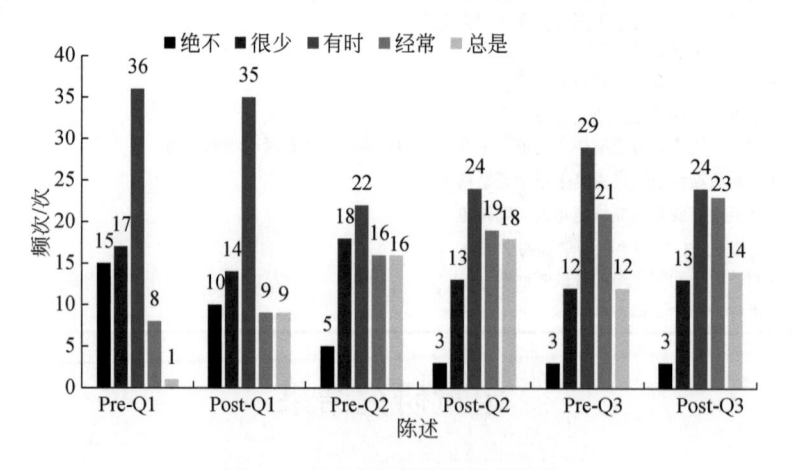

图3.1 相互关联性陈述选择频次

可持续发展

通过CVGCA项目4—6,对学生可持续发展的前/后分数进行了威尔科克森符号秩检验,其差异不具有统计学意义(pre-Md 3.33,post-Md 3.33,Z=-.179,p=.858,r=.289)。图3.2显示了学生对有关生命与环境保护研究陈述项目的选择频次。

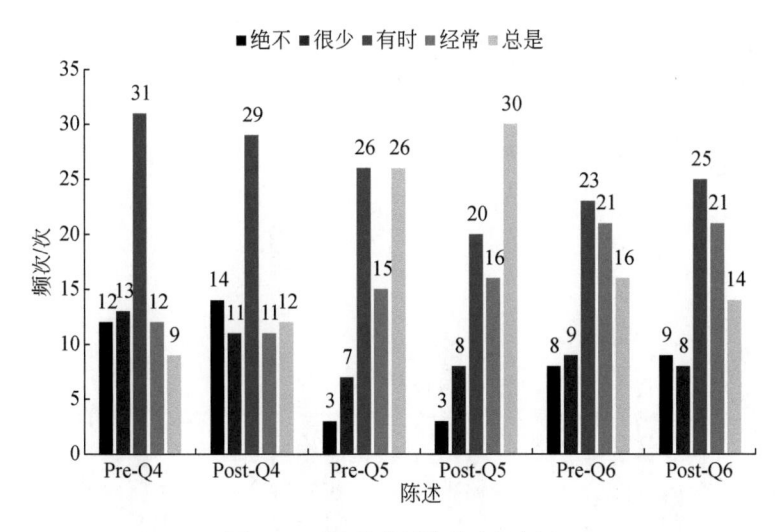

图 3.2　可持续发展陈述选择频次

社会道德同情心

CVGCA 调查通过学生对道德伦理敏感性、视角转换、同理心关注相关问题的回答来衡量其社会道德同情心。我们进行了威尔科克森符号秩检验以确定学生在检验前和检验后分数之间的差异。表 3.3 显示了进行 CVGCA 前后概念构件的比较。

表 3.3　社会道德同情心概念构件威尔科克森符号秩检验结果

概念构件	检验前中位数	检验后中位数	Z	p	r
社会道德同情心	3.14	3.29	−2.505	.012	−.067

道德伦理敏感性

通过 CVGCA 项目 7—8，对学生道德伦理敏感性的前/后分数进行了威尔科克森符号秩检验，结果发现差异具有统计学意义（pre-Md 3.00，post-Md 3.00，Z=−2.448，p=.014，r=−.27）。图 3.3 显示了学生对询问生物技术研究如何引起伦理问题与冲突项目的选择频次。

视角转换

通过 CVGCA 项目 9—10，对学生进行视角转换的前/后分数进行了威尔科克森符号秩检验，结果具有统计学意义（pre-Md 3.00，post-Md 3.50，Z=−2.471，p=.013，

$r=.090$）。图 3.4 展示了学生对那些在讨论生物技术的争议性研究时考虑到利益主体的多元观点和视角的项目的选择频次。

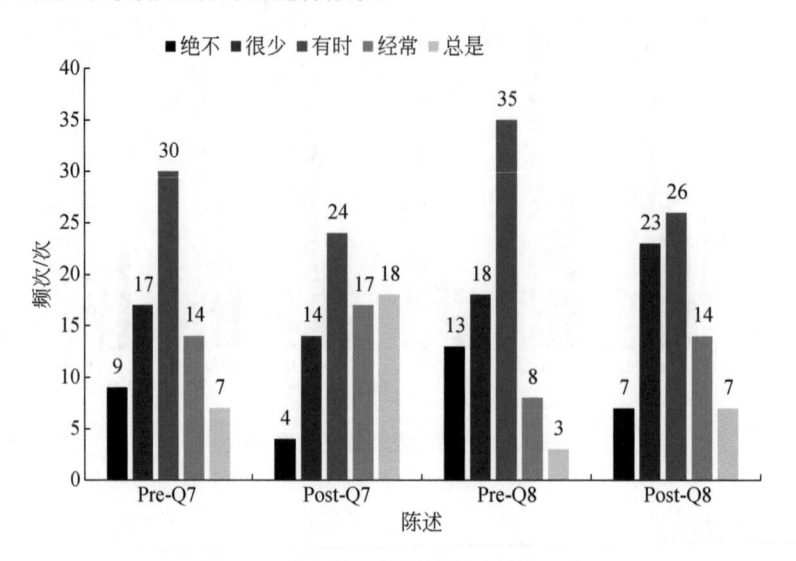

图 3.3　道德伦理敏感性陈述选择频次

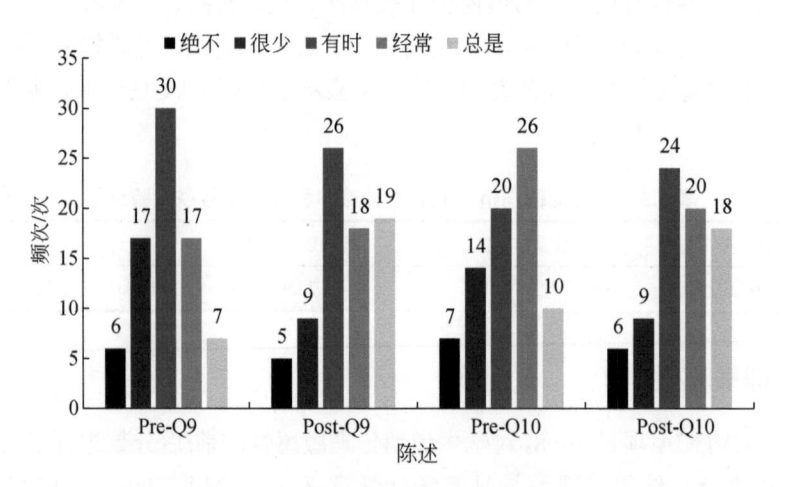

图 3.4　视角转换陈述选择频次

同理心关注

通过 CVGCA 项目 11—13，对学生产生同理心关注的前/后分数进行了威尔科克森符号秩检验，结果不具有统计学意义（pre-Md 3.33，post-Md 3.33，$Z=-.494$，$p=.622$，$r=.005$）。图 3.5 展示了学生被问及对其他人因生物技术研究失去宠物、

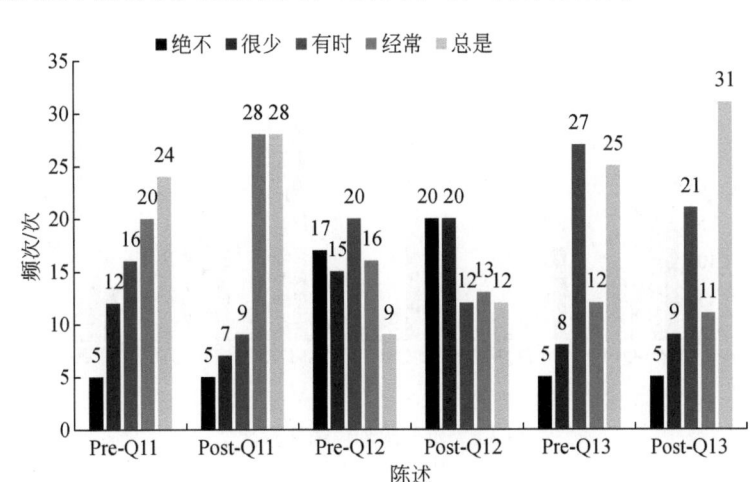

蒙受农业资源和财务损失之感受时，选择相应陈述项目的频率。

图 3.5　同理心关注陈述选择频次

社会科学担当

CVGCA 调查通过学生对与生物技术相关议题的责任感与行动意愿的回应来衡量学生的社会科学担当。我们进行了威尔科克森符号秩检验以确定学生在检验前和检验后分数之间的差异。表 3.4 展示了进行 CVGCA 前后概念构件的比较。威尔科克森符号秩检验结果显示，检验后分数的中位数在统计学上明显高于检验前分数的中位数（$Z=-2.381$，$p=.017$）。

表 3.4　社会科学担当概念构件威尔科克森符号秩检验结果

概念构件	检验前中位数	检验后中位数	Z	p	r
社会科学担当	2.86	3.14	-2.381	.017	.264

责任感

通过 CVGCA 项目 14—16，对学生在责任感方面的前/后分数进行了威尔科克森符号秩检验，结果具有统计学意义（pre-Md 3.00，post-Md 3.00，$Z=-2.952$，$p=.003$，$r=.202$）。图 3.6 展示了学生根据他们对生物技术研究的看法，选择对引起社会和道德议题负有责任感的选项的频次，以及他们是否相信自己的行为可以帮助解决这些社会和道德议题。

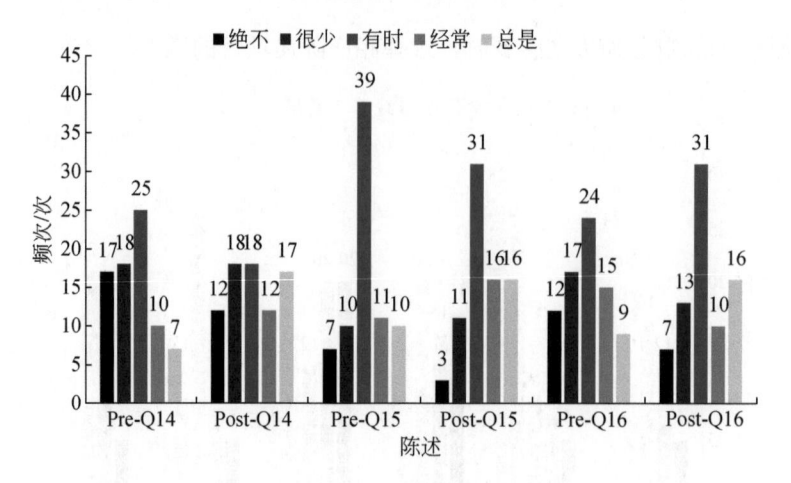

图 3.6 责任感陈述选择频次

行动意愿

通过 CVGCA 项目 17—20，对学生在责任感方面的前/后分数进行了威尔科克森符号秩检验，结果不具有统计学意义（pre-Md 3.00，post-Md 3.00，$Z=-.949$，$p=.343$，$r=.177$）。图 3.7 展示了学生对是否愿意领导、支持利用生物技术解决社会和健康相关议题选项的选择频次。

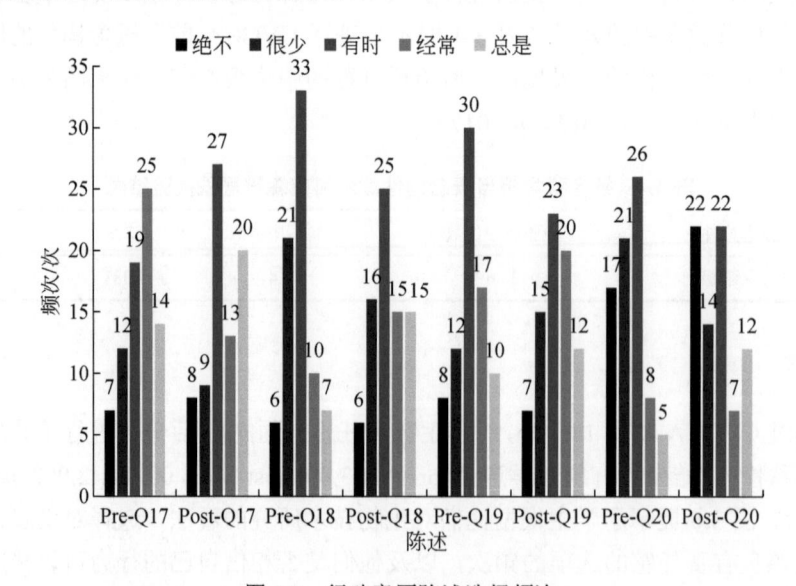

图 3.7 行动意愿陈述选择频次

质性研究结果

生态世界观

学生对生态世界观的陈述选择没有发生明显变化。这可能是源于学生本身持有的信念，他们在课前曾接触过有关生物技术的媒体报道，或课堂教学已经教授过生物技术研究及其对自然、健康、食品生产、野生动物管理之间平衡关系的影响。例如，针对转基因食品的公众认知研究发现，美国民众对农业生物技术关注度较低、对农业生物技术了解较少、对转基因食品的可接受性意见不一（Hallman et al 2003）。还有一些研究发现，美国民众认为转基因食品对人类的健康、福祉有害（Funk 2020；Kennedy，Hefferon & Funk 2018；Anderson 2015）。

相互关联性

学生回应表明，他们缺乏对人类和非人类之间相互关联性的理解。例如，学生认为应该允许科学家克隆动物，因为克隆可以改进我们的技术、拯救生命；应该允许科学家克隆动物，因为克隆可以增加濒危物种的种群数量。第一个例子表明，学生认为科学技术应该用于改善人类和某些物种的境况，但没有考虑到克隆可能对其他生物产生的影响。这两个例子都体现了一种线性思维过程，不考虑动物克隆的次生后果和长期影响。

许多反对克隆的学生利用道德伦理敏感性来决定是否应该允许科学家克隆特例动物用于移植。当被问及科学家是否应该克隆动物以防止中低收入国家的婴儿死于营养不良时，这些学生也表示支持克隆。例如有学生认为：

> 应该克隆更多的动物，为中低收入国家因营养不良而奄奄一息的儿童提供更多的食物。每个人都应该有饭吃，如果他们没有食物，那么就应该允许克隆动物，因为这可以帮助他们解决温饱问题。

这一论点虽然强调了人类利用生物技术为其他人提供有益的服务，但没有考虑克隆动物可能对自然环境造成的后果。利用克隆为人类提供营养支持的说法，体现了学生认识到生物技术可以运用于粮食生产、减少饥饿导致的死亡。一而再地，学生没有表现出"人是自然的一部分"之态度，而这是高水平相互关联性的重要部分。从上面的例子中可以看出，学生把人类的生存放在更优先的位置，而没有看到非人类物种可能受到的影响。这些结果与相互关联性的定量数据分析一致。

可持续发展

学生的书面写作则揭示了有关可持续发展的一些耐人寻味的结果。例如，在教学第四天，支持克隆的学生阅读了克隆技术的应用前景，反对克隆的学生阅读了克隆的健康危害。从学生回答中可以看出，他们对可持续发展缺乏考虑，认同通过克隆动物以增加食物供应。例如，支持克隆的学生在课前和课后都做出如下评议：

> 我们是生活在同一个星球上的人类，我们应该克隆动物，直到其他人也有足够食物来维持生计、防止死亡。克隆并没有伤害任何事物。

> 克隆动物是没有问题的，因为我们为了生存每天都要杀戮、食肉，也就是说我们吃动物的器官。

这些论述表明，人类应该利用克隆来生产维持人类生命所必需的东西。同样，一开始反对克隆，后来又转而支持这种做法的学生也给出了类似的回答：

> 克隆可以生产更多的动物，也就意味着我们为那些需要帮助的人提供更多的食物。

> 克隆可以帮助人们喂养自己的孩子。

这些学生也认为克隆是缓解营养不良、防止相关死亡的一种手段。学生论证没有探讨如何运用生物技术寻求让人类和自然互惠共赢的解决方案。质性资料分析支持定量分析结果，即CVGCA调查中，学生在可持续发展与生态世界观方面的前后测没有统计学上的显著差异。

社会道德同情心

学生在前后测中的差异主要体现在社会道德同情心方面。学生意识到生物技术存在潜在风险，同时也考虑到生物技术在提供食物等人类生存必需品等应用层面带来的诸多益处。因此，在是否应该允许科学家克隆动物的议题上，学生的道德伦理信念带来了认知失调（cognitive dissonance）。例如，具有宗教信仰的学生能够暂时放下"反对人类干涉上帝创造物"的教义，转而支持为粮食生产而进行克隆。他们认为，克隆可以保障充足的食物供给，从而避免营养不良造成的死亡。

道德伦理敏感性

对学生关于科学家是否应该克隆动物以防止婴儿遭受营养不良致死这一问题的回应进行归纳分析，发现他们能够利用道德伦理敏感性来确定行动方案。以下论证来自某学生，他在课前对克隆议题犹豫不决，但在课程结束后转而对此举表

示支持:

> 我们应该终结贫富不均,通过克隆动物来帮助穷人获得足够的食物。这样可以阻止不必要的死亡。

该学生认为,收入不平等是导致儿童营养不良致死的主要原因。以上论证体现了该学生利用道德伦理敏感性来解释为什么应该允许科学家通过克隆动物来获取食物,显示了生物技术研究往往会引发伦理方面的问题和冲突。

视角转换

分析学生对于科学家是否应该克隆动物以防止婴儿遭受营养不良致死的回应,发现即使是出于宗教因素而坚决反对克隆的学生,在考虑该议题时也运用了不同视角。下面的回答说明了这种视角转换:

> 我的宗教信仰教导我们是上帝创造了生命。尽管克隆违背了我的宗教信仰,但我可以想象得到他们的感受。作为一个基督徒,我认为当人们需要帮助的时候,对他们施以援手是我的职责。其他人曾帮助过我们,所以现在我们应该竭尽所能去帮助他们。

该学生认为,尽管克隆有悖于基督教信仰,但他的职责是帮助那些有需要的人。学生说,他们能想象得到,如果自己死于营养不良会有什么感受,因此运用宗教教义的相关内容来支持克隆。该表述呈现了道德情境中,学生开始从主位转换到客位,这是社会科学视角转换的必要条件(Powell & Fuchs 2019)。

同理心关注

因同理心而产生的情感往往会促使人们成为社会正义的倡导者(Cohen 2006)。例如,在本研究中,学生能够站在因营养不良而面临死亡的儿童的角度考虑问题。他们拒绝了根深蒂固的宗教信仰、家庭价值观,主张帮助那些遭受营养不良的儿童。尽管学生们对克隆问题有着不同的意见,但都表现出这种态度。例如,一名支持克隆的学生表示:

> 如果我们处在他们的位置,我们会希望有人施以援手。不光是食物,克隆点其他东西一起送给他们。

这名学生还进一步建议将克隆范围扩展到动物之外,以消除营养不良导致的死亡。显然,该学生认为我们需要利用生物技术研究如克隆技术来帮助那些需要帮助的人。另一名学生的评议则体现了同理心:

> 因为我对人有爱心,我能够设身处地为他们着想,把我的宗教信仰放一边。

这名学生的爱心让她能够对那些遭受营养不良的人感同身受，并表示她愿意放下个人信仰、宗教教义来帮助那些受苦的人。

社会科学担当

一般来说，公众须具备基本的科学知识，以倡导和参与旨在实现环境可持续性的行动，对于学龄儿童尤为如此。然而，过去七十年来关于公众理解科学的文献表明，各国成年人的基础科学知识水平严重不足（Bauer 2010）。《K-12科学教育框架》委员会肩负起重要职责，系统阐明学生科学学习方面的学业质量标准（NRC 2012），以扭转科学知识水平较低的情况。该委员会的总体目标如下：

>……《K-12科学教育框架》目的在于，让所有学生到十二年级结束，都能欣赏、领略科学之美与科学之奇；具备充分的科学和工程知识以参与相关议题的公共讨论；谨慎对待日常生活中的科学和技术信息；能够在校外继续学习科学知识；拥有与自己职业相称的必要技能，包括（但不限于）科学、工程和技术领域的职业（NRC 2012, p.1）。

实现这一总体目标，须要求学生运用在学校学习到的科学知识来增强自己的责任感与行动意愿，切实参与到保护自然环境的必要行动中。在本研究中，学生们大多抛开了个人观点，提倡通过动物克隆来为那些有可能死于营养不良的人提供食物。

责任感

针对学生对下述问题的书面回答进行了质性分析：你是否有责任抛开宗教信仰、家庭价值观等个人价值观，支持克隆食品的进程？如下回应展现了学生在多大程度上感到自己对解决该问题负有责任：

>如果你的家人反对克隆，你有责任说服他们支持克隆。这将帮助人们不会饿死。

该学生认为自己有责任说服父母支持克隆技术以促进粮食生产。这一论证体现出学生认为做一些小事即可帮助解决社会道德议题，譬如克隆。与责任感相关的质性研究结果与定量分析结果一致，都表明学生的责任感在课后发生了变化。

行动意愿

长期以来，研究人员一直强调科学教育的主要目标是培养学生在个人、社会、全球层面上采取行动的能力（Lee et al 2013）。为保障子孙后代的环境，学生须为环境利益发声。他们应倡导饮用水资源保护，支持致力于疾病检测与治疗的生物技术研究，探索海洋污染物减量途径，思考如何防止有毒气体排放破坏臭氧层等。

虽然 CVGCA 前后测分数不存在统计学意义上的显著差异，但学生的质性回答资料显示他们有意愿采取一系列行动，以帮助那些可能死于营养不良的儿童。本研究要求学生明确自己会具体采取哪些行动来支持或不支持克隆。大多数学生都列举了多种方式以助力克隆技术发展。例如：

> 我会利用社交媒体进行宣传，劝说人们通过捐赠物资为他人提供帮助。

这位学生表示愿意采取行动，利用社交媒体宣传中低收入国家儿童因营养不良而死亡的情况。

其他例子包括：

> 抗议、制作广告、通过新闻媒体提高大众对该议题的关注度。

另一名学生建议，除了制作电视广告外，他还会参与公民不合作活动，以提高人们的认识。

> 筹集资金，让人们帮助运送动物给有需要的人。

这名学生表达了行动的意愿，参与筹款活动、提供必要帮助把动物运送到深受营养不良影响的国家和地区作为食物。

讨　　论

本研究通过动物克隆 SSI 课程教学，探讨了 SSI 教学在何种程度上影响中学生的生态世界观、社会道德同情心、社会科学担当。研究结果表明，学生的生态世界观并未因 SSI 教学而改变。定量数据显示，在相互关联性、可持续发展方面，没有出现统计学意义上的显著变化。质性资料表明，学生的回应前后一致地体现了人类凌驾于自然之上的观点，忽视了克隆对环境可能造成的后果。同样，他们在讨论动物克隆问题解决方案时也并未考虑自然环境的长远健康发展。一些学生隐晦地提到，动物克隆可以改善生物多样性、防止物种灭绝；我们认为这意味着学生认识到了提高物种多样性对维持环境中的生态系统至关重要。定量数据和质性资料一致表明，学生往往优先考虑人类需求，而不是对人类和环境都有益的可持续性方案。例如，在教学开始时支持和反对克隆的学生都总结认为人类在自然之上，而我们应当做该做的事情以供给充足的食物、防止死亡。与生态世界观相比，社会道德同情心的结果较为不明确。定量数据表明，学生在道德伦理敏感性和视角转换方面有明显的变化，而在同理心关注方面则没有统计学意义上的变化。然而，质性资料则显示学生在考虑那些受饥荒影响的人时表现出了同理心，这往往伴随着对自身决策之宗教意涵的思考。一些学生对遭受苦难儿童的同理心增加了，表示作为基督徒，他们有责任服务和帮助那些有需要的人。学生还表示，他人在自己有需要的时候伸出过援手，例如飓风等灾害中，因此他们强调并支持运用克隆技术为那些受苦的人生产食物。显然，这些陈述说明，学生接受的 SSI 课程对其道德考量、同理心关注、视角转换产生了深远的影响，同时促使学生评估证据、对争议性科学现象进行知情决策。研究结果为 SSPT 理论模型提供了经验支撑，该模型指出，个人必须在道德情境下参与议题、经历客/主位转变（Zeidler, Herman & Sadler 2019）。在本研究中，学生参与了真实的学习体验（即基因改造）；研究数据表明，学生能够意识到动物克隆的道德层面；当他们从受饥荒影响的人的角度考虑动物克隆时，表现出了客/主位转变。本研究是最早提供支持 SSPT 经验证据的研究之一。

与社会道德同情心类似，有关社会科学担当的研究发现也存在矛盾之处。定量数据显示，学生的责任感在统计学上具有显著变化，而行动意愿则无显著变化。然而，质性资料显示，许多一开始反对动物克隆的学生能够抛开个人信仰，支持通过克隆动物防止人们饥饿致死。他们中的一些人还表示自己有责任支持这种做法，因为克隆动物可以为人类提供食物。当提问这些学生会采取什么具体行动来帮助那些需要帮助者时，他们表示可以捐赠食物、通过社交媒体传播信息、向政府请愿寻求帮助，甚至自己直接为克隆过程贡献力量。

中学生表示愿意筹集资金帮助运送动物给那些遭受营养不良影响的人、参与抗议活动以引起人们的关注、制作有意义的广告、要求新闻媒体提高对动物克隆的关注度，这一系列想法都凸显了 SSI 教学对学生责任感的潜在影响。然而，我们应该谨慎对待这些回答，因为其他针对支持环境保护行为的研究表明，学生通常不愿意参与有意义的环保行动。

解决各类争议性议题，如气候变化、环境可持续性、大流行疾病、在哪里修建天然气管道等，需要公民基于科学证据进行知情决策。例如，美国经济因新冠疫情而停摆，许多政治家不顾科学共同体的建议执意推动经济重新放开，这个例子突出说明了为什么学生需要在课堂上接触 SSI，这将培养学生循证推理与知情决策的技能，同时也将强化他们的道德伦理决策能力，对于培养全球公民所必需的品格与价值观具有极为关键的作用。

本研究使用的教学案例及研究结果为 K-12 教师在课堂上实践 SSI 教学提供了蓝图。我们希望 K-12 教师能够应用本章介绍的 SSI 框架来培养学生的品格与价值观以成为全球公民。

参 考 文 献

Aikenhead, G., Orpwood, G., & Fensham, P. (2011). Scientific literacy for a knowledge society. In *Exploring the landscape of scientific literacy*. New York, NY: Routledge/Taylor & Francis Group.

Batson, C. D., Early, S., & Salvarani, G. (1997). Perspective taking: Imagining how another feels versus imagining how you would feel. *Personality and Social Psychology Bulletin, 68*, 619-631. doi:10.1037/0022-3514.68.4.619

Bauer, M. W. (2009). The evolution of public understanding of science-discourse and comparative evidence. *Science, Technology & Society, 14*(2), 221-240. doi:10.1177/097172180901400202

Brito, A. J., de Almedia, A. T., & Mota, M. M. C. (2009). A multicriteria model for risk sorting of natural gas pipelines based on ELECTRE TRI integrating Utility Theory. *European Journal of Operational Research, 200*(3), 812-821. doi:10.1016/j.ejor.2009.01.016

Chhokar, K., Dua, S., Taylor, N., Boyes, E., & Stanisstreet, M. (2010). Indian secondary students' views about global warming: Beliefs about the usefulness of actions and willingness to act. *International Journal of Science and Mathematics Education, 9*(5), 1167-1188. doi:10.100710763-010-9254-z

Cohen, J. (2006). Social, emotional, ethical, and academic education: Creating a climate for learning, participation in democracy, and well-being. *Harvard Educational Review, 76*(2), 201-237. doi:10.17763/haer.76.2.j44854x1524644vn

Dewey, J. (1975). Moral principles in education. Carbondale: Southern Illinois University Press. (Originally published 1909)

Driver, R., Leach, J., Millar, R., & Scott, P. (1996). *Young people's images of science*. Open University Press.

Du Plessis, C. (2009). *An approach to studying urban sustainability from within an ecological worldview* (Unpublished doctoral thesis). University of Salford.

Du Plessis, C., & Brandon, P. (2015). An ecological worldview as basis for a regenerative sustainability paradigm for the built environment. *Journal of Cleaner Production, 109*, 53-61. doi:10.1016/j.jclepro.2014.09.098

Dunlap, R. E., Van Liere, K. D., Mertig, A. G., & Jones, R. E. (2000). Measuring endorsement of the new ecological paradigm: A revised NEP scale. *The Journal of Social Issues, 56*(3), 425-442. doi:10.1111/0022-4537.00176

Eisenberg, N., Fabes, R., Murphy, B., Karbon, M., Maszk, P., Smith, M., O'Boyle, C., & Suh, K. (1994). The relations of emotionality and regulation to dispositional and situational empathy-related responding. *Journal of Personality and Social Psychology, 66*(4), 776-797. doi:10.1037/0022-3514.66.4.776 PMID: 8189352

Feldman, M. P., Morris, M. L., & Hoisington, D. (2000). Why all the controversy? *Choice (Chicago, Ill.), 15*(1), 8-12.

Fisher, D. R., Waggle, J., & Leifeld, P. (2012). Where does political polarization come from? Locating polarization within the U S climate change debate. *The American Behavioral Scientist*, 1-23.

Green, T. F. (1985). The formation of conscience in an age of technology. *American Journal of Education, 94*(1), 1-32. doi:10.1086/443829

Haban, T. (2004). *Public Attitude towards Agricultural Biotechnology.* ESA Working Paper.

Herman, B. C., Sadler, T. D., Zeidler, D. L., & Newton, M. (2018). A socioscientific issues approach to environmental education. In G. Reis & J. Scott (Eds.), *International perspectives on the theory and practice of environmental education: A reader* (pp.145-161). Springer International Publishers. doi:10.1007/978-3-319-67732-3_11

Hermans, M., & Korhonen, J. (2017). Ninth graders and climate change: Attitudes towards consequences, views on mitigation, and predictors of willingness to act. *International Research in Geographical and Environmental Education, 26*(3), 223-239. doi:10.1080/10382046.2017.1330035

Hopwood, B., Mellor, M., & O'Brien, G. (2005). Sustainable development: Mapping different approaches. *Sustainable Development, 13*(1), 38-52. doi:10.1002d.244

Knight, A. J. (2006). Does application matter? An examination of public perception of agricultural biotechnology applications. *AgBioForum, 9*(2), 121-128.

Kolstø, S. D. (2001). Scientific literacy for citizenship: Tools for dealing with the science dimension of controversial socioscientific issues. *Science Education, 85*(3), 291-310. doi:10.1002ce.1011

Korpan, C., Bisanz, G., Bisanz, J., & Henderson, J. (1997). Assessing literacy in science: Evaluation of scientific news briefs. *Science Education, 81*(5), 515-532. doi:10.1002/(SICI)1098-237X(199709)81: 5<515: : AID-SCE2>3.0.CO;2-D

Lee, H., Yoo, J., Choi, K., Kim, S., Krajcik, J., Herman, B., & Zeidler, D. L. (2013). Socioscientific issues as a vehicle for promoting character and values for global citizens. *International Journal of Science Education, 35*(12), 2079-2113. doi:10.1080/09500693.2012.749546

Loureiro, L. M., & Bugbee, M. (2005). Enhanced GM foods: Are consumers ready to pay for the potential benefits of biotechnology? *The Journal of Consumer Affairs, 39*(1), 52-70. doi:10.1111/j.1745-6606.2005.00003.x

McBeth, W., & Volk, T. L. (2009). The National Environmental Literacy Project: A baseline study of middle grade students in the United States. *The Journal of Environmental Education, 41*(1), 55-67. doi:10.1080/00958960903210031

McCright, A. M., & Dunlap, R. E. (2011). Cool dudes: The denial of climate change among conservative white males in the United States. *Global Environmental Change, 21*(4), 1163-1172. doi:10.1016/j.gloenvcha.2011.06.003

Miller, J. (1983). Scientific literacy: A conceptual and empirical review. *Daedalus, 112*, 29-48.

Miller, J. (1998). The measurement of civic scientific literacy. *Public Understanding of Science (Bristol, England), 7*(3), 203-223. doi:10.1088/0963-6625/7/3/001

Miller. (1987). Scientific literacy in the United States. In *Communicating science to the public*. London: Wiley.

Miller. (1995). Scientific literacy for effective citizenship. In *Science/Technology/Society as reform in science education*. New York: State University Press of New York.

National Research Council (NRC). (2012). *A framework for k-12 science education: Practices, crosscutting concepts, and core ideas*. The National Academy Press.

NGSS Lead States. (2013). *Next generation science standards: For states, by states*. The National Academy Press.

Pew Initiative on Food and Biotechnology. (2000). *Public sentiment about genetically modified food*. Available at: http://www.pewagbiotech.org

Pew Research Center. (2015). *Amid debate over labeling GM foods, most Americans believe they're unsafe*. Retrieved from http://pewrsr.ch/1MhCFSN

Pew Research Center. (2018). *Americans are narrowly divided over health effects of genetically modified foods*. Retrieved from https://pewrsr.ch/2FDG8RB

Pew Research Center. (2020). *About half of US adults are wary of health effects of genetically modified foods, but many also see advantages*. Retrieved from https://pewrsr.ch/2w5UmGU

Ratcliffe, M. (1999). Evaluation of abilities in interpreting media reports of scientific research. *International Journal of Science Education, 21*(10), 1085-1099. doi:10.1080/095006999290200

Redclift, M. (2005). Sustainable development (1987-2005): An oxymoron comes of age. *Sustainable Development, 13*(4), 212-227. doi:10.1002d.281

Sadler, T. (2004). Moral sensitivity and its contribution to the resolution of socio-scientific issues. *Journal of Moral Education, 33*(3), 339-358.doi:10.1080/0305724042000733091 PMID: 16317839

Sadler, T. (2004). Informal reasoning regarding socioscientific issues: A critical review of the research. *Journal of Research in Science Teaching, 41*(5), 513-536. doi:10.1002/tea.20009

Sadler, T. (2007). *The aims of science education: Unifying the fundamental and derived senses of scientific literacy*. Paper presented at the Linnaeus Tercentenary 2007 Symposium "Promoting Scientific Literacy, " Uppsala University, Uppsala, Sweden.

Sadler, T. (2011). Situating socio-scientific issues in classrooms as a means of achieving the goals of science education. In T. D. Sadler (Eds.), *Socio-scientific issues in the classroom* (pp. 1-9). New York, NY: Springer. doi:10.1007/978-94-007-1159-4_1

Sadler, T., Klosterman, M., & Topçu, M. (2011). Learning science content and socio-scientific reasoning through classroom explorations of global climate change. In T. D. Sadler (Ed.), *Socio-scientific issues in the classroom: Teaching, learning and research* (pp. 45-77). Springer. doi:10.1007/978-94-007-1159-4_4

Shamos, M. (1995). *The myth of scientific literacy*. Rutgers University Press.

Siebert, E. D., & McIntosh, W. J. (Eds.). (2001). *College pathways to the science education standards*. NSTA Press.

Skamp, K., Boyes, E., & Stannistreet, M. (2009). Global warming responses at the primary secondary interface 1. students' beliefs and willingness to act. *Australian Journal of Environmental Education*, *25*, 15-30. doi:10.1017/S0814062600000379

Sklavounos, S., & Rigas, F. (2006). Estimation of safety distances in the vicinity of fuel gas pipeline. *Journal of Loss Prevention in the Process Industries*, *19*(1), 24-31. doi:10.1016/j.jlp.2005.05.002

Smith, G. A., & Williams, D. R. (1999). *Ecological education in action: On weaving education, culture, and the environment*. State University of New York Press.

UNESCO. (2019). *Science for a sustainable future*. Retrieved from https: //en.unesco.org/themes/science-sustainable-future

World Health Organization. (2000). *Turning the tide of malnutrition: responding to the challenge of the 21st century*. WHO.

World Health Organization (WHO). (2010). *The world health report-health systems financing: The path to universal coverage*. Retrieved from http: //www.who.int/entity/whr/2010/whr10_en. pdf

Zeidler, D., Sadler, T., Applebaum, S., & Callahan, B. (2009). Advancing reflective judgment through socioscientific issues. *Journal of Research in Science Teaching*, *46*(1), 74-101. doi:10.1002/tea.20281

Zeidler, D., Walker, K., Ackett, W., & Simmons, M. (2002). Tangled up in views: Beliefs in the nature of science and responses to socioscientific dilemmas. *Science Education*, *3*(86), 343-367. doi:10.1002ce.10025

Zeidler, D. L. (2007). *An inclusive view of scientific literacy: Core issues and future directions*. Paper presented at "Promoting Scientific Literacy: Science Education Research and Practice in

Transaction," LSL Symposium, Uppsala, Sweden.

Zeidler, D. L., Applebaum, S. M., & Sadler, T. D. (2011). Enacting a socioscientific issues classroom: Transformative transformations. In T. D. Sadler (Ed.), *Socioscientific issues in science classrooms: Teaching, learning and research* (pp.277-306). Springer. doi:10.1007/978-94-007-1159-4_16

Zeidler, D. L., Berkowitz, M. W., & Bennett, K. (2013). Thinking (scientifically) responsibly: the cultivation of character in a global science education community. In *Assessing schools for generation R (responsibility), contemporary trends and issues in science education 41* (pp. 83-99). Springer.

Zeidler, D. L., Herman, B. C., & Sadler, T. D. (2019). New directions in socioscientific issues research. *Disciplinary and Interdisciplinary Science Education Research*, *1*(11), 1-9. doi:10.118643031-019-0008-7

Zeidler, D. L., & Kahn, S. (2014). *It's debatable: using socioscientific issues to develop scientific literacy, K-12*. NSTA Press.

Zeidler, D. L., & Keefer, M. (2003). The role of moral reasoning and the status of socio-scientific issues in science education. In D. L. Zeidler (Ed.), *The role of moral reasoning on socio-scientific issues and discourse in science education* (pp. 7-38). Kluwer Academic Publishers.

Zeidler, D. L., & Sadler, T. D. (2008). The role of moral reasoning in argumentation: Conscience, character and care. In S. Erduran & M. Pilar Jimenez-Aleixandre (Eds.), *Argumentation in science education: Perspectives from classroom-based research*(pp. 201-216). Springer Press.

Zeidler, D. L., Sadler, T. D., Simmons, M. L., & Howes, E. V. (2005). Beyond STS: A research-based framework for socioscientific issues education. *Science Education*, *89*(3), 357-377. doi:10.1002ce.20048

附 录

补充材料：全球公民品格与价值观测评

请根据您对下列陈述的同意程度，在相应的数字上画圈（1=绝不，2=很少，3=有时，4=经常，5=总是）。

生态世界观

相互关联性（I）

1. 我认为生物技术科学研究不会破坏大自然的平衡。1 2 3 4 5
2. 我认为生物技术研究将对健康、食品生产、野生动物管理产生长期影响。1 2 3 4 5
3. 如果人类为了自己的利益利用生物技术研究来操纵和改变自然，可能会造成破坏性的结果。1 2 3 4 5

可持续发展（S）

4. 我认为人类应该利用生物技术研究来制造维系生命与环境所需要的东西。1 2 3 4 5
5. 我认为我们必须在不影响自然生态系统的前提下管理自然资源。1 2 3 4 5
6. 我认为可以利用生物技术研究来促进人类和自然互利共赢的发展。1 2 3 4 5

社会道德同情心

道德伦理敏感性（M）

7. 我认为生物技术研究（例如，克隆、干细胞研究）会引起伦理问题和冲突。1 2 3 4 5
8. 我能预见到生物技术研究可能产生的社会、伦理和道德影响。1 2 3 4 5

视角转换（P）

9. 在决定对争议性生物技术研究采取何种立场时，我试图考虑相关人员的不同意见和观点。1 2 3 4 5
10. 在评判生物技术研究的不同意见之前，我试着站在他人的角度思考，想象"如果我处于他们的情况下会怎样"。1 2 3 4 5

同理心关注（E）

11. 我真心为那些因生物技术研究结果而遭受痛苦（例如，失去宠物、农业资源和财产）的人感到难过。1 2 3 4 5
12. 对那些因生物技术研究影响而遭受痛苦（例如，失去宠物、农业资源和财产）的人，我无法感同身受。1 2 3 4 5
13. 我认为必须照顾那些因生物技术研究结果而遭受损失（例如，失去宠物、农业资源和财产）的人（如提供经济补偿、文化保护）。1 2 3 4 5

社会科学担当

责任感（R）

14. 基于我对生物技术研究的看法，我不认为我对研究引发的社会和道德问题负有责任。1 2 3 4 5

15. 我相信从小事做起可以为解决有关生物技术研究的社会和道德问题做出贡献。1 2 3 4 5

16. 我愿意忍受一下不便，来帮助解决生物技术研究引起的社会和道德问题，因为我觉得我对这些问题负有责任。1 2 3 4 5

行动意愿（W）

17. 我认为，要想利用生物技术研究解决社会、健康问题（例如，退行性疾病、癌症、传染病），需要社群成员共同合作和支持。1 2 3 4 5

18. 我愿意参与支持在国家和全球层面解决与生物技术研究有关的社会问题（例如，通过国家间合作和国际公约）。1 2 3 4 5

19. 我将努力发起社区运动，与社区成员沟通，解决与生物技术研究有关的社会问题。1 2 3 4 5

20. 我认为解决与生物技术研究有关的社会问题不需要全球合作和各国的支持。1 2 3 4 5

第四章　利用 SSI 策略理解中学生对气候变化的信念与意向

沃德尔·A. 鲍威尔

美国弗雷明翰州立大学

摘要：本章展示了如何利用 SSI 来影响中学生对气候变化的信念和意向。51 名来自美国东北部某暑期强化项目的中学生参与了研究。教学单元包括 6 节课，每节课时长为 1 小时。结合量化与质性研究，对学生有关气候变化信念和意向的批判性思维与论证能力展开分析。结果表明，通过教学，学生认识到人类行为是气候变化的重要因素；他们采取行动的意愿和鼓励他人采取必要行动减缓气候变化的意愿都比较强烈。此外，学生在教学过程中获得了相关知识，参与了减缓气候变化圆桌讨论活动并写信给发电厂、废物处理厂主管表达观点，从而增强了论证写作能力。

引　　言

为解决气候变化等社会问题，公民须理解两个根本原则：第一，必须首先相信气候变化确有其事；第二，必须有意愿针对已知会导致气候变化的因素采取行动。科学素养对于公民建立上述信念和意向、对气候变化采取适当行动是至关重要的。为了确定公民必须具备的知识与行动，国际学生评估项目（Programme for International Student Assessment，PISA）对 15 岁学生全面参与现代社会必备知识与技能的掌握程度进行了调查（OECD 2015）。有观点指出，P-12 教育系统不能等到学生年满 15 岁时才开始在课堂中培养科学素养。要解决 21 世纪及未来世界面临的科学问题，须从一开始就让学生参与相关活动、提高其科学素养。科学素养一词在 20 世纪 50 年代末首次提出，其内涵经历了数次迭代更新（AAAS 1989；Bybee 1997；Holbrook & Rannikmae 1997；Hurd 1958；Laugksch 2000；NSES 1996；OECD 2003，2006，2007，2009，2012）。抛开这些变化，显而易见且毋庸置疑的是，如今人类面临气候变化等重大问题的负面影响，让公众具备充分的科学素养变得愈发重要（UNEP 2012）。例如，美国气候科学专题报告（USGCRP 2017）指出，全球陆地和海洋的年平均温度从 1901 年到 1960 年增加了约 1.8℉（1.0℃），其中，从 1986 年到 2015 年与从 1901 年到 1985 年相比增加了 1.2℉（0.65℃）。该报告进一步指出，过去几年还出现了破纪录的极端天气。这些源于全球气候变化的事件会给本地社区造成诸多问题，因此，个人也要思考决定采取怎样的行动来解决这些问题；而这些行动要求个人具备一定的科学意识（European Commission 1995，p.28）。

科学素养对于培养民众对科学和技术议题的知情决策能力十分关键。PISA 报告指出，具有科学素养的个体能够掌握科技思想的基础性概念与观念、理解这些知识是如何产生的、了解这些知识在多大程度上得到证据支持或理论解释（OECD 2015）。可以预见的是，气候变化带来的挑战要求我们以科学思维与科学发现为基础来寻求创新解决方案（OECD 2015）。一方面，大部分人都认为要有大量受过良好教育的科学家来寻找解决气候变化及其衍生问题的方法；另一方面，大家亦认同学校科学课程必须培养一部分学生成为这样的科学家。因此，应当在 P-12 体系中突出科学素养的重要地位。

本研究聚焦一个 SSI 大单元教学，通过各类教学支架来增强中学生对气候变化的信念，强化他们为应对气候变化、改善环境而采取行动的意愿。本研究旨在为科学教育研究者、政策制定者、科学教师展示如何利用 SSI 教学培养中学生成为能够为各自社区带来积极变化的力量。

理 论 框 架

何为科学素养？

罗伯茨（Roberts 2007）对 20 世纪 50 年代以来科学素养的相关文献进行了回顾，提出科学素养的两大总体愿景。愿景Ⅰ旨在帮助学生构建知识和技能，赋能学生像专业科学家那样思考科学问题（Roberts 2007，2014）。专业科学家致力于解决现实世界中的科学问题，因此，根据愿景Ⅰ，学校科学课程教育应以培养能够投身高精尖科研的未来科学家为目标（Roberts 2007，2014）。按罗伯茨的说法，愿景Ⅰ以一种内在于科学的视角构建科学课程，涵盖丰富而全面的科学方法、科学思维，基于经验检验解释自然（Roberts 2014，p.546）；而愿景Ⅱ则超越科学本身、以外在的视角来构建课程，注重阐明科学如何嵌入于各项人类事业、如何与人类生存的诸多领域相互作用（Roberts 2014，p.546）。各类社会问题，譬如气候变化、垃圾填埋场选址、饮用水资源保护、天然气管道路线规划、森林破坏、转基因、海洋酸化等，都是科学嵌入、影响我们生活的例子，都应该是学校科学课程关注的主题。以外在视角构建学校科学课程对于培养能够致力于解决环境问题的下一代科学家至关重要。将 SSI 融入学校科学课程，对实现愿景Ⅱ所倡导的科学素养不可或缺。

PISA 2015 科学素养测评框架倡导的科学素养与罗伯茨总结的愿景Ⅱ内涵一致。PISA 2015 将科学素养定义为反思型公民参与科学相关问题讨论、运用科学思维的能力（PISA 2015，p.22）。报告进一步指出，具有科学素养的人愿意参与有关科学和技术的理性讨论，而这需要具备以下能力：

• 科学解释现象：识别、提供、评估一系列有关自然和技术现象的解释。
• 评价和设计科学探究：描述并评估科学研究，提出各类科学处理问题的方法。
• 科学解读数据和证据：分析并评价基于不同表征的数据、主张、论证，得出恰当的科学结论（PISA 2015，p.22）。

上述科学素养定义要求教师为学生提供参与科学过程的机会，要求课程编制者在课程中突出科学如何渗透于各项人类事业、如何与人类生存的诸多领域相互作用的内容（Roberts 2014，p.546）。为了解决日常生活中那些涉及科学情境且具有道德伦理意涵的社会问题（Powell 2014；Yap 2014；Zeidler 2007），个人须具备科学解释现象的能力。学生要能够评价和分析数据、主张、解释，设计科学探究，科学地解读数据和证据，从而对那些认为气候变化等科学议题是骗局的政府官员提出质疑。

何为 SSI 教学？

我曾在别处指出（Powell 2014，2020；Krezmien et al 2017），SSI 教学旨在让学生参与到有关日常生活科学问题及其道德伦理意涵的话语讨论中。在美国，许多政府官员否认气候变化是人类行为造成的，这为 K-12 系统的气候变化教学带来了诸多挑战。尽管教师向学生介绍了各类历史数据，表明大气中温室气体增加、全球温度升高、海平面上升皆为事实，然而许多学生仍然将气候变化当作政治话题。如今，政府官员极力主张减少环境方面的法规限制，推动美国退出巴黎气候协定，把"全球变暖"这一慎重的预判当成玩笑一句（Davenport & Landler 2019），他们的种种做法造成了对气候变化及其后果的质疑和不作为。为了扭转这一局面，学校科学必须为学生提供机会，帮助他们学习如何分析、综合、评估信息，从而成为未来政策制定者、教师、科学家等（Powell 2020）。SSI 作为学校科学课程的一部分,将有助于增强学生信念和行动意向,寻求解决气候变化及其带来的危机的方法。

青少年对气候变化的信念和意向

科学教育研究领域尚未就青少年气候变化信念和意向的影响因素达成共识。新近研究指出,青少年与权威人士(如科学家、教师、家长)之间的沟通影响着青少年在气候变化问题上的参与情况(Arnold,Cohen & Warner 2009;Feldman et al 2010;Vreede Warner & Pitter 2017)。在一项聚焦家庭环境如何影响中学生气候变化行为与关注的研究中,劳森等(Lawson et al 2019)指出,家庭中有关气候变化的讨论对父母对气候变化的行为、子女对气候变化的关注有影响。该研究发现,家庭讨论越强烈,子女参与减缓气候变化活动的意愿越高。其他研究也表明,如果家人关注人类活动如何引起气候变化,那么子女通常也会关注相同的问题(Mead et al 2012;Stevenson et al 2016)。此外,针对青少年气候变化信念和关注的研究发现,持有不同世界观的学生对气候变化具有较为一致的信念和关注(Bofferding & Kloser 2015;Flora et al 2014;Reinfried,Aeschbacher & Rottermann 2012;Stevenson et al 2014)。以上发现固然令人振奋,但也有一些研究指出,学生和公众往往以其他解释理解气候变化的成因(Leiserowitz & Smith 2010;Shepardson,Choi,Niyogi & Charusobat 2011),包括但不限于太阳辐照度增加(Shepardson et al 2011)、臭氧空洞(Osterlind 2005)、非温室气体污染(Papadimitriou 2004)。这些关于气候变化成因的认知表明了气候变化背后科学过程和原理的复杂性。就"太阳辐照量增加造成气候变化"这一解释,隆巴尔迪等(Lombardi,Sinatra & Nussbaum 2013)对美国西南部的169名中学生进行了一项研究。在这项研究中,实验组参与了批判性评估的教学活动,对两个相斥的气候变化模型进行比较、评判,对照组接受了气候变化科学课程常规教学;在首次教学6个月以后,对两组学生进行了教学跟进。研究结果表明,实验组对证据的批判性评估能力得到提高,对气候变化的掌握更为科学、准确,且在教学实施6个月后仍呈现出这些变化。这意味着,精心设计的教学可以转变学生对气候变化成因的认识。

看到科学课程能够影响学生对气候变化成因的认识十分关键,但同样重要的是,学校科学教育亦会影响学生缓解气候变化的行动意向。研究指出,虽然学生对气候(变化)原因和后果的认识可能会加强,但在学生掌握的环境知识与其缓解气候变化的行动意愿之间并没有明确的联系(Kollmus & Agyeman 2002;Ozdem et al 2014)。例如,斯坎普等(Skamp,Boyes & Stanissstreet 2004)进行了一项大规模($N=1001$)研究,探究初、高中生对清洁空气构成、空气污染本质、空气污染的生物学后果、酸雨、温室效应的观念,结果表明,虽然学生认同对污染企业征税立法的环保主张，但却反对对其自身做出要求。学生认为，减少空气污染是他人而不是自己的职责。这一发现与其他研究结果一致（Patterson 2014；Ozdem et al 2014）。虽然有研究指出，学生认为他们无法通过个人影响改变环境（Connell 1999；Jenkins & Pell 2006），但另一项研究结果显示，学生在一定程度上愿意参与缓解气候变化的必要行动（Hermans & Korhonsen 2017）。参与这项研究的学生表示愿意关掉不用的电灯和电器。该研究也发现，尽管约有50%的学生表示愿意在二手市场售卖闲置品、步行或骑行适当距离，但他们不太愿意购买二手旧物，也不愿完全不使用机动车。这显示了参与减少温室气体排放行动的两难之处。

研究概况

本研究旨在考察SSI大单元教学对中学生气候变化信念和行动意向的影响，主要研究问题及其理论基础如下。

1. SSI在多大程度上影响中学生对气候变化的信念？

该研究问题考察了学生对气候变化的信念。这个问题很重要，因为如果学生不相信是人类行为引起了气候变化，那么一般而言他们就不太可能参与减缓气候变化的环保行动。教师了解学生信念，有利于提供相应的学习机会以改变学生基于自身信念而产生的错误观念。莱塞罗韦兹等（Leiserowitz et al 2017）的研究称，仅有12%美国人知晓人类活动造成气候变化已经是科学界的共识。公众方面的迷思概念（misconception）被称为共识差距（consensus gap）（Cook 2019）。有趣的是，科学教师（Plutzer et al 2016）与记者（Wilson 2000）中也存在着这种共识差距。为了缩小差距，学校科学课程必须为学生提供更多机会学习识别气候变化信念中的迷思概念，这对于帮助学生参与减缓气候变化的环保行动是至关重要的。

2. SSI教学对中学生减缓气候变化的行动意向有何影响？

许多研究以不同方式对"行动"一词（Vesterinen, Tolppanen & Aksela 2016）进行了讨论。例如，詹森和施纳克（Jensen & Schnack 1997）将行动定义为学生采取主动行为和处理意外情况的能力；莫根森和施纳克（Mogensen & Schnack 2010）认为行动是受意向、动机、理由影响的行为；韦斯特林恩等（Vesterinen et al 2016）将行动定义为有意向、有意识、有目的的行为，从而将行动与人格、责任、民主、教育等人本主义概念联系起来（p.34）。为了让学生具有投身环保行动减缓气候变化的意向，需要使他们了解关爱照护环境的目的。以SSI作为重要教学策略，可能会在鼓励学生参与行动、遏制会导致气候变化的各类行为等方面发挥重要作用。

研 究 方 法

研究参与者

本研究基于 2018 年美国东北部某非营利组织运营的暑期强化项目，51 名中学生（11—12 岁；25 名男生，26 名女生）参与了研究。该强化项目面向教育服务资源不足的社群，为学生提供在科学、数学、阅读、写作等方面拓展、强化知识与技能的机会，帮助学生为申请入学当地顶级名校做准备。项目一般在每年春季面向本地区 40 所直属学校即将升入五、六年级的学生招生。本期学员中，77% 就读于公立学校、19% 就读于特许学校、4% 就读于教会学校；族裔情况方面，亚裔 21%、非洲裔 32%、西班牙裔 32%、多族裔 5%、白人 4%、其他 6%；家庭平均收入为 43 586 美元，55% 的学生有资格享受餐费补助。

研究设计

本研究采用混合方法准实验设计，参与研究的学生在美国东北部某暑期强化班上完成了三个科学课程。使用气候变化态度调查利克特 5 级量表（Christensen & Knezek 2015）收集了前后测的定量数据；质性材料包括学生开放式问卷的回答、对不同时期温室气体体积变化的解释、碳足迹计算、视频讨论、议论文写作。结合定量数据与质性资料，可以更好地了解 SSI 教学单元对学生气候变化信念和意向的影响。

数据收集与分析

采用配对 t 检验对学生气候变化态度调查（Christensen & Knezek 2015）前后测结果进行定量分析。以排名法对调查对象的回复进行分类，0 表示强烈反对，1 表示不同意，2 表示不确定，3 表示同意，4 表示非常同意。采用配对 t 检验是因为它非常适用于对同一主题的前后观察结果进行比较（Wilkerson 2008）。总体 α 值被设定为 0.05。

质性资料主要通过书面写作文本收集，学生在文本中表达了对气候变化的信念以及采取行动的意向。教师在进行各项温室气体主题教学活动前后分别要求学生以书面形式表述他们对相关话题的想法。两名具有数据分析经验的研究生参与了质性资料的编码和分析工作。

在质性资料分析过程中，每位研究生分别逐行阅读学生书面文本，确定原始数据的重要维度；以归纳分析方法生成数据编码表（Strauss & Corbin 1998），对编码进行修订调整，凸显它们之间的关联性，进行划归分类。两位研究生分别完成这一过程后，将各自生成的编码分类汇总给本章作者进行评估，经过讨论，共同确定编码。

研究发现

教学日1

在气候变化SSI大单元教学实施前后进行了气候变化态度调查（Christensen & Knezek 2015）。该调查由15个利克特式态度项目组成，测量学生对环境的信念和意向，重点聚焦气候变化。对结果进行配对样本t检验，比较学生在学习气候变化SSI大单元前后对改善环境的信念和意向。表4.1展示了前后测分数差异。

表4.1　气候变化态度调查

变量	平均值	标准差	t	df	p
1. 我认为气候正在发生变化	-.333	.589	-4.043	50	.000*
2. 我关心全球气候变化	-.039	1.216	-.230	50	.819
3. 我认为有证据表明全球气候变化	-.471	.946	-3.554	50	.001*
4. 全球气候变化将在未来10年影响我们的环境	-.471	.987	-3.405	50	.001*
5. 全球气候变化将影响子孙后代	-.176	.953	-1.322	50	.192
6. 个人行动可以对全球气候变化产生积极影响	-.235	1.176	-1.429	50	.159
7. 我可以尽我的一份力，为子孙后代创造一个更美好的世界	-.333	.909	-2.618	50	.012*
8. 人类活动导致全球气候变化	-.412	1.004	-2.930	50	.005*
9. 气候变化对我们的生活有负面影响	-.353	1.671	-1.508	50	.138
10. 解决环境问题，我能做的并不多	.412	.726	4.050	50	.000*
11. 解决环境问题是在浪费时间	.176	.684	1.842	50	.071
12. 我做的事情对环境质量没有影响	.314	1.068	2.099	50	.041*
13. 我觉得大部分对环境问题的担忧都被夸大了	.176	.888	1.419	50	.162
14. 了解环境问题和议题对我很重要	-.294	1.045	-2.010	50	.050*
15. 我们无法阻止全球气候变化	.392	1.115	2.512	50	.015*

* 表示在P<.05时在统计学意义上显著。

克里斯坦森和克内泽克（Christensen & Knezek 2015）对中学生实施的试调查表明该工具具有信度和效度。本研究收集的数据经克龙巴赫α系数检验具有良好的信度（信念为 0.716，意向为 0.654）。信念测试项目围绕陈述"我认为有证据表明全球气候变化"设置，共有 9 项；意向测试项目共 6 个，与"我们无法阻止全球气候变化"等陈述有关。

为明确学生对气候变化的信念、了解他们对已知气候变化原因采取行动的意向，要求学生完成 KWL 表中的"我所知道的"和"我想知道的"两部分。学生回答分析见表 4.2。如表 4.2 所示，学生认为化石燃料是导致气候变化的原因。他们还认为，气候变化正在助长极端天气，对生命和环境产生负面影响。有趣的是，学生想要了解二氧化碳在环境中长期存留的科学原理，以及可以采取哪些行动减少大气二氧化碳含量，这些都是关乎理解气候变化从而采取积极行动的重要问题。学生对我们还有多少时间来采取必要行动减缓气候变化及其影响表现出探究兴趣。他们亦震惊于大众尚未采取更多行动来阻止气候变化，提出的问题包括：在应对气候变化方面，美国总统做了些什么，是否了解相关情况；我们可以怎样阻止气候变化。这些都是学生在思考如何帮助解决气候变化危机时值得考虑的关键问题。

表 4.2 学生完成"我所知道的"和"我想知道的"部分

关于气候变化，我所知道的	关于气候变化，我想知道的
1. 化石燃料导致气候变化	1. 二氧化碳如何吸收大气中的热量？
2. 气候变化将对生活和环境产生不利影响	2. 二氧化碳排放可被阻止吗？
3. 气候变化导致极端天气	3. 在我们对气候变化无能为力之前，我们还剩多少时间？
	4. 为什么人们对气候变化不够关心？

为了让学生了解 2018 年美国气候评估总结调查结果的主要内容，教师在课堂上向学生播放 CBSN 新闻（https://www.youtube.com/watch?v=xiU6y12kZ80）。观看之后，使用"观察-思考-探究"教学技法，让学生在仔细观察的基础上展开探究式思考，帮助学生梳理自己对气候变化的信念和意向。表 4.3 展示了学生观看 CBSN 新闻后对自身信念和意向的思考与探究。

表 4.3 学生对气候变化的信念和意向

你观察到什么？	你有什么思考？	你想探究什么？
• 汽车和卡车行驶并产生二氧化碳	• 应该采取更多行动来阻止气候变化，比如停止使用这么多的天然气	• 如果我们知道气候变化的危险，为什么我们没有充分采取措施来阻止它
• 显示温度和二氧化碳升高的图表	• 我们需要转向风能等可再生能源	• 人们什么时候会关心气候变化？

续表

你观察到什么？	你有什么思考？	你想探究什么？
• 听到由于气候变化，疾病和其他健康问题正在增加 • 人类行为绝对是气候变化的原因	• 寻找不同的方式为我们的汽车和卡车提供动力 • 每个人都应该行动起来 • 有一天我们不再使用汽油 • 各国应努力降低二氧化碳排放量	• 现在阻止气候变化是否为时已晚？ • 孩子们能做什么？ • 为什么我们不能尝试解决问题？ • 如何减少天然气使用量？

观看新闻报道后，学生确信，人类行为与气候变化有直接关系。他们汇报说看到了汽车产生二氧化碳、提高地表温度和二氧化碳浓度；认为疾病及其他健康问题也与气候变化有直接关系。虽然学生在"观察"部分的表述大多基于信念，但有关"思考"和"探究"的内容更符合其行动意向。例如，建议应该采取更多行动应对气候变化，还询问自己这个年龄的孩子可以为此做些什么。

为了让学生更深入了解温室气体，了解这些气体如何产生以及在大气中的滞留时间，教师提供了美国国家环境保护局（EPA）的相关链接（https://www.epa.gov/ghgemissions/overview-greenhouse-gases），让学生探索学习什么是温室气体，认识四种不同类型的温室气体，了解这些气体如何产生、在大气中滞留多久、多大程度上对大气造成了负面影响。后面几个问题意图让学生思考温室气体在大气中的滞留时长及其对气候变化的潜在影响。学生对这些问题的回答主要分为三类：①这取决于它是哪种气体；有些气体比其他气体的影响更大。②这些气体造成了全球变暖。③这些气体使地球的覆盖层变厚，让地球温度更高。

上述回答主要基于学生所学习到的二氧化碳、甲烷、一氧化二氮、氟化气体在大气中的滞留时间。例如，甲烷在大气中滞留 4 年，而二氧化碳可滞留 100 年（https://www.epa.gov/ghgemissions/overview-greenhouse-gases#CO2-lifetime）。学生运用这些知识，提出不同的温室气体将对气候变化产生不同的影响。不过，他们认为四种类型的温室气体都造成了全球温度上升。

PISA 2015 报告提出科学素养评估框架应涉及四个方面，要求个人具备解决个人性、地方性/国家性、全球性议题的胜任力，包括科学地解释现象、评估和设计科学探究、科学地解读数据和证据。PISA 2015 报告进一步指出，个人胜任力还体现为态度表现，如对科学的兴趣、对科学探究方法的重视、环境意识等。此外，PISA 2015 报告还强调，个人对主要事实、概念、解释性理论的理解构成了科学知识的基础。

为了衔接 PISA 2015 科学素养评估框架，教师要求学生回答以下四个问题：

①气候变化可能对马萨诸塞州产生什么影响？②你参与的哪些活动可能会导致气候变化？③如果可能的话，你会采取什么行动来减缓气候变化？④提出一到两个你想了解的关于气候变化的问题。

第一个问题将气候变化问题转化为与学生生活息息相关的个人性问题。一般而言，如果学生能够确定自己生活与气候变化之间的个人性联系，那么他们会更有兴趣了解这个主题。学生（一致）100%表示，气候变化可能导致马萨诸塞州发生洪涝灾害、降水量增加、气温上升。

第二个问题促使学生思考他们可能也造成了气候变化；以该问题作跳板，让学生开始思考他们自己以及他人可以采取哪些行动来减缓气候变化。针对第二个问题，学生提出，以下行为可能造成了气候变化，包括无人使用时开着电灯或电视、过度烹饪、在非必要情形下驾驶或乘坐汽车。学生几乎一致认为，可以采取近途步行或骑行、支持可再生能源、抗议等行动减缓气候变化。值得注意的是中学生参与社会正义行动的意愿，在本研究中，绝大多数学生都想要通过抗议反对气候变化，在许多人看来，这恰恰是环境保护所不可或缺的行动意向。最后，当学生被问及希望得到哪些气候变化相关问题的答案时，绝大多数学生反问道：现在阻止气候变化是否为时已晚？

教学日 2

第一天的活动向学生们介绍了温室气体的概念。为了帮助学生进一步了解人类行为与温室气体排放之间的联系，培养科学素养（PISA 2015），教师将学生分成小组探究马萨诸塞州的温室气体排放情况。下面的问题提供切入点，帮助学生开始思考总排放量。

温室气体的两大来源是什么？为什么？

学生表示，一大主要来源是交通，因为我们需要出行；电力是另一大来源，因为我们在家里要用灯、暖气等。接着，学生按要求检视 2017 年美国各经济部门温室气体排放总量（https://www.epa.gov/ghgemissions/sources-greenhouse-gas-emissions），解释数据与他们对上述问题的回答有何联系。学生兴奋地发现，他们的回答与 EPA 一致。

为了突出课堂任务与学生的个人关联性，教师布置学生两人一组收集有关自己社区或马萨诸塞州境内其他邻近社区的发电厂和废物处理设施的温室气体排放数据。学生们依据 EPA 温室气体报告计划 2017 年数据（https://www.epa.gov/ghgreporting/ghg-reporting-programdata-sets）对各设施温室气体排放量展开调研。表4.4罗列了学生针对新英格兰地区 ANP 黑石能源公司的温室气体排放所收集的数据。

表 4.4 2010—2017 年 ANP 黑石能源公司温室气体排放量　　（单位：吨）

2010 年			2011 年			2012 年			2013 年		
二氧化碳	一氧化二氮	氟化气体	二氧化碳	一氧化二氮	氟化气体	二氧化碳	一氧化二氮	氟化气体	二氧化碳	一氧化二氮	氟化气体
699 127	324	387	815 186	378	451	802 154	372	444	739 250	343	409

2014 年			2015 年			2016 年			2017 年		
二氧化碳	一氧化二氮	氟化气体	二氧化碳	一氧化二氮	氟化气体	二氧化碳	一氧化二氮	氟化气体	二氧化碳	一氧化二氮	氟化气体
836 773	388	463	815 627	378	451	597 722	277	330	785 363	365	434

按照要求，学生运用所收集的发电厂和废物处理设施的数据，阐述数据所表明的温室气体排放情况。

一组学生研究了 2010—2017 年马萨诸塞州 ANP 黑石能源公司发电厂温室气体排放情况，发现这期间二氧化碳的排放浓度有所增加。当被问及增加的原因时，学生认为是人口增长导致我们要使用更多能源来发电。虽然没有直接归咎于电力公司，但学生强调，人口增长使得人们更多地使用交通工具，这也是造成气候变化的原因。教师请学生提出想要问询 ANP 黑石能源公司管理层的问题，大部分人都表示想要了解为什么二氧化碳在增加，我们如何能减少排放？这些学生对第二个问题并不陌生，因为在大单元教学的第一天，教师多次提问学生可以采取怎样的行动来减少二氧化碳排放、孩子们可以做什么来减缓气候变化、为什么人们似乎不太关心二氧化碳排放或气候变化。

然而，在解释个人应该采取什么行动来减少所调研企业（如 ANP 黑石能源公司）的温室气体排放量时，学生表示大家必须努力节约用电。他们认为不必要的能源使用将促使电力公司燃烧更多化石燃料发电；觉得如果我们减少用电，那么电力公司也会降低化石燃料燃烧量。在学生看来，应该在社会整体层面鼓励拼车，开发替代能源，参与减少温室气体排放的请愿。

教学日 3

如果学生能够通过测量得出自身行为与气候直接相关的发现，这将对他们的态度产生影响。有鉴于此，第三个教学日安排了相关活动旨在影响学生对气候变化的态度：学生需计算自己的碳足迹（https://www3.epa.gov/Carbon-footprint-calculator/）并回答几个问题。表 4.5 列出学生的一般性回答。

表 4.5　学生对碳足迹相关问题的回答

问题	学生回答	研究者阐释
1. 你对自己的碳足迹有何了解？	・家庭能源产生的碳足迹最多 ・如果我减少使用量，就能减少我的碳足迹	学生明确使用家庭能源会产生碳足迹，并确定如果采取措施，碳足迹可被减少。
2. 根据你所学到的东西，你想提出哪些问题？	・如何将我的碳足迹降到最低？ ・微不足道的小事能防止气候变化吗？ ・我怎样才能鼓励其他人尝试减少自己的碳排放？ ・我怎样才能帮助环境和阻止气候变化？ ・人们了解他们自己的碳足迹吗？	学生询问了他们可以采取哪些行动来成为环境守护者。此外，他们还想知道如何鼓励其他人在维持环境方面变得更加负责。
3. 应该采取什么行动来减少全球气候变化？	・不要到处开车 ・驾驶电动车 ・关掉不用的灯 ・不要把空调调得那么高 ・用冷水洗衣服 ・更经常地回收利用 ・不要过度使用能源 ・把食物送给需要的人，而不是送到垃圾填埋场 ・减少温室气体产生 ・不使用过量塑料 ・不过度使用资源	学生建议改变驾驶习惯，购买节能车辆，回收利用减少垃圾。

碳足迹计算让学生研究审视自己在家的日常习惯如何导致气候变化，从而促使他们向自己发问并思考如何能让自己、让他人成为更好的环境守护者。此外，学生还提出了自己和他人可采取的具体措施，譬如把富余食物捐赠给他人，这样就不会把不需要的食物扔到垃圾填埋场了。这个论述表现了学生对前一教学日所学的垃圾填埋场温室气体排放量进行的知识迁移。

教学日 4

学生观看 PBS 新闻关于南极冰川融化的报道（https://www.youtube.com/watch?v=YRe1ymYR45k），使用"观察-思考-探究"方法进行细致而深入的观察。表 4.6 是学生对南极冰川融化相关问题的主要答案。

表 4.6　学生对南极冰川融化相关问题的回答

你观察到什么？	你有什么思考？	你想探究什么？
• 由于气候变化,南极的冰川融化速度是 40 年前的 6 倍 • 冰川融化的速度足以一秒钟填满 3 个奥林匹克标准大小的游泳池 • 在过去的 70 年里,平均气温上升了 3.5℃	• 我们应该减少产生温室气体 • 人类是其中的一部分原因 • 气候变化将导致洪灾 • 波士顿将被淹没	• 当海平面上升时,我们将如何重新安置沿海居民？ • 我们正在做哪些努力来寻求气候变化的解决之道？ • 如果我们知道我们正在造成全球变暖,为什么我们不行动？ • 南极的冰会完全消失吗？ • 我们怎样才能阻止这些？

虽然视频长达 9 分钟，但所有学生都表示看到了由于气候变化如今南极的冰川融化速度是 40 年前的 6 倍。他们还了解到冰川融化的速度足以在一秒内填满 3 个奥林匹克标准大小的游泳池。此外，学生看到，在过去 70 年里，南极的平均温度上升了 3.5℃。新闻报道对于数据和图表的呈现，让学生能够充分理解相关信息，他们都对数据感到十分震惊。因此，在分享感想时，学生重申了在教学日 1、2 做出的陈述，例如，我们应该减少温室气体排放、人类行为造成了气候变化。此外，学生将南极冰川融化的影响与自己的生活联系起来，认为气候变化会使海平面上升从而导致洪水泛滥，而波士顿是将因此被淹没的地区之一。海平面上升造成的洪水隐患使学生们迫切想探究：当海平面上升时，政府当局将如何安置沿海居民；我们为什么不采取更多行动减缓气候变化；南极冰川会不会完全消失？

为了让学生进一步思考气候变化对美国各地可能产生的影响，教师播放了 CNN 报道（https://www.cnn.com/2018/11/27/health/climatechange-impact-by-region/index.html），然后组织学生两人一组讨论下列问题：①总结气候变化将如何影响你负责调查的地区。②基于你的总结，说明可能会产生哪些令你担忧的问题？③如果可以的话，应该采取什么行动来降低你所描述的风险？④明确谁（如果有的话）应当采取上述行动。

表 4.7 是学生针对东北部的调研总结报告。学生认为，是人类造成了气候变化；他们再一次提出要减少温室气体的产生、减少我们的碳足迹、回收再利用以减少垃圾填埋场的废物总量。教学日 2 对发电厂和废物处理设施温室气体排放量的调研活动塑造了以上回答。这清楚表明了，在思考如何减缓气候变化时，学生能够利用在大单元学习中早先获得的知识来驱动决策。

教学日 5

教师向学生介绍第四次美国气候评估总结调查结果（https://nca2018.globalchange.gov/），组织学生以小组形式，围绕评估总结调查结果中气候变化在 12 个方面的影响，总结主要观点及其支撑材料。表 4.8 是学生进行总结的方式之一。

表 4.7　学生针对美国东北部气候变化的调研总结

美国东北部	
a. 总结气候变化将如何影响你负责调查的地区。	• 冬天变短，夏天变长、变热 • 渔业衰退 • 受污染的洪水造成更多死亡和健康风险 • 海平面上升 • 热浪
b. 基于你的总结，说明可能会产生哪些令你担忧的问题？	• 气候变化会对我们造成影响，因为我们生活在美国东北部 • 是我们自己造成的 • 洪水和死亡 • 担心夏天更长，冬天更短
c. 如果可以的话，应该采取什么行动来降低你所描述的风险？	• 减少温室气体产生 • 减少我们的碳足迹 • 减少垃圾填埋场的垃圾
d. 明确谁（如果有的话）应当采取上述行动。	• 我们都有责任，因为我们每天产生温室气体 • 更多地回收利用

表 4.8　学生对气候变化进行总结的方式

	当地社区	经济	相互关联影响
主要观点			
细节			

学生在收集、总结主要观点与细节的同时，亦需考虑行文流畅。

①运用你发现的有关气候变化风险的主要观点和细节，撰写一篇小论文或一封信，发给你在教学日 2 调研的电力公司或废弃品处理企业的 CEO。

②你给 CEO 的书信须解释你在本单元中所做的研究，并邀请 CEO 或其代表参加圆桌会议，讨论个人、社区、社会分别可以采取哪些行动和做法来应对气候变化。

③写信之前，利用下面的表格组织想法，提高学生写作的说服力。表 4.9 是学生用来概述、组织想法的表。

表 4.9　学生阐述对气候变化议题的想法

议题：联合国政府间气候变化专门委员会（IPCC）最新报告指出，全球变暖水平比工业化前高出 1.5℃。虽然小组报告指出，人类活动是导致大气温度上升的主要原因，但美国联邦政府的许多政策制定者认为全球变暖是一个骗局。根据你所学到的关于气候变化的知识，你是否相信人类活动对气候变化有影响？你的任务是在下表中概述你对这个议题的想法。

续表

支持		反对	
支持议题的理由	为每个理由至少列出两个事实（证据）	反对议题的理由	为每个理由至少列出两个事实（证据）
理由 1	事实	理由 1	事实
	事实		事实
理由 2	事实	理由 2	事实
	事实		事实
理由 3	事实	理由 3	事实
	事实		事实

有趣的是，100%的学生认为人类活动造成气候变化。

教学日 6

教学日 6 的活动是本单元教学的最终章。学生运用所收集的 IPCC 报告的所有证据，撰写一篇气候变化对环境影响的小论文，或者向在教学日 2 调研的电力公司或废弃品处理企业的 CEO 写一封信。教师提醒学生，书信需说明他们所参与的研究、从中了解到的情况，并邀请对方参加圆桌会议，共同讨论个人、社区、社会分别可以做些什么来帮助减少碳足迹。教师还提供了写作的评价量规和模板（见本章附录），作为学生撰写论说文/书信的参考。图 4.1 至图 4.3 是三封学生书信范例。

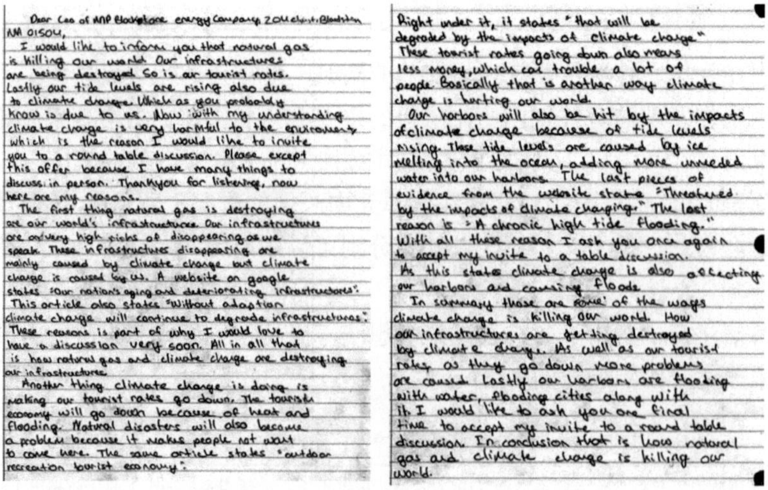
Dear Ceo of NNP Blackstone energy Company, 204 ... Blackston
NM 01504,
I would like to inform you that natural gas
is killing our world. Our infrastructures
are being destroyed. So is our tourist rates.
Lastly our tide levels are rising also due
to climate change. Which as you probably
know is due to us. Now with my understanding
climate change is very harmful to the environment
which is the reason I would like to invite
you to a round table discussion. Please except
this offer because I have many things to
discuss in person. Thankyou for listening, now
here are my reasons.
The first thing natural gas is destroying
are our world's infrastructures. Our infrastructures
are on very high risks of disappearing as we
speak. These infrastructures disappearing are
mainly caused by climate change but climate
change is caused by us. A website on google
states "Our nation's aging and deteriorating infrastructures".
This article also states "Without adaption
climate change will continue to degrade infrastructures".
These reasons is part of why I would love to
have a discussion very soon. All in all that
is how natural gas and climate change are destroying
our infrastructures.
Another thing climate change is doing is
making our tourist rates go down. The tourists
economy will go down because of heat and
flooding. Natural disasters will also become
a problem because it makes people not want
to come here. The same article states "outdoor
recreation tourist economy".

Right under it, it states "that will be
degraded by the impacts of climate change"
These tourist rates going down also means
less money, which can trouble a lot of
people. Basically that is another way climate
change is hurting our world.
Our harbors will also be hit by the impacts
of climate change because of tide levels
rising. These tide levels are caused by ice
melting into the ocean, adding more unneeded
water into our harbors. The last pieces of
evidence from the website state "Threatened
by the impacts of climate changing." The last
reason is "A chronic high tide flooding."
With all these reason I ask you once again
to accept my invite to a table discussion.
As this states climate change is also affecting
our harbors and causing floods.
In summary those are some of the ways
climate change is killing our world. How
our infrastructures are getting destroyed
by climate change. As well as our tourist
rates, as they go down more problems
are caused. Lastly our harbors are flooding
with water, flooding cities along with
it. I would like to ask you one final
time to accept my invite to a round table
discussion. In conclusion that is how natural
gas and climate change is killing our
world.

(a) (b)

图 4.1 学生书信范例一

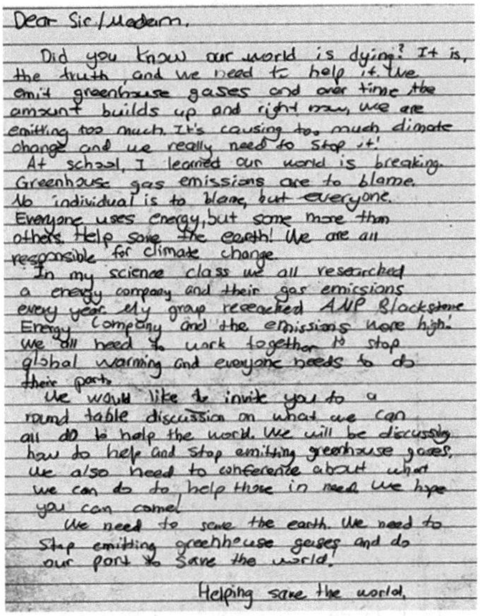

Dear Sir/Madam,

Did you know our world is dying? It is, the truth, and we need to help it. We emit greenhouse gases and over time the amount builds up and right now, we are emitting too much. It's causing too much climate change and we really need to stop it!

At school, I learned our world is breaking. Greenhouse gas emissions are to blame. No individual is to blame, but everyone. Everyone uses energy, but some more than others. Help save the earth! We are all responsible for climate change.

In my science class we all researched a energy company and their gas emissions every year. My group reseached ANP Blackstone Energy Company and the emissions were high! We all need to work together to stop global warming and everyone needs to do their part.

We would like to invite you to a round table discussion on what we can all do to help the world. We will be discussing how to help and stop emitting greenhouse gases, we also need to conference about what we can do to help those in need. We hope you can come!

We need to save the earth. We need to stop emitting greenhouse gases and do our part to save the world!

Helping save the world,

图 4.2　学生书信范例二

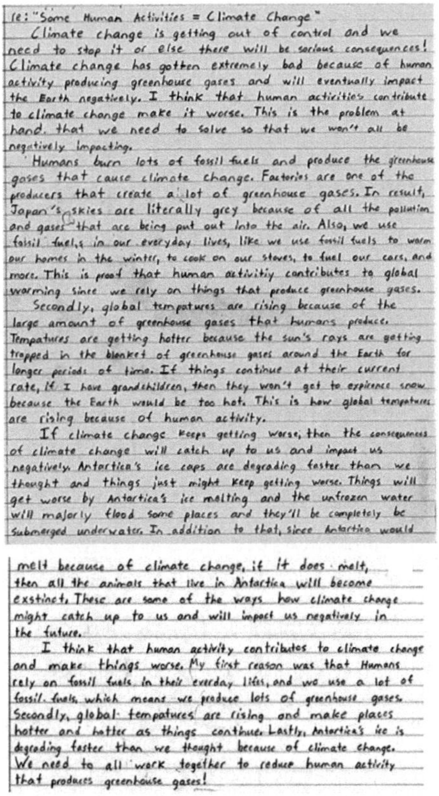

re: "Some Human Activities = Climate Change"

Climate change is getting out of control and we need to stop it or else there will be serious consequences! Climate change has gotten extremely bad because of human activity producing greenhouse gases and will eventually impact the Earth negatively. I think that human activities contribute to climate change make it worse. This is the problem at hand. that we need to solve so that we won't all be negatively impacting.

Humans burn lots of fossil fuels and produce the greenhouse gases that cause climate change. Factories are one of the producers that create a lot of greenhouse gases. In result, Japan's skies are literally grey because of all the pollution and gases that are being put out into the air. Also, we use fossil fuels in our everyday lives, like we use fossil fuels to warm our homes in the winter, to cook on our stoves, to fuel our cars, and more. This is proof that human activitiy contributes to global warming since we rely on things that produce greenhouse gases.

Secondly, global tempatures are rising because of the large amount of greenhouse gases that humans produce. Tempatures are getting hotter because the sun's rays are getting trapped in the blanket of greenhouse gases around the Earth for longer periods of time. If things continue at their current rate, if I have grandchildren, then they won't get to expirence snow because the Earth would be too hot. This is how global tempatures are rising because of human activity.

If climate change keeps getting worse, then the consequences of climate change will catch up to us and impact us negatively. Antartica's ice caps are degrading faster than we thought and things just might keep getting worse. Things will get worse by Antartica's ice melting and the unfrozen water will majorly flood some places and they'll be completely be submerged underwater. In addition to that, since Antartica would melt because of climate change, if it does melt, then all the animals that live in Antartica will become exstinct. These are some of the ways how climate change might catch up to us and will impact us negatively in the future.

I think that human activity contributes to climate change and make things worse. My first reason was that Humans rely on fossil fuels in their everday lifes, and we use a lot of fossil fuels, which means we produce lots of greenhouse gases. Secondly, global tempatures are rising and make places hotter and hotter as things continue. Lastly, Antartica's ice is degrading faster than we thought because of climate change. We need to all work together to reduce human activity that produces greenhouse gases!

图 4.3　学生书信范例三

讨　　论

为解决各类威胁环境与人类生存的科学问题，公民需具备一定的科学素养，这一点明确体现在联合国环境规划署（UNEP 2012）的报告中。该报告指出，人口不断增长的情况下，我们在保障洁净水与食物充分供给上面临着挑战，因此，科学素养在地区、国家、国际各个层面都变得更加关键。此外，该报告进一步明确，控制疾病、开发充足能源、适应气候变化是我们不可忽视的挑战（UNEP 2012）。然而，要实现上述目标，需在 P-12 科学教育课程中创造机会培养学生具备 PISA 2015 报告所倡导的科学素养。PISA 2015 报告将科学素养定义为反思型公民参与科学相关问题讨论、运用科学思维的能力，主张个人必须能够科学地解释现象、具备评估和设计科学探究的能力、可以科学地解读数据和证据，强调了在现实生活中应用科学知识之能力的重要性。本研究中的大单元教学为学生提供了科学评估、解读数据与证据的机会。

因此，学生得以扩展他们对气候变化的知识和理解，并提出减缓气候变化的实际解决方案。例如，学生了解到，个人层面的行动可能并不足以扭转气候变化，但我们能够通过集体行动做出改变。他们主张应该采取的行动包括但不限于少开车、购买电动车、关掉不用的灯、多回收、开发替代能源，这些都是 IPCC 近期针对气候所倡导的行动（Fourth National Climate Assessment 2018）。参与本研究的学生能够利用他们在温室气体排放调研中所学到的知识，有理有据地写出美国许多地区已经可见的气候变化影响，他们讨论了当前温室气体对全球变暖、冰川融化、海平面上升、洪涝灾害的影响。在思考气候变化的长期影响时，学生把减缓气候变化当作个人事务。例如，有学生写道："因为人类产生了大量温室气体，所以全球气温正在上升。气温越来越高，是因为太阳光被锁在地球周围的温室气体层的时间越来越长。照目前的速度发展下去，我的孙辈就无法体验到雪，因为地球会变得过热。人类活动就是这样造成全球变暖的。"

在了解了气候变化及其影响之后，11—12 岁的学生做出了这些深刻的陈述，这也许是政策制定者、公众采取缓解气候变化的必要行动所必需的。P-12 科学教育课程必须让学生参与调查研究，以增强学生对气候变化的信念和意向。在整个教学单元中，学生探究了人们为什么不采取行动应对气候变化、自己可以做什么来帮助减少气候变化的影响、如何动员他人采取行动。科学课程方案促使学生针对这些问题行动起来，这对于解决 21 世纪及未来的环境挑战至关重要。

结　　论

上述教学单元提供了一个让中学生参与调研数据、阐释调查结果、制定行动方案以缓解气候变化及其环境后果的教学模式。在本研究中，100%的学生认识到人类行为是导致气候变化的原因。在教学单元一开始，学生认为化石燃料在气候变化中发挥了主要作用，但并不确定这一作用过程的具体机制。通过大单元教学的各种活动，学生加深了对过度燃烧化石燃料如何造成全球变暖的理解；利用从自己的研究中获得的知识，提出人类可以减缓气候变化的方法；并且能够结合自己的研究结果与 2018 年第四次美国气候评估总结调查结果，有理有据地撰写有关气候变化及其影响的论说文。

研究结果表明，本研究的 SSI 大单元教学对学生气候变化的信念和意向产生了很大的影响。学生信念得到强化，认为是人类活动导致了气候变化，此外他们还提出了一系列可以减缓气候变化的行动。

局 限 性

本研究对象为 51 名（$n=51$）美国东北部的学生。与美国其他地区相比，石油、天然气并非该地区的主要产业，因此，本研究发现不具有一般性。另一个主要局限是研究样本规模较小，研究不具有代表性。因此，科学教育研究者若想确定本课程大单元教学对中学生对气候变化的信念和意向的影响，需要在美国不同地区的更多学生中重复这项研究。

参 考 文 献

American Association for the Advancement of Science. (1989). *Science for all Americans: a project 2061 report on literacy goals in science, mathematics and technology*. AAS Publishing. www.project2061.org/publications/sfaa/online/sfaatoc.htm

Arnold, Cohen, & Warner. (2009). Youth and environmental action: perspectives of young environmental leaders on their formative influences. *Journal of Environmental Education, 40*(3), 27-36. doi:.3.27-36. doi:10.3200/JOEE.40

Bofferding, L., & Kloser, M. (2015). Middle and high school students conceptions of climate change mitigation and adaptation strategies. *Environmental Education Research, 21*(2), 275-294. doi:10.1080/13504622.2014.888401

Bybee, R. W. (1997). Towards an understanding of scientific literacy. In W. Gräber & C. Bolte (Eds.), *Scientific literacy. An international symposium* (pp.37-68). Institut für die Pädagogikder Naturwissenschaften (IPN).

Choi, S., Niyogi, D., Shepardson, D. P., & Charusombat, U. (2010). Do earth and environmental science textbooks promote middle and high school students' conceptual development about climate change? Textbooks' consideration of students' misconceptions. *Bulletin of the American Meteorological Society, 91*, 889-898..doi:10.1175/2009BAMS2625.1

Christensen, R., & Knezek, G. (2015). The climate change attitude survey: Measuring middle school student beliefs and intentions to enact positive environmental change. *International Journal of Environmental and Science Education, 10*(5), 773-788.

Cook, J. (2019). Understanding and countering misinformation about climate change. In I. Chiluwa & S. Samoilenko (Eds.), *Handbook of research on deception, fake news, and misinformation online* (pp.281-306). IGI-Global. doi:10.4018/978-1-5225-8535-0.ch016

Davenport, C., & Landler, M. (2019). Trump administration hardens its attack on climate science. *New York Times*. Available from: https://www.nytimes.com/2019/05/27/us/politics/trump-climate-science.html

European Commission. (1995). *Teaching and learning: Towards the learning society*. White Paper on Education and Training, Office for Official Publications in European Countries. https: //europa.eu/documents/comm/white_papers/pdf/com95_590_en.pdf

Feldman, L., Nisbet, M., Leiserowitz, A., & Maibach, E. W. (2010). *The climate change generation? Survey analysis of the perceptions and beliefs of young Americans*. Yale Project on Climate Change Communication.

Flora, J. A., Saphir, M., Lappé, M., Roser-Renouf, C., Maibach, E. W., & Leiserowitz, A. A. (2014). Evaluation of a national high school entertainment education program: The alliance for climate education. *Climatic Change, 127*(3-4), 419-434.doi:10.100710584-014-1274-1

Holbrook, J., & Rannikmae, M. (Eds.). (1997). Supplementary teaching materials promoting scientific and technological literacy. Tartu, Estonia: ICASE (International Council of Associations for Science Education).

Hurd, P. D. (1958). Science literacy: Its meaning for American schools. *Educational Leadership, 16*(1), 13-16.

Jensen, B. B., & Schnack, K. (1997). The action competence approach in environmental education. *Environmental Education Research, 3*(2), 163-178.doi:10.1080/1350462970030205

Kollmuss, A., & Agyeman, J. (2002). Mind the gap: Why do people act environmentally and what are the barriers to pro-environmental behaviour? *Environmental Education Research, 8*(3), 239-260. doi:10.1080/13504620220145401

Laugksch, R. C. (2000). Scientific literacy: A conceptual overview. *Science Education, 84*(1), 71-94. doi:10.1002/(SICI)1098-237X(200001)84: 1<71:: AIDSCE6>3.0.CO;2-C

Lawson, D. F., Stevenson, K. T., Peterson, M. N., Carrier, S. J., Seekamp, E., & Strnad, R. (2019). Evaluating climate change behaviors and concern in the family context. *Environmental Education Research, 25*(5), 1-13. doi:10.1080/13504622.2018.1564248

Leiserowitz, A., Maibach, E., Roser-Renouf, C., Rosenthal, S., & Cutler, M. (2017). *Climate change in the American mind: May 2017. Yale University and George Mason University*. Yale Program on Climate Change Communication.

Leiserowitz, A., & Smith, N. (2011). *Knowledge of climate change among visitors to Science & Technology Museums*. Retrieved from Yale Program on Climate Change Communication website: https://environment.yale.edu/climate/fles/MuseumReport.pdf

Lombardi, D., Sinatra, G. M., & Nussbaum, E. M. (2013). Plausibility reappraisals and shifts in middle school students' climate change conceptions. *Learning and Instruction*, 27, 50-62. doi:10.1016/j.learninstruc.2013.03.001

Mead, E., Roser-Renouf, C., Flora, J. A., Maibach, E. W., Leiserowitz, A., & Rimal, R. N. (2012). Information seeking about global climate change among adolescents: The role of risk perceptions, efficacy beliefs and parental influences. *Atlantic Journal of Communication*, 20(1), 31-52. doi:10.1080/15456870.2012.637027 PMID: 22866024

Mogensen, F., & Schnack, K. (2010). The action competence approach and the 'new' discourses of education for sustainable development, competence and quality criteria. *Environmental Education Research*, 16(1), 59-74. doi:10.1080/13504620903504032

National Science Education Standards. (1996). *National Academy of Sciences*. National Academy Press.

OECD. (2003). *The PISA 2003 assessment framework*. Retrieved November 2008 from: http://www.pisa.oecd.org/dataoecd/46/14/33694881.pdf

OECD. (2006). *Assessing scientific, reading and mathematical literacy: A framework for PISA 2006, PISA*. OECD Publishing. doi:10.1787/9789264026407-

OECD. (2007). PISA 2006: Science competencies for tomorrow's world:Volume 1: Analysis, PISA. OECD Publishing. doi:10.1787/9789264040014-en

OECD. (2009). *PISA 2006 technical report, PISA*. OECD Publishing. doi:10.1787/9789264048096-

OECD. (2012). What kinds of careers do boys and girls expect for themselves? In *PISA in focus, No 14*. OECD Publishing. doi:10.1787/5k9d417g2933-

OECD. (2017). *PISA 2015 assessment and analytical framework: Science, reading, mathematics, financial literacy and collaborative problem solving* (Rev. ed.). Program for International Student Assessment, Organisation for Economic Co-operation and Development. doi:10.1787/9789264281820-

Österlind, K. (2005). Concept formation in environmental education: 14-year olds' work on the intensified greenhouse effect and the depletion of the ozone layer. *International Journal of Science Education*, 27, 891-908.doi:10.1080/09500690500038264

Ozdem, Y., Dal, B., Öztürk, N., Sömez, D., & Alper, U. (2014). What is that thing called climate change? An investigation into the understanding of climate change by seventh-grade students. *International Research in Geographical and Environmental Education*, 23(4), 294-313. doi:10.1080/10382046.2014.946323

Papadimitriou, V. (2004). Prospective primary teachers' understanding of climate change, greenhouse effect, and ozone layer depletion. *Journal of Science Education and Technology*, 13, 299-307.:

JOST.0000031268.72848.6d doi:10.1023/B

Plutzer, E., McCaffrey, M., Hannah, A. L., Rosenau, J., Berbeco, M., & Reid, A. H. (2016). Climate confusion among U S teachers. *Science, 351*(6274), 664-665.doi:10.1126cience.aab3907 PMID: 26912845

Reinfried, S., Aeschbacher, U., & Rottermann, B. (2012). Improving students' conceptual understanding of the greenhouse effect using theory-based learning materials that promote deep learning. *International Research in Geographical and Environmental Education, 21*(2), 155-178. doi:10.1080/10382046.2012.672685

Roberts, D. A. (2007). Scientific literacy/Science literacy. In S. K. Abell & N. G. Lederman (Eds.), *Handbook of research on science education* (pp.729-780). Lawrence Erlbaum Associates.

Roberts, D. A., & Bybee, R. (2014). Scientific literacy, science literacy, and science education. In N. G. Lederman & S. K. Abell (Eds.), *Handbook of research on science education* (Vol. 2, pp.545-558). Routledge.

Shepardson, D. P., Choi, S., Niyogi, D., & Charusombat, U. (2011). Seventh grade students' mental models of the greenhouse effect. *Environmental Education Research, 17*, 1-17. doi:10.1080/13504620903564549

Skamp, K., Boyes, E., & Stanisstreet, M. (2004). Students' ideas about air quality. *Research in Science Education, 34*(3), 313-342. doi:10.1023/B: RISE.0000044643.24770.5c

Stevenson, K. T., Peterson, M. N., & Bondell, H. D. (2016). The influence of personal beliefs, friends, and family in building climate change concern among adolescents. *Environmental Education Research, 4622*, 1-14. doi:10.1080/13504622.2016.1177712

Stevenson, K. T., Peterson, M. N., Carrier, S. J., Strnad, R. L., Bondell, H. D., Kirby-Hathaway, T., & Moore, S. E. (2014). Role of significant life experiences in building environmental knowledge and behavior among middle school students. *The Journal of Environmental Education, 45*(3), 163-177. doi:10.1080/00958964.2014.901935

UNEP. (2012). *21 issues for the 21st century: Result of the UNEP foresight process on emerging environmental issues*. United Nations Environment Programme (UNEP). www.unep.org/pdf/Foresight_Report-21_Issues_for_the_21st_Century.pdf

USGCRP. (2017). Climate science special report: Fourth national climate assessment, Volume I. U S Global Change Research Program. doi:10.7930/J0J964J6

Vesterinen, V.-M., Tolppanen, S., & Aksela, M. (2016). Towards citizenship science education: What students do to make the world a better place? *International Journal of Science Education, 38*(1), 30-50. doi:10.1080/09500693.2015.1125035

Vreede, C. D., Warner, A., & Pitter, R. (2017). Facilitating youth to take sustainability actions: The potential of peer education. *The Journal of Environmental Education, 45*(1), 37-46. doi:10.1080/00958964.2013.805710

Wilkerson, S. (2008). Application of the paired t-test. *Xavier University of Louisiana's Undergraduate Research Journal, 5*(1).

Wilson, K. M. (2000). Drought, debate, and uncertainty: Measuring reporters' knowledge and ignorance about climate change. *Public Understanding of Science (Bristol, England), 9*(1), 1-13. doi:10.1088/0963-6625/9/1/301

附　录

教学日 1　气候变化概论

1. 气候变化 KWL（学生完成的部分。L 部分将在单元结束时完成）。

K （我所知道的）	W （我想知道的）	L （我所学到的）
关于气候变化，你知道什么？	关于气候变化，你想知道什么？	

2. CBSN 关于 2018 年 11 月 24 日发布的美国气候评估。

https://www.youtube.com/watch?v=xiU6y12kZ80

你观察到什么？	你有什么思考？	你想探究什么？

3. 温室气体相关事实。探索下面的网站，然后制作一份关于温室气体的资料清单。

https://www.epa.gov/ghgemissions/overview-greenhouse-gases

- 什么是温室气体？
- 温室有哪四种类型？
- 温室气体是如何产生的？
- 大气中有多少这些气体？
- 它们在大气中滞留多久？
- 它们对大气的影响有多大？

家庭作业

- 气候变化可能对马萨诸塞州产生什么影响？
- 你参与的哪些活动可能会导致气候变化？
- 如果可能的话，你会采取什么行动来减缓气候变化？
- 提出一到两个你想了解的关于气候变化的问题。

教学日 2　马萨诸塞州的温室气体排放

- 访问下面的网站并确定美国温室气体排放的来源。

https://www.epa.gov/ghgemissions/sources-greenhouse-gas-emissions

- 温室气体的两大来源是什么？为什么？

活动：

两人一组,收集有关你所在社区或马萨诸塞州邻近社区的发电厂和废物处理设施温室气体(二氧化碳)的排放数据。

·登录下面的网站,然后单击 2017 年数据电子表格摘要。下载电子表单并完成任务表。你将在"直接排放者"栏下收集温室气体浓度数据。

https://www.epa.gov/ghgreporting/ghg-reporting-program-data-sets

·完成表单填写后,描述数据呈现出的模式、形成问题,并提出假设探究可以采取哪些措施改变设施的二氧化碳排放。

1—8 组

https://www.epa.gov/ghgreporting/ghg-reporting-program-data-sets

马萨诸塞州伯克郡发电厂温室气体排放量 (单位:吨)

2010 年			2011 年			2012 年			2013 年		
二氧化碳	一氧化二氮	氟化气体	二氧化碳	一氧化二氮	氟化气体	二氧化碳	一氧化二氮	氟化气体	二氧化碳	一氧化二氮	氟化气体

2014 年			2015 年			2016 年			2017 年		
二氧化碳	一氧化二氮	氟化气体	二氧化碳	一氧化二氮	氟化气体	二氧化碳	一氧化二氮	氟化气体	二氧化碳	一氧化二氮	氟化气体

①关于 2010—2017 年间所调查设施的温室气体排放量,数据告诉你什么?

②你认为观察到的数据发生变化的原因是什么?

③根据数据,你想问所调查设施的管理人员什么问题?

④个人可以采取什么行动(如果有的话)来减少所调查设施的温室气体排放量?

⑤如果有的话,社会可以采取什么行动来减少所调查设施排放的温室气体?

教学日 3 计算碳足迹

学生将访问下面的网站来计算他们的碳足迹。学生将使用教学日 2 的作业答案帮助完成碳足迹调查问卷。

https://www3.epa.gov/carbon-footprint-calculator/

①关于你的碳足迹,你了解到什么?

②你的碳足迹与全国平均水平相比如何?

③如果有的话,你可以采取什么行动来减少你的碳足迹?

④如果有的话,你的行动对全球气候变化有什么影响?

⑤根据你从这个过程中学到的东西，你有什么问题？

⑥你的行为会如何影响电力公司？

⑦你的行动如何减少送往废物处理设施的垃圾量？这将对全球气候变化产生什么影响（如果有的话）？

⑧你的行动对全球气候变化可能产生的总体影响是什么？

⑨如果我们都参与减少碳足迹，这将对全球气候变化产生什么总体影响？为什么？

⑩如果有的话，应该采取什么行动来减少全球气候变化？

教学日 4 PBS 新闻时间

学生将在下面的链接中观看视频。

https://www.youtube.com/watch?v=YRe1ymYR45k

1. 看完视频后，学生回应下述问题。

①你听到了什么？

②你怎么看？

③你想知道什么？

活动

2. 两人一组，通读指定调查地区的信息，然后进行以下任务。

https://www.cnn.com/2018/11/27/health/climate-change-impact-by-region/index.html

3. 你负责地区的情况：

①总结气候变化将如何影响你所在国家/地区的指定调查地区。

②根据你的总结说明你可能有哪些担忧。

③应该采取什么行动（如果有的话）来降低你总结中描述的风险？

④确定谁（如果有的话）负责执行以上行动。

指定调查地区

东北部

东南部

中西部

加利福尼亚州和西南部

西北部

加勒比地区

阿拉斯加州

夏威夷和太平洋岛屿

教学日 5

姓名：_____ 组别：_____ 日期：_____

第四次美国气候评估总结调查结果

1. 学生以小组形式工作。

2. 登录以下网站查看第四次美国气候评估总结调查结果：https://nca2018.globalchange.gov/

3. 各小组完成指定信息收集填写。

第 1 组

	当地社区	经济	相互关联影响
主要观点			
细节			

第 2 组

	降低风险的行动	水资源	健康
主要观点			
细节			

第 3 组

	当地居民	生态系统和生态系统服务	农业与食品
主要观点			
细节			

第 4 组

	基础设施	海洋和沿海地区	旅游和娱乐业
主要观点			
细节			

4. 使用从确定气候变化风险中产生的主要想法和相关细节，给在教学日 2 调研的电力公司或废弃品处理企业的 CEO 写一封信。

5. 你给 CEO 的信必须解释你在本单元所做的研究。然后，邀请首席执行官或其代表参加圆桌会议，讨论个人、社区、社会可以做些什么来应对气候变化。

6. 写信之前，使用下表来帮助组织你的想法。这将帮助写出更加有理有据、有说服力的信件。利用下表组织想法。

议题：联合国政府间气候变化专门委员会（IPCC）最新报告指出，全球变暖水平比工业化前高出 1.5℃。虽然小组报告指出，人类活动是导致大气温度上升的主要原因，但美国联邦政府的许多政策制定者认为全球变暖是一个骗局。根据你所学到的关于气候变化的知识，你是否相信人类活动对气候变化有影响？你的任务是在下表中概述你对这个议题的想法。

支持		反对	
支持议题的理由	为每个理由至少列出两个事实（证据）	反对议题的理由	为每个理由至少列出两个事实（证据）
理由 1	事实	理由 1	事实
	事实		事实
理由 2	事实	理由 2	事实
	事实		事实
理由 3	事实	理由 3	事实
	事实		事实

教学日 6

汇总：论说文写作

使用你收集的 IPCC 报告所有相关证据，写信给你在教学日 2 所调研的发电厂或废物处理设施的 CEO。信件须解释你参与的研究、从研究中学到的知识，邀请对方参加圆桌会议，讨论个人、社区、社会可以做些什么来减少碳足迹。使用下面的模板来组织想法。写信时请记得参考你在教学日 5 整理的原因和事实。

说服信写作评价量规

说明	满分	实际得分
标题明确表明立场	2	
开头引人入胜	2	
包括至少 3 个支持性理由	6	
为每个理由提供证据	6	
为你所有的主张提供至少 2 个来源	2	
结论提出 1 个行动呼吁	2	
总计	20	

第五章 融合创造性戏剧与计算机支持的协作学习的社会科学论证教学

阿伊谢居尔·奥古兹·纳姆达尔（Aysegul Oguz Namdar）
土耳其埃尔多安大学
巴哈德尔·纳姆达尔（Bahadir Namdar）
土耳其爱琴海大学

摘要：科学论证受到了科学教育界的极大关注。为了在科学课堂上实施这一重要的教学方法和科学实践，课程改革建议纳入 SSI。研究表明，学生很难组织有关复杂 SSI 的信息；学生还倾向于忽视反驳，只使用支持自己观点的证据。因此，应采取替代性教学策略来克服这一障碍。本章主张在社会科学论证的背景下，将创造性戏剧和计算机支持的协作学习结合起来；最后，本章提出了相关教学策略以引导学生成功进行 SSI 决策。

引　言

科学论证，即通过证据证明主张的过程，受到了前所未有的关注——不仅在国家层面，在国际科学教育界也是如此（Ministry of National Education 2018；NRC 2012）。作为科学的核心实践之一，科学论证在近期研究中得到了强调，因为它可以扩展学生的内容知识，提高对科学本质的理解，并改善学习自主性（Dawson & Venville 2010；Eşkin & Ogan-Bekiroğlu 2009；Uluçınar-Sağır & Kılıç 2013；Zohar & Nemet 2002）。

为了培养具有科学素养的公民，科学论证已被广泛纳入科学教育中。具有科学素养的公民应当参与当代现实生活议题、进行循证决策（Hofstein, Eilks & Bybee 2011）。SSI 因其常常涉及科学、社会因素而得名，通常指社会在科学的发展过程中所面临的选择困境（Sadler 2004）。在 SSI 课程中，作业结构较为松散，但所涉及的问题往往直接或间接地影响着学生的生活。因此，让学生参与有关这些问题的循证讨论和决策是培养公民科学素养的重要途径（Lin & Mintzes 2010）。

在 SSI 决策中，学生会参与到非形式推理过程中，对这些复杂议题的利与弊进行决策（Means & Voss 1996）。不同于形式推理——其前提是给定的，且通常以数学、逻辑结合现有数据解决问题——在非形式推理中，随着新证据的出现，论证会发生变化。SSI 论证涉及口头或书面形式的非形式推理，这些材料可以用于评价学生的非形式推理技能（Topçu et al 2011）。此外，研究人员指出，论证使学生意识到 SSI 的复杂性（Chang Rundgren & Rundgren 2010），并帮助他们培养非形式推理能力和高阶思维能力（Lindahl，Folkesson & Zeidler 2019）。这是因为，在社会科学论证中，学生参与了诸如评估证据、评价其他观点、应对对立主张（NRC 2012）等各类话语实践。

在本研究中，我们发现学生在参与社会科学论证时面临着两大挑战。第一，科学教育研究表明，学生难以掌握平衡推理（balanced reasoning），往往会以偏误方式进行推理，即忽视反面证据，只使用能够支持自己观点的证据（Sampson，Enderle，Grooms & Witte 2013）。研究还表明，学生倾向于搜寻能够证实其最初主张的数据，而不去全面考量各类信息来源。他们很少意识到，纳入多元视角与反驳可以增加其论点的说服力（Nussbaum & Kardash 2005）。

第二，新通信技术使得人们可以从网络获得有关复杂议题的海量信息，这些信息通过多种数据源传播，并以多种形式呈现。学生需"批判性地审视、理解数据及论证，从而明确其优劣"（NRC 2012）。然而，研究表明，在进行社会科学论证时，学生在明辨并组织使用不同来源渠道、多种形式的信息方面显得很吃力（Namdar 2015）。

因此，本章提出应创造混合式学习的机会，为学生提供空间进行两大学习实践：①以多种模态和格式组织知识；②探索反驳，这可以通过介绍议题的多元面向、鼓励深度理解来提高学生社会科学论证的质量（Nussbaum & Schraw 2007）。我们主张，以创造性戏剧与计算机支持的协作学习（CSCL）相结合的方式，可以克服上述两大挑战。

背　　景

社会科学论证

论证是得到辩护或理由支持的论断（Zohar & Nemet 2002）。图尔明（Toulmin 1958）认为论证包括以下组成部分：主张（claim）、论据（data）、保证（warrant）、支撑（backing）、反驳（rebuttal）、限定（qualifier）。主张是一个结论，或对一个问题的答案；论据是支持该主张的事实和信息；保证是将论据与主张联系起来的陈述；支撑则是对保证的证明或解释；反驳是指与相关反面主张相矛盾的论点；最后，限定是解释主张有效成立之条件的陈述。论证就是将主张和论据联系起来从而形成论点的辩护过程（Jiménez-Aleixandre & Erduran 2008）。与 SSI 相关的论证（社会科学论证）即针对开放性、非结构化问题的讨论过程（Sadler & Donnelly 2006）。

研究表明，社会科学论证能力与非形式推理能力息息相关（Topçu et al 2011）。以多元视角就 SSI 进行推理，是高水平论证能力的指标；从不同视角出发，可以让学习者从差异化的角度构建反面主张。一些研究通过检视论证中使用的推理方式或模式的数量来评价非形式推理的质量。例如，塔尔和凯德米（Tal & Kedmi 2006）研究了学生针对某地方性 SSI 的论证所涉及议题不同面向的数量，据此评价其论证质量。吴颖泗与蔡今中（Wu & Tsai 2007）使用质性和量化推理指标，对高中生围绕核能的非形式推理展开研究。他们识别了每个论证构件所包含的推理方式、理由的数量，对论证质量进行了评价。同样，在一项针对大学生的研究中，托普丘等（Topçu et al 2011）从主张、理由、反对立场、反驳等方面探究了职前科学教师对基因治疗、克隆人、全球变暖的非形式推理。

创造性戏剧在社会科学论证中的作用

多元视角无处不在，将其运用于社会科学论证已被证明具有重要意义。然而，研究表明，在进行社会科学论证时，各年龄段学生均缺乏从多元视角展开推理所要求的关键论证技能。在对土耳其职前科学教师的研究中，厄兹特尔克和耶尔马兹-蒂津（Öztürk & Yılmaz-Tüzün 2017）发现，参与者在论证核能议题时并不能运用多元视角。同样，阿塔索伊（Atasoy 2018）也发现，在职教师只从单一视角对水力发电站争议展开推理。为解决这一问题，我们提出在社会科学论证教学中融入创造性戏剧。

科学教育越来越重视戏剧，因为它能促进学生主动投入学习，提高自我驱动力，让学生感受到自主性（Odegaard 2003）。多里昂（Dorion 2009）指出相关研究领域对科学教育戏剧活动的描述相当不完整，这导致了定义上的模糊与争论；对此，他提出了更全面的"戏剧"定义。根据多里昂所述，"戏剧可以被看作是三个特征的组合：在想象情境中、人的维度上实现的角色扮演"（Dorion 2009, p.2249）。

将戏剧融入科学教育主要基于以下理由。首先，通过移情让学生参与道德和伦理推理过程，可提高学生对自身道德观的元认知意识（Dorion 2009）。欧德加尔德（Odegaard 2003）对科学教育戏剧活动进行了广泛的文献综述，提出可以运用戏剧来凸显科学与社会之间的联系。也就是说，戏剧可以驱动学生探索复杂情境，形成共情，折射不同利益诉求和道德困境。此外，已有研究表明，戏剧提供了呈现科学辩论（Braund 2015）、以学生为中心的话语实践（Somers 1994）的场域，可以增进学生的科学知识、培养他们的论证技能。

在科学教育文献中，戏剧活动通常指角色扮演（Dorion 2009），即一种通过模仿来代入、成为另一人格的戏剧技巧（Adıgüzel 2015），它适用于道德伦理议题教学，并能促使学生探索自身在社会环境中的位置（McSharry & Jones 2000），经常运用于社会科学决策情境中。通过角色扮演，学生可以在日常生活中难以甚至无法出现的情境中，与相关当事人建立共情；学生能够自由地表达自我，提高沟通和决策能力（McNaughton 2004）。研究者以多种方式将角色扮演融入科学课堂，如划分小组进行角色卡阅读，让学生参与决策话语实践而无须展开"扮演"（Agell, Soria & Carrio 2015）；结合不同利益相关者的角色扮演与课堂辩论（Simonneaux 2001）；在科学史与历史共情的基础上，以法庭审判的形式展开有关"演化"（evolution）概念的内容教学（Duveen & Solomon 1994）。阿奇拉（Archila 2017）的研究提出了一个融合论证和戏剧的教学策略，通过五个步骤（表 5.1）展开科学伦理主题教学。

表 5.1　阿奇拉的教学策略

教学环节	说明
①初步论证	在课堂辩论前，鼓励学生针对给定问题构建初步论点。
②辩论前论证	向学生介绍议题背景情况，让学生通过戏剧表演重现相关场景。学生基于场景中不同的人物角色，反思自己的初步论点。同时，发放问卷促使学生思考不同人物提出的论点以及他们自己的观点。
③小组辩论	学生以 4 人小组的形式对戏剧表演中的相关立场进行决策，思考审视相关任务的论证，在组内达成共识。
④全班大讨论	各小组介绍说明对议题的决议，教师推动课堂讨论。
⑤最终论证	学生在前序活动的基础上构建自己的最终论证。

可以看到，文献中各类研究都要求学生凭借简单阅读角色（信息）卡和在部分情况下提供的相关数据来代入各自的角色。欧德加尔德（Odegaard 2003）认为，大多数教学设计所融入的是即兴角色扮演，而非有脚本的剧目。此外，这些研究并没有让学生充分投入所扮演的角色中，也没有为剧本中的角色演绎提供适当的时间和环境。然而，戏剧和论证之间的关系仍有待发展成为一个成熟的研究和教

学领域;二者相结合的教学策略是否行之有效,目前鲜有相关经验证据。

保罗与埃尔德(Paul & Elder 2009)认为,创造力和伦理推理之间存在关联:

> 我们生活的世界是一个相互依存的世界,是一个影响着许多他者与知觉生物之生命与生活的世界。随着世界变得越来越复杂,人类愈发相互依赖,我们的伦理推理能力也变得愈发重要。而我们进行伦理推理的能力直接取决于批判性和创造性技能。例如,伦理推理需要批判性地思考(即掌握)我们原生的自我中心与社会中心倾向;取决于我们能否找到创造性方法来处理这些具有潜在破坏性的倾向。(p.123)

因此,本研究提出运用创造性戏剧而不仅仅是角色扮演,为学生提供空间,帮助他们找到"创造性方法"来对相关议题进行决策。

创造性戏剧可以理解为,团队共同再现/重演先前经历或新异观察,从而对特定事件、抽象概念或行为进行意义创造。创造性戏剧涉及个体自身的创意、记忆、经验。通过创造性过程和即兴发挥,个人得以探索各自的生活经验与情感态度(San 1990)。

基于创造性戏剧方法的教学设计包括以下三个阶段(Adıgüzel 2006)。

①准备/热身阶段。目的在于营造团体动力(group dynamics),帮助学生为后续阶段做好准备。在本阶段,剧目主导者(教师)要确保学生专注于表演任务,让学生活动身体做好表演准备。同时,建立和谐友好、相互信任的关系氛围,促使参与者在后续阶段中共同协作。

②模仿阶段:即兴表演和角色扮演是本阶段运用的两种重要戏剧技巧。在即兴表演中,由于戏剧过程没有严格规定,因此可以发挥创造性。即兴表演既可以单人进行,也可以团队集体进行。角色扮演是个人代入相应定位及其功能从而进入某一身份或他者角色的活动。

③评价/讨论阶段:在这个阶段,参与者探讨各自感受和对戏过程的思考,以口头、书面形式结合戏剧技巧对戏剧经验整体进行评估。

CSCL 对社会科学论证知识组织的作用

社会科学论证的另一难点是在论证过程中对多重表征的运用。表征是科学话语的基础性工具,它将实体或过程可视化、概念化为另一种形式和/或模式。科学家通常使用不止一个表征来设计实验、解释发现、传达主张,并通过表征来组织知识、证明其主张与解释(Lemke 1998)。因此,科学可以被定义为一种多模态话语(multimodal discourse)形式。

在 K-12 科学教育中,教师广泛而频繁地运用多重表征(Ainsworth 2008)。在论证过程中，多重表征应用于界定主张、支撑主张、评估观点（Hand & Choi 2010；Pallant & Lee 2015）。学生亦能够开发、展现自己的表征（DiSessa 2004）。然而，他们很难将这些表征准确地组织成整体，用以支撑、反驳主张，最终形成针对复杂 SSI 的决策。

CSCL 环境为学生提供了有意义地组织、分享多模态表征的情境和机会。在这些环境中，学生共同构建主体间知识，将知识呈现给其他同学（Stahl et al 2014）。在这个过程中，学生可以独立思考或合作探究，构建关于复杂 SSI 的论点（Namdar & Shen 2018）。CSCL 向学生揭示关于复杂议题的其他思考与视角，促使他们考量他者的推理，而难点转变为如何驾驭多重表征从而进行知情决策。

本章在 SSI 在线论证模式（SSI-online-argumentation pattern，SOAP）（Tsai 2018）改良版的基础上，对教师如何让学生参与社会科学论证进行探讨。SOAP 策略让学生投入争议性困境，使他们有机会表达自己的想法、探索不同于其他同学的思考。针对这一教学策略的在线部分，蔡（Tsai）讨论了线上学习社区在时间和空间、双向交流、学习和收集数据方面的好处。

SOAP 策略还主张让学生参与循证推理和观点辩护。学生进行社会科学论证时，会接触到以多种方式呈现的大量信息。文献指出，他们应当能够组织自己的知识从而参与决策过程，体现为可靠而正确的论证。知识组织指选择、创建、聚类、标记、共享、归档为外部表征（即在 CSCL 环境中呈现）从而实现知识外部化（Namdar & Shen 2018）。本研究在已有的 SOAP 策略中增加知识组织的步骤，形成 SOKAP 策略，即 SSI 在线学习知识组织与论证模式（SSI online learning knowledge organization and argumentation pattern）。值得注意的是，该策略并不要求教学过程遵循一个线性序列——知识组织可以在在线知识共享、论证环节之后进行（图 5.1）。

图 5.1 SOKAP 策略

我们将社会科学论证理解为一个构建论点并形成知情观点（informed opinion）的合作过程。小组讨论与全体讨论是论证式课堂互动不可或缺的工具（Archila 2017）。研究表明，戏剧可以用来吸引学生参与论证（Archila 2017），因此，我们试图将戏剧和论证结合起来，呼应那些认为二者都可以提高学生参与争议性 SSI 决策之积极性的观点。

提　　案

融合戏剧与 SOKAP 的翻转课堂策略

混合式学习指的是正式教育课程中，课堂教学一部分在线上、一部分在线下面对面展开。混合式学习让学生能够自我掌控学习速度、学习渠道、学习时间（Staker & Horn 2012），结合了线下面对面学习与线上学习的优势。信息与通信技术提高了学生学习的积极性、灵活性，促进反思和内容知识学习过程。翻转课堂是混合式学习的模式之一，其基本理念是教师应该成为引导者而非知识的唯一来源（King 1993）。该模式主张内容教学可在家中进行，而课堂时间则用于学生练习、展开、反思内容知识。传统教学中，高校大部分课堂时间都用于内容知识的学习，提供给学习者展开推理的时间和空间都十分有限（Du, Fu & Wang 2014）；而课外时间则花费在其他学习策略上，如各类研究或实践项目、情境化问题解决任务、家庭作业等（Teo et al 2014）。翻转课堂的情况正好相反，学生主要通过视频和教师预先准备的线上课程资料与任务来进行主题内容的学习；而在线下课堂上，学生则积极参与各自的学习过程（Lasry, Dugdale & Charles 2014）。翻转课堂提供了更灵活的学习空间，学生能够决定何时、何地、以何种频率学习课程内容，他们在学习过程中的自我责任感被调动起来。课堂时间则用于各类探究过程和实验活动。

针对前文所述的学生发展社会科学论证能力的难点，我们提出基于翻转课堂策略，将创造性戏剧和 CSCL 进行融合。我们认为，这种模式在以下三个方面具有创新性。

首先，在翻转课堂的线上部分设计一个 CSCL 环境，让学生以表征来组织知识。CSCL 环境包括评论、分享、讨论平台，可以支持集体层面的知识构建过程（Cress & Kimmerle 2008）。换言之，CSCL 可以为学生提供平等机会来探索知识，增进有关特定 SSI 的知识与理解。

其次，正如我们之前所讨论的，角色扮演活动虽然很重要，但并不足以支撑"角色代入"。在创造性戏剧中，角色扮演是模仿阶段的一部分。然而，现有社会科学论证文献提出的教学措施在戏剧各阶段缺乏适当的连贯性。我们提出的这种融合模式，引入了准备环节，帮助学生从身体上、认知上进入戏剧活动，营造团体动力，提供空间让学生做好身心准备。

最后，文献还表明，学生往往不了解讨论需遵循的规则（Sampson，Enderle & Grooms 2013）；教师也发现，某个学生对讨论的支配是小组讨论活动的一大障碍（Namdar & Shen 2018）。创造性戏剧则能够在讨论中提供平等参与的机会。

融合模式的教学策略包括七个环节，我们建议其中四个环节在线上进行，其余三个环节以线下面对面形式展开。下节将对每个环节分别作定义和概述。图 5.2 展示了翻转课堂下的 SOKAP 策略。

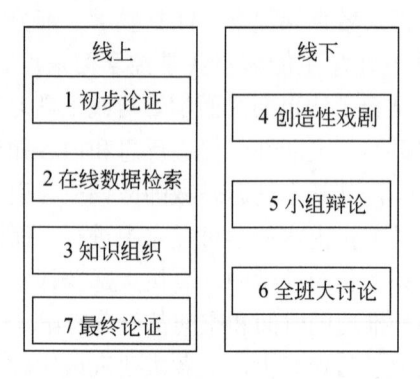

线上
1 初步论证
2 在线数据检索
3 知识组织
7 最终论证

线下
4 创造性戏剧
5 小组辩论
6 全班大讨论

图 5.2　翻转课堂 SOKAP 策略

教学设计

环节一：初步论证

这一步的目的是激发学生对议题的兴趣。教师制作阅读或视频材料，介绍相关议题的两个不同方面，通过 CSCL 环境发布分享。在引起学生的好奇心后，要求他们在 CSCL 环境中，利用同步或异步讨论板写下各自的初步论证。本环节对于后续评价学生推理是很重要的。书面形式的论证让教师得以了解学生对相关议题的推理和价值判断（Jiménez-Aleixandre & Erduran 2008）。崔等（Choi et al 2011）指出，21 世纪的公民需能够运用三种价值观即生态世界观、社会道德同情心、社会科学担当来对 SSI 进行推理。通过要求学生对论证进行书面表达，教师可以看到哪些价值观得到了呈现、哪些被遗漏，从而针对遗漏价值观，运用明确的角色卡、信息卡等支架工具进行重点讨论。

环节二：在线数据检索

在收集了学生对 SSI 的初步论点后，教学转向促进学习者主动参与证据检索（Sadler 2011）。可以利用互联网收集、检索数据，访问各类本地或全球资源。在环节二，教师应引导学生对 SSI 的不同方面进行搜索。这可能有助于提高学生非形式推理的质量；文献指出，学生在论证复杂 SSI 时往往只考虑其单一面向。

学生从不同渠道收集信息，如同伴（Garcia-Mila & Andersen 2007）以及报纸、书籍、电视、网络等媒介（Maloneey 2007；Osborne, Erduran & Simon 2004）。获取、分析信息的能力是媒介素养的一个重要方面；媒介素养一般指"获取、分析、评估、传播各种形式的信息的能力"（Aufderheide 1993），其重点在于利用媒介所必需的过程性技能。利文斯通（Livingstone 2004）指出，不同技能以非线性方式相互支撑："学习内容创作可以帮助学习者分析他人制作的专业内容；分析与评价技能则启发以新方式使用互联网、拓宽访问渠道，等等。"（p.5）

尽管传统素养定义在 K-12 教育中仍占主导地位，但教师和研究人员已开始对素养之内涵进行扩展，把媒介素养纳入其中。如今，媒介资源前所未有的丰富、易于获取。重要的是，媒介素养不仅与科学素养存在内在联系——科学素养包括能够参与政治、经济、道德、伦理相关科学议题决策过程的能力——也和 SSI 决策密切相关，涉及对矛盾冲突观点的评价、对数据来源可信度的评估（Dani, Wan & Henning 2010；Klosterman, Sadler & Brown 2012）。可见，媒介是二者的核心。因此，我们在评价学生的科学素养和 SSI 决策能力时需考虑到媒介素养；在社会科学决策中尤为如此，这是因为儿童更依赖于最初接收到的第一信息，且他们获取的 SSI 相关信息大部分来源于媒介（Stahl et al 1996）。

环节三：知识组织

网络数据以多种格式呈现，包括表格、音频、视频、图片。由于 SSI 具有内在复杂性、多面性，相关资料往往以多种模态分布于不同平台。因此，学生必须对数据进行有意义的分类，以便进行决策。我们认为，在环节三"知识组织"（Namdar & Shen 2018）中，应当为学生提供一个能够促进其参与知识组织过程的 CSCL 环境。

知识组织过程的第一步是在 CSCL 平台上通过多重外部表征对知识进行外部化。当然，知识不一定完全按照其在个体思维中的样态投射在表征物上。CSCL 帮助学生对信息进行聚类，例如为具有相似内容的表征分配关键词、对图像表征进行注释。这个过程涉及了深度加工，因此让学生能够增进、扩展知识（Matuk & Linn 2012）。

这一个体性过程涉及基于相似性对表征进行聚类、通过 CSCL 环境共享，因此也会产生集体效应。具有相似内容的表征在 CSCL 平台上串联起来，形成"认识人工物"，继而形成共建知识库，其中的知识内容进一步成为共同创造的知识产品，供学习环境中的其他参与者使用。在这个过程中，每个学生都可以从他人的外部表征中学习到更多的知识，并在新信息的基础上创造更多的表征，反过来为知识库做出贡献。出于这个原因，我们主张使用具有共享功能的 CSCL 技术，从而将个体性的努力转变为集体成果。

前期研究结果表明，对于核能等复杂 SSI，学生的知识组织大多依赖文本表征而非视觉表征（Namdar & Shen 2016）。此外，文献亦指出，知识组织是社会科学论证实践中的重要手段，因为学生从组织化的表征中提取信息（Namdar & Shen 2016）。因此，在教学中，外显地教授如何组织知识、如何在社会科学论证中运用知识组织来做出知情决策是非常重要的。

环节四：创造性戏剧

在环节四，学生在课堂环境下，通过戏剧活动对自己在前序环节中形成的观点进行表达。在此，戏剧表演者将作为观众，听取同伴们关于 SSI 的立场。戏剧让学生得以考虑自己对议题的立场，同时兼顾与自己观点相左的反证与其他证据。

本环节包括三个子步骤。首先，在热身阶段，参与者通过游戏和练习为戏剧活动做好身心准备。这一部分尤为重要，它为学生进入模仿阶段做好铺垫，而这在社会科学论证研究中通常是缺失的。从戏剧的角度，学生首先形成团体动力继而进入各自的角色。具体来说，不熟悉创造性戏剧活动的学生应该参与到热身活动中，这样他们就能适应彼此，进一步与小组其他同学建立共情（Akkocaoğlu Çayır & Erdoğan 2017）。

接下来，学生在小组中讨论、回顾线上学习中的发现以及如何对议题相关知识进行组织。最后，模仿阶段包括角色扮演。贝洛瓦等（Belova et al 2015）确定了四种类型的角色扮演：①完全由一组学生主持人主导；②由教师主导；③允许一定互动性和自由论证的角色扮演；④真实的、激烈的辩论（p.165）。其研究结果进一步表明，角色扮演很少引发高质量的论证。因此，要设计对 SSI 持有不同观点立场的多个角色并分配给学生。在角色扮演过程中，教师应当提示引导学生提出与议题相关的论点以及反论点，以形成更高质量的论证。

环节五：小组辩论

环节五、六是创造性戏剧的评价阶段。角色扮演结束后，教师应提示学生记下其他小组的解释和反面主张，以便在小组中进行讨论，最终达成共识。辩论是培养批判性思维能力的重要手段。在本环节中，应该提示学生寻找反面论点并思考如何加以反驳——这就是高质量论证过程。此外，还应该鼓励学生考虑没有模仿到的其他议题相关方面。辩论让学生了解议题的复杂性与科学准则、对不同观点进行辩护或批判、评估议题相关事实（Simonneaux 2001）。特别是，小组辩论让学生在讨论中更为主动（Armstrong & Weber 1991），小组形式令学生有机会探索多种想法、改变自己的立场，对鼓励内向学生积极主动参与也具有重要作用

（Simonneaux 2002）。

环节六：全班大讨论

在环节六，教师发起全班大讨论，让学生再次接触到关于 SSI 的其他立场。许多研究都按照类似教学策略展开，即先进行小组辩论，再进行全班大讨论（如 Namdar & Shen 2016）。在这样的教学安排下，全班大讨论为评价议题复杂性提供契机（Shaw 2012）。在讨论过程中，教师让学生小组展示其论证，这可以通过 Web 2.0 技术实现，如鼓励学生制作信息图或简单海报。教师作为讨论过程中的引导者，应确保讨论涉及 SSI 的不同方面，避免让小组仅仅关注议题的单一方面。

环节七：最终论证

最后，课堂教学结束后，学生须在 CSCL 环境中写下在前序环节形成的个人最终论证。戏剧活动的作用将在本环节显现出来。由于学生接触到了关于 SSI 的多重视角和多元价值观，他们应当能够把推理转化为书面形式的论证。事实上，文献表明，学生的确能够将协作推理转化到写作中（Dong et al 2008；Dong et al 2009）。这一环节可让教师和学生看到论证的进展；教师可以使用一系列论证框架来进行评价（相关文献综述见 Sampson & Clark 2008）。

教学设计示例

下述教学设计展示了如何融合社会科学论证中的两大核心观念：运用戏剧促进多元视角转换以及利用 CSCL 促进多重表征的使用。上述七个环节之三即创造性戏剧、小组辩论、全班大讨论以面对面线下课堂形式进行，其余环节在 CSCL 平台上展开。教学设计参照国际公认的美国 NGSS 构建（NGSS Lead States 2013）（表 5.2）。

表 5.2　NGSS 标准衔接

说明：收集有关人类技术改变生物体遗传特征的信息并进行总结。重点在于从可靠来源综合信息，描述人类通过人工选择（例如遗传修饰、畜牧业和基因治疗）对遗传结果的影响，这些技术对社会的影响以及促成这些科学发现的技术。		
科学与工程实践：获取、评价和交流信息 6—8 年级获取、评价和交流信息建立在 K-5 年级的经验和基础上，发展到评价想法与方法的优点和有效性。 从多个恰当的来源收集、阅读和综合信息，评价各种来源和信息收集方法的可信度、准确度和可能的偏误，描述信息是怎样得到证据的支持或没有得到支持的。	**学科核心概念：自然选择** 在人工选择中，人类通过选择育种影响生物体的某些特征。一个人可以在亲代中选择由基因决定的预期性状，将相关的基因传递给子代。	**跨学科概念：原因与结果** 现象中可能有多个原因，并且系统中的有些因果关系只能用概率来描述。 **与工程、技术以及科学的应用的关联：科学、工程和技术的相互依存** 工程的进步已经带来了几乎所有科学领域的重要发现，科学发现也已经促进了整个工业与工程系统的发展。 **与科学本质的联系：科学解决有关自然界和物质世界的问题** 科学知识能够描述行为的结果，但不能决定社会所采取的决策。

时间安排

环节一：初步论证。线上 15 分钟

环节二：在线数据检索。线上 60 分钟

环节三：知识组织。线上 45 分钟

环节四：创造性戏剧。线下 45+45+45 分钟

环节五：小组辩论。线下 45 分钟

环节六：全班大讨论。线下 20 分钟

环节七：最终论证。线上 15 分钟

材料：联网电脑、角色卡、文具、坐垫

环节一：初步论证

首先，教师在创新知识组织系统（innovative knowledge organization system，iKOS，www.ikos.miami.edu）开放式在线平台上开设账户。这个超文本平台提供四种表征模态：PicTag，学生可以插入图片并进行注释（图 5.3）；Wiki，学生可以创建类似于维基百科页面的文本表征；Concept Map，学生可以创建思维图；Book，学生可以基于前序步骤中制作的表征来创作电子书。

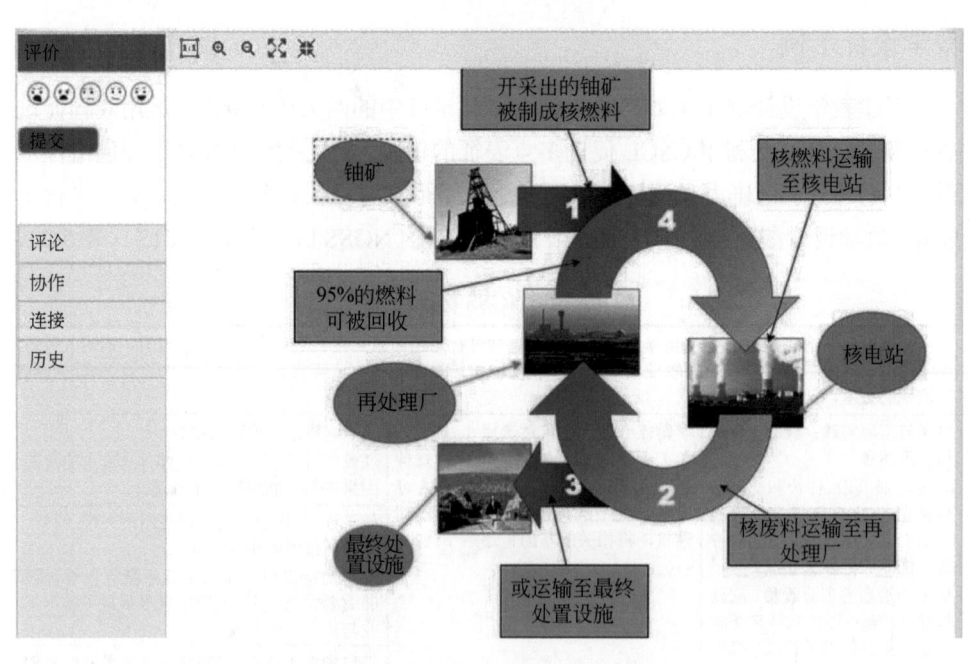

图 5.3　iKOS PicTag 模式示意图

该平台支持创建者指定关键词，联结包含相似关键词的表征从而形成知识网。

学生可以使用知识网或"知识树"探索其他同学创建的表征（图 5.4）。该平台还融合了协作工具，如评论、评级、合作创作等。图 5.4 中，方框代表学生创建的表征，点击一个方框，系统会打开一个对话框，询问是否希望查看另一学生创建的表征。

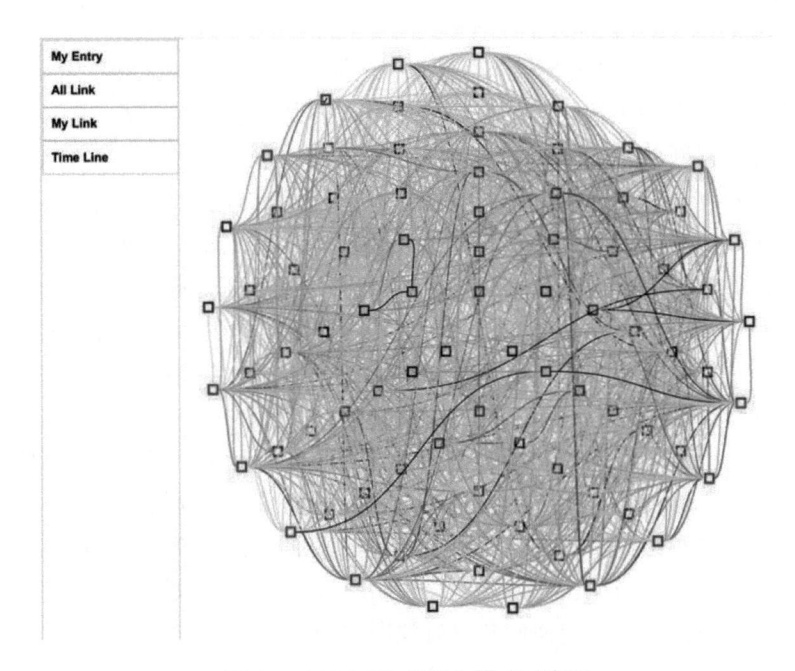

图 5.4　iKOS "知识树"模式示意图

在 iKOS 中，教师创建两个 Wiki 条目，分别介绍遗传修饰生物体（GMO）的好处及问题（亦可提供视频）。接着，通过条目向学生提问："政府应该禁止生产转基因食品吗？"这一步有两种方式可采取。其一，教师只发布一个一般性问题，在不提供任何具体支架的情况下，让学生写下他们的论点和论证。其二，教师提出以下问题，引导学生构建论证（参见 Wu & Tsai 2007）：① 你是否同意禁止生产转基因食品？为什么？②如果你想说服别人同意你，你会提出什么证据来说服他们？③设想有人反对你的观点，他们可能提出什么样的论点？④根据你所设想的反对论点，你将如何为自己的观点辩护？这四个问题分别涉及学生自己对该议题的立场、支持性论证构建、反驳性论证构建、反驳构建。这可以让学生探索议题的多重视角。

环节二：在线数据检索

教师指导学生自由探索互联网，尽可能多地找到与该议题有关的数据和资料。在整个过程中，鼓励学生探究并保存各类数据供以后使用。学生往往会忽略那些与自己对复杂议题观点相矛盾的数据和资料（Sampson，Enderle & Grooms 2013）。因此，在这个步骤中，教师应该提醒学生对支持、反对其观点两方面的数据都进行检索。为了更好地组织在线数据检索过程，防止认知负荷，可以告知学生所需检索的数据来源数量。教师提供了在线工作表，引导学生从以下方面评判所得数据：①数据来源；②目标受众；③科学信息的准确性；④涉及的利益相关者；⑤作者的语言使用；⑥作者相关信息；⑦是否存在信息偏误；⑧参考文献；⑨其他观点；⑩是否提供了最新信息。

环节三：知识组织

在这个环节中，教师鼓励学习者检索不同模态的数据。教师限定学生在平台上创建一定数量的 iKOS 表征——这能保证学生有意识地选择最有说服力的数据，而不被过量的表征所淹没。在知识组织过程中，要求学生为自己的表征条目设定关键词，以便 iKOS 环境将具有相同关键词的表征相互连接；同时限定每个表征类型只创建一个表征。

学生有一节课的时间来完成 iKOS 平台上的表征创建，可以邀请其他人共同协作。接下来，给他们一定时间在平台上研究其他同学创建的表征，并进行评论和评级。通过这种方式，学生会收到关于自己表征的反馈和问题，让他们能够合作地学习议题的不同方面。总的来说，CSCL 环境下的知识组织过程使学生能够了解不同的知识片段，构建他们自己对议题的理解和立场。

环节四：创造性戏剧

这个环节主要包括各类面对面活动。首先，为了让学生在身心上为角色扮演做好准备，在热身阶段，学生要参与两项活动。活动 1 先让学生组成三个圈：全体同学从 1 数到 8，然后划分为 3 个小组；每人拿着自己的坐垫，在地板上坐成圈。教师分发在课前准备好的转基因食品图片拼图，各组完成拼图后，将它们挂在墙上。教师发起讨论，问学生这些图片代表什么。该活动的目的是帮助学生进入主题。

在热身活动 2 中，全体学生在班上围成一个大圈，一个学生站到圆圈中央成为志愿者；用粉笔标记所有学生的站位。学生被随机命名为 DNA、基因编辑、遗传学等。圆圈中央的学生说，例如，"DNA"，所有叫"DNA"的学生交换位置，留在圆圈中央的则成为下一个志愿者。当他说"GMO"，所有学生再次变换位置。教师也应该积极参与此活动，从而为建构团体动力做出贡献。

接着，使用在线工具 classtools（www.classtools.net）将学生随机分成 6 人小组。各组得到简要描述所需扮演的角色卡片，学生从中选择想扮演的角色。由于 SSI 讨论与 GMO 有关，给学生的角色卡包括：①关注 GMO 的父母；②生产 GMO

的工厂主；③联合国粮食及农业组织代表；④生产转基因食品的科学家；⑤有机农场主；⑥住在大城市、养育七个孩子的父母。然后，各小组用一节课的时间来准备各自的戏剧表演，各组的戏剧场景应该清楚展现其关于 GMO 的论点。小组依次完成情景剧后，进行汇报展示。一个小组进行角色扮演时，观众席上的其他小组用表 5.3 所示的表格记下展示小组论证的优缺点、所涉及的议题方面。正如前文"背景"一节所述，学生将受到反面论点的挑战，同时也会形成反驳，这给学生提供了探索其他观点的机会，为高质量论证创造环境。在评价阶段，各小组在绘画、诗歌、标语、歌曲主题学习小站集合。教师分发彩纸和笔，然后，学生按组依次在各小站轮流进行创作/学习，在每个小站上接着前一组未完成的作品继续创作。该活动的目的是对戏剧活动进行评价。当所有小组完成所有小站的轮换后，组织最终作品展示，教师提问学生他们学到了什么、对戏剧的体验、对整个过程的感受。

表 5.3　小组辩论讲义

第__小组关于GMO议题的主张是什么？		
第__小组在角色扮演中提供的最具说服力的论据是什么？		
说服力最弱、无法支持其主张的论据是什么？为什么？		
请圈出所涉及的议题方面：		经济 生态 政治 环境 科学/技术

环节五：小组辩论

在这部分活动中，学生回到原来的小组，讨论他们在环节四中为其他组填写的表格（表 5.3）。在这场辩论中，学生应着重于支撑或反驳其他小组提出的主张。在辩论结束时，学生通过 iKOS 制作一份海报或电子书（视时间而定），运用多重表征，反映他们对 GMO 的论证。教师应确保学生展示汇报论证时关注到议题的多个方面。

环节六：全班大讨论

教师设置展示廊，各小组在墙上展示海报，每组 1—2 名学生负责介绍海报，其他成员则四处走动查看其他海报。最后，教师发起全班大讨论，以检查学生的展示是否涵盖了议题的所有方面。讨论结束时，教师指出这些议题具有争议性，强调相关决策可能会因为一些要素的改变而变化，如健康研究新进展、技术进步等。

环节七：最终论证

教师要求学生在 iKOS 平台上进行个人最终论证写作。为了解论证进展，可以使用社会科学论证评价框架，例如，塔尔和凯德米（Tal & Kedmi 2006）提出的社会科学论证分析评价量规。该框架从辩护理由数量、科学知识使用情况、论证涉及方面的数量、反面论点与反驳等几大方面的综合情况来评价社会科学论证质量。因此，教师可以通过比较学生在 iKOS 平台上发布的初步论证和最终论证来了解其社会科学论证能力的进展情况。

总　　结

在本章中，我们提出了一个社会科学论证教学策略，融合了阅读、角色扮演、写作等教学活动。在学生解释和决策过程中融入多重表征是培养科学素养的工具之一（Krajcik & Sutherland 2010）。本章还讨论了我们确定教学策略的理由和方法。首先，我们明确了 SSI 和论证在科学教育中的重要性。其次，我们关注到社会科学论证的两大难点，提出创造性戏剧和 CSCL 是解决难点的两个途径。再次，我们介绍了融合以上工具的教学策略。最后，我们介绍了 CSCL 环境 iKOS，提出将教学策略应用于 GMO 的社会科学论证教学课例。

参 考 文 献

Adıgüzel, A. (2015). *Eğitimde yaratıcı drama* [Creative drama in education]. Pegem Akademi.

Adıgüzel, H. Ö. (2006). Yaratıcı drama kavramı, bileşenleri ve aşamaları [The concept, components and stages of creative drama]. *Yaratıcı Drama Dergisi, 1*(1), 17-27.

Agell, L., Soria, V., & Carrio, M. (2015). Using role play to debate animal testing. *Journal of Biological Education, 49*(3), 309-321. doi: 10. 1080/00219266. 2014. 943788

Ainsworth, S. (2008). The educational value of multiple-representations when learning complex scientific concepts. In J. K. Gilbert, M. Reiner, & M. Nakhleh (Eds.), *Visualization: Theory and practice in science education* (pp. 191-208). Springer. doi: 10. 1007/978-1-4020-5267-5_9

Akkocaoğlu Çayır, N., & Erdoğan, T. (2017). Dramada planlama [Planning in drama]. In T. Erdoğan (Ed.), *Okul öncesinden ilköğretime kuramdan uygulamaya drama* [Drama from preschool to elementary, theory to practice]. Eğiten Kitap.

Archila, P. (2017). Using drama to promote argumentation in science education. *Science & Education, 26*(3-4), 345-375. doi: 10. 100711191-017-9901-7

Armstrong, K., & Weber, K. (1991). Genetic engineering: A lesson on bioethics for the classroom. *The American Biology Teacher*, *53*(5), 294-297. doi: 10. 2307/4449297 PMID: 11655276

Atasoy, Ş. (2018). Öğretmen adaylarının yaşam alanlarına göre yerel sosyobilimsel konularla ilgili informal muhakemeleri [Student teachers' informal reasoning of local socioscientific issues according to living places]. *Fen Bilimleri Öğretimi Dergisi*, *6*(1), 60-72.

Aufderheide, P. (1993). *Media literacy: A report of the national leadership conference on media literacy*. Aspen Institute.

Belova, N., Feierabend, T., & Eilks, I. (2015). The evaluation of role-playing in the context of teaching climate change. *International Journal of Science and Mathematics Education*, *13*(S1), 165-190. doi: 10. 100710763-013-9477-x

Braund, M. (2015). No drama and learning science: An empty space? *British Educational Research Journal*, *41*(1), 102-121. doi: 10. 1002/berj. 3130

Chang Rundgren, S. N., & Rundgren, C. -J. (2010). SEE-SEP: From a separate to a holistic view of socioscientific issues. *Asia-Pacific Forum on Science Learning and Teaching, 11*(1), Article 2.

Choi, K., Lee, H., Shin, N., Kim, S., & Krajcik, J. (2011). Re-conceptualization of scientific literacy in South Korea for the 21st Century. *Journal of Research in Science Teaching*, *48*(6), 670-679. doi: 10. 1002/tea. 20424

Cress, U., & Kimmerle, J. (2008). A systemic and cognitive view on collaborative knowledge building with wikis. *International Journal of Computer-Supported Collaborative Learning*, *3*(2), 105-122. doi: 10. 100711412-007-9035-z

Dani, D., Wan, G., & Henning, J. E. (2010). A case for media literacy in the context of socioscientific issues. *New Horizons in Education*, *58*(3), 85.

Dawson, V. M., & Venville, G. (2010). Teaching strategies for developing students' argumentation skills about socioscientific issues in high school genetics. *Research in Science Education*, *40*(2), 133-148. doi: 10. 100711165-008-9104-y

DiSessa, A. (2004). Metarepresentation: Native competence and targets for instruction. *Cognition and Instruction*, *22*(3), 293-331. doi: 10. 12071532690xci2203_2

Dong, T., Anderson, R. C., Kim, I., & Li, Y. (2008). Collaborative reasoning in China and Korea. *Reading Research Quarterly*, *43*(4), 400-424. doi: 10. 1598/RRQ. 43.4.5

Dong, T., Anderson, R. C., Lin, T., & Wu, X. (2009). Concurrent student-managed discussions in a large class. *International Journal of Educational Research*, *48*(5), 352-367. doi: 10. 1016/j. ijer. 2010. 03. 005

Dorion, K. R. (2009). Science through drama: A multiple case exploration of the characteristics of drama activities used in secondary science lessons. *International Journal of Science Education, 31*(16), 2247-2270. doi: 10. 1080/09500690802712699

Du, S., Fu, Z., & Wang, Y. (2014). The flipped classroom-advantages and challenges. In *International conference on economic management and trade cooperation* (pp.17-20). Atlantis Press.

Duveen, J., & Solomon, J. (1994). The great evolution trial: Use of role play in the classroom. *Journal of Research in Science Teaching, 31*(5), 575-582. doi: 10. 1002/tea. 3660310510

Eşkin, H., & Ogan-Bekiroğlu, F. (2009). Investigation of a pattern between students' engagement in argumentation and their science content knowledge: A case study. *Eurasia Journal of Mathematics. Science and Technology Education, 5*(1), 63-70.

Garcia-Mila, M., & Andersen, C. (2007). Cognitive foundations of learning argumentation. In S. Erduran & M. P. Jimenez-Aleixandre (Eds.), *Argumentation in science education: Perspectives from classroom-based research* (pp. 29-45). Springer. doi: 10. 1007/978-1-4020-6670-2_2

Hand, B., & Choi, A. (2010). Examining the impact of student use of multiple modal representations in constructing arguments in organic chemistry laboratory classes. *Research in Science Education, 40*(1), 29-44. doi: 10. 100711165-009-9155-8

Hofstein, A., Eilks, I., & Bybee, R. (2011). Societal issues and their importance for contemporary science education—A pedagogical justification and the state-of-the-art in Israel, Germany, and the USA. *International Journal of Science and Mathematics Education, 9*(6), 1459-1483. doi: 10. 100710763-010-9273-9

Jiménez-Aleixandre, M. P., & Erduran, S. (2008). Argumentation in science education: An overview. In S. Erduran & M. P. Jimenez-Aleixandre (Eds.), *Argumentation in science education: Perspectives from classroom-based research* (pp. 3-27). Springer.

King, A. (1993). From sage on the stage to guide on the side. *College Teaching, 41*(1), 30-35. doi: 10. 1080/87567555. 1993. 9926781

Klosterman, M. L., Sadler, T. D., & Brown, J. (2012). Science teachers' use of mass media to address socio-scientific and sustainability issues. *Research in Science Education, 42*(1), 51-74. doi: 10. 100711165-011-9256-z

Krajcik, J. S., & Sutherland, L. (2010). Supporting students in developing literacy in science. *Science, 328*(5977), 456-459. doi: 10. 1126cience. 1182593 PMID: 20413490

Lasry, N., Dugdale, M., & Charles, E. (2014). Just in time to flip your classroom. *The Physics Teacher, 52*(1), 34-37. doi: 10. 1119/1. 4849151

Lemke, J. L. (1998). Multiplying meaning: visual and verbal semiotics in scientific text. In J. R. Martin & R. Vell (Eds.), *Reading science: critical and functional perspectives on discourses of science* (pp. 87-113). Routledge.

Lin, S., & Mintzes, J. J. (2010). Learning argumentation skills through instruction in socioscientific issues: The effect of ability level. *International Journal of Science and Mathematics Education*, *8*(6), 993-1017. doi: 10. 100710763-010-9215-6

Lindahl, M. G., Folkesson, A. -M., & Zeidler, D. L. (2019). Students' recognition of educational demands in the context of a socioscientific issues curriculum. *Journal of Research in Science Teaching*, 1-28. doi: 10. 1002/tea. 21548

Livingstone, S. (2004). Media literacy and the challenge of new information and communication technologies. *Communication Review*, *1*(7), 3-14. doi:10. 1080/10714420490280152

Maloney, J. (2007). Children's role and use of evidence on science: An analysis of decision-making in small groups. *British Educational Research Journal*, *33*(3), 371-401. doi:10. 1080/0141192070 1243636

Matuk, C., & Linn, M. (2012). Technology integration to scaffold and assess students' use of visual evidence in science inquiry. In *American Educational Research Association (AERA) Conference* (pp. 1-8). Academic Press.

McNaughton, M. J. (2004). Educational drama in the teaching of education for sustainability. *Environmental Education Research*, *10*(2), 139-155. doi: 10. 1080/13504620242000198140

McSharry, G., & Jones, S. (2000). Role-play in science teaching and learning. *The School Science Review*, *82*, 73-82.

Means, M. L., & Voss, J. F. (1996). Who reasons well? Two studies of informal reasoning among children of different grade, ability, and knowledge levels. *Cognition and Instruction*, *14*(2), 139-178. doi: 10. 12071532690xci1402_1

Ministry of National Education. (2018). *Fen bilimleri dersi öğretim programı (İlkokul ve Ortaokul 3, 4, 5, 6, 7 ve 8. sınıflar)* [Science course instruction program (Elementary and middle school 3, 4, 5, 6, 7, and 8 grades)]. Ankara, Turkey: Talim Terbiye Kurulu Başkanlığı.

Namdar, B. (2015). An examination of preservice science teachers' representational modality preferences during computer-supported knowledge organization. *Journal of Theory and Practice in Education*, *11*(3), 949-970.

Namdar, B., & Shen, J. (2016). Intersection of argumentation and the use of multiple representations in the context of socioscientific issues. *International Journal of Science Education*, *38*(7), 1100-1132. doi: 10. 1080/09500693. 2016. 1183265

Namdar, B., & Shen, J. (2018). Knowledge organization through multiple representations in a computer-supported collaborative learning environment. *Interactive Learning Environments*, *26*(5),

638-653. doi: 10. 1080/10494820. 2017. 1376337

National Research Council. (2012). *A framework for K-12 science education: Practices, crosscutting concepts, and core ideas. Committee on conceptual framework for the new K-12 science education standards*. National Academies Press.

NGSS Lead States. (2013). *Next generation science standards: For states, by states*. National Academies Press.

Nussbaum, E. M., & Kardash, C. M. (2005). The effects of goal instructions and text on the generation of counterarguments during writing. *Journal of Educational Psychology, 97*(2), 157-169. doi: 10. 1037/0022-0663. 97. 2. 157

Nussbaum, E. M., & Schraw, G. (2007). Promoting argument-counterargument integration in students' writing. *Journal of Experimental Education, 76*(1), 59-92. doi:10. 3200/JEXE. 76. 1. 59-92

Odegaard, M. (2003). Dramatic science: A critical review of drama in science education. *Studies in Science Education, 39*(1), 75-102. doi: 10. 1080/03057260308560196

Osborne, J., Erduran, S., & Simon, S. (2004). Enhancing the quality of argumentation in school science. *Journal of Research in Science Teaching, 41*(10), 994-1020. doi:10. 1002/tea. 20035

Öztürk, N., & Yılmaz-Tüzün, Ö. (2017). Preservice science teachers' epistemological beliefs and informal reasoning regarding socioscientific issues. *Research in Science Education, 47*(6), 1275-1304. doi: 10. 100711165-016-9548-4

Pallant, A., & Lee, H. -S. (2015). Constructing scientific arguments using evidence from dynamic computational climate models. *Journal of Science Education and Technology, 24*(2), 378-395. doi: 10. 100710956-014-9499-3

Paul, R., & Elder, L. (2009). Critical thinking, creativity, ethical reasoning: A unity of opposites. In D. Ambrose & T. Cross (Eds.), *Morality, ethics, and gifted minds* (pp. 117-132). Springer. doi: 10. 1007/978-0-387-89368-6_8

Sadler, T. D. (2004). Informal reasoning regarding socioscientific issues: A critical review of research. *Journal of Research in Science Teaching, 41*(5), 513-536. doi: 10. 1002/tea. 20009

Sadler, T. D. (2011). Situating socio-scientific issues in classrooms as a means of achieving goals of science education. In T. D. Sadler (Ed.), *Socio-scientific issues in the classroom teaching, learning and research* (Vol. 39, pp.1-9). Springer Netherlands. doi: 10. 1007/978-94-007- 1159-4_1

Sadler, T. D., & Donnelly, L. A. (2006). Socioscientific argumentation: The effects of content knowledge and morality. *International Journal of Science Education, 28*(12), 1463-1488. doi: 10. 1080/09500690600708717

Sampson, V., & Clark, D. B. (2008). Assessment of the ways students generate arguments in science education: Current perspectives and recommendations for future directions. *Science Education, 92*(3), 447-472. doi: 10. 1002ce. 20276

Sampson, V., Enderle, P., & Grooms, J. (2013). Argumentation in science education: Helping students understand the nature of scientific argumentation so they can meet the new science standards. *Science Teacher (Normal, Ill.), 80*(5), 30-33. doi:10. 2505/4/tst13_080_05_30

Sampson, V., Enderle, P., Grooms, J., & Witte, S. (2013). Writing to learn by learning to write during the school science laboratory: Helping middle and high school students develop argumentative writing skills as they learn core ideas. *Science Education, 97*(5), 643-670. doi: 10. 1002ce. 21069

San, İ. (1990). Eğitimde yaratıcı drama [Creative drama in education]. *Ankara üniversitesi Eğitim Bilimleri Fakültesi Dergisi, 23*(2), 573-583.

Shaw, J. A. (2012). Using small group debates to actively engage students in an introductory microbiology course. *Journal of Microbiology & Biology Education, 13*(2), 155-160. doi: 10. 1128/jmbe. v13i2. 420 PMID: 23653803

Simonneaux, L. (2001). Role-play or debate to promote students' argumentation and justification on an issue in animal transgenesis. *International Journal of Science Education, 23*(9), 903-927. doi: 10. 1080/09500690010016076

Simonneaux, L. (2002). Analysis of classroom debating strategies in the field of biotechnology. *Journal of Biological Education, 37*(1), 9-12. doi: 10. 1080/00219266. 2002. 9655839

Somers, J. (1994). *Drama in the curriculum*. Cassell Education.

Stahl, G., Ludvigsen, S., Law, N., & Cress, U. (2014). CSCL artifacts. *International Journal of Computer-Supported Collaborative Learning, 9*(3), 237-245. doi:10. 100711412-014-9200-0

Stahl, S., Hynd, C., Britton, B., McNish, M., & Bosquet, D. (1996). What happens when students read multiple source documents in history? *Reading Research Quarterly, 31*(4), 430-456. doi:10. 1598/RRQ. 31. 4. 5

Staker, B. H., & Horn, M. B. (2012). *Classifying K - 12 Blended Learning*. Academic Press.

Tal, R. T., & Kedmi, Y. (2006). Teaching socioscientific issues: Classroom culture and students' performances. *Cultural Studies of Science Education, 1*(4), 615-644. doi:10. 100711422-006-9026-9

Teo, T. W., Tan, K. C. D., Yan, Y. K., Teo, Y. C., & Yeo, L. W. (2014). How flip teaching supports undergraduate chemistry laboratory learning. *Chemistry Education Research and Practice, 15*(4), 550-567. doi: 10. 1039/C4RP00003J

Topçu, M. S., Yılmaz-Tüzün, Ö., & Sadler, T. D. (2011). Turkish preservice science teachers' informal reasoning regarding socioscientific issues and the factors influencing their informal reasoning. *Journal of Science Teacher Education*, 22(4), 313-332. doi:10. 100710972-010-9221-0

Toulmin, S. (1958). *The uses of argument*. Cambridge University Press.

Tsai, C. Y. (2018). The effect of online argumentation of socio-scientific issues on students' scientific competencies and sustainability attitudes. *Computers & Education*, 116, 14-27. doi:10. 1016/j. compedu. 2017. 08. 009

Uluıçıar-Sağır, Ş., & Kılıç, Z. (2013). İlköğretim öğrencilerinin bilimin doğasını anlama düzeylerine bilimsel tartışma odaklı öğretimin etkisi. *Hacettepe Üniversitesi Eğitim Fakültesi Dergisi*, 44, 308-318.

Wu, Y. -T., & Tsai, C. -C. (2007). High school students' informal reasoning on a socio-scientific issue: Qualitative and quantitative analyses. *International Journal of Science Education*, 29(9), 1163-1187. doi: 10. 1080/09500690601083375

Zohar, A., & Nemet, F. (2002). Fostering students' knowledge and argumentation skills through dilemmas in human genetics. *Journal of Research in Science Teaching*, 39(1), 35-62. doi: 10. 1002/tea. 10008

扩 展 阅 读

Allan, C. N., Shurety, W., & Crough, J. (2019). *Blended learning designs in STEM higher education*. Springer Singapore. doi: 10.1007/978-981-13-6982-7

Baldwin, P. (2009). School improvement through drama. A creative whole class, whole school approach. Continuum International Publishing Group.

Erdoğan, T. (2017). Okul öncesinden ilköğretime kuramdan uygulamaya drama [Drama from preschool to primary education, theory to practice]. Eğiten Kitap.

Erduran, S., & Jiménez-Aleixandre, M.-P. (2007). *Argumentation in science education: Perspectives from classroom-based research*. Springer. doi:10.1007/978-1- 4020-6670-2

Khine, M. S. (2012). *Perspectives on scientific argumentation. Theory, practice and research*. Springer Netherlands. doi: 10.1007/978-94-007-2470-9

Kuhn, D. (1991). *The skills of argument*. Cambridge University Press. doi:10.1017/CBO9780511571350

McCaslin, N. (2000). *Creative drama in the classroom and beyond* (7th ed.). Longman.

Reidsema, C., Kavanagh, L., Hadgraft, R., & Smith, N. (2017). *The flipped classroom*. Springer Singapore. doi: 10.1007/978-981-10-3413-8

Sawyer, R. K. (2008). *The Cambridge handbook of the learning sciences*. Cambridge University Press.

关键术语及释义

论证：应用证据对主张进行辩护的过程。

创造性戏剧：使用戏剧技法对事件、情境或过程进行即兴演绎的过程。

翻转课堂：学生在线上学习课程内容、在线下面对面学习环境中进行实践的融合教/学策略。

知识组织：创造、分类、分享、聚类认识人工物的过程。

表征：有关概念、过程、现象的象征性人工物。

SSI：与科学、社会相关联的复杂性议题，导致两难处境，可能存在多重解决方案。

SOKAP：融合了 SSI、在线学习、知识组织和论证的教学策略。

第六章 以技术本质加强社会科学推理

李贤玉
韩国首尔大学
李贤珠
韩国梨花女子大学

摘要：加强信而有征的社会科学推理（SSR）是培养学生科学素养的重要组成部分。在本章中，作者提出加强技术本质（NOT）观作为促进学生SSR的抓手。本章介绍了NOT概念框架及其四大维度与构成要素，运用该框架分析了学生有关不同SSI的推理；最后指出，具有不同水平技术本质观的学生在讨论中都体现了NOT构成要素。SSR分析表明，具有全面技术本质观的学生能够体会到技术的整合性特征，对科学技术做出复杂决策从而从根本上为社会带来或好或坏的改变。

引　言

加强信而有征的 SSR 是培养学生科学素养的重要组成部分（Davies 2004；Kolstø 2001；Romine，Sadler & Kinslow 2017；Sadler，Barab & Scott 2007；Sadler & Zeidler 2009；Zeidler et al 2005）。科学教育者实施了各种策略来提高学生的SSR。传统方法之一是在SSI情境下进行科学本质（NOS）教学，认为对NOS的理解——科学知识的认识论及其发展——会影响学生在 SSI 中应用科学证据的方式。然而，现有的经验性研究并不足以表明 NOS 与 SSR 关系的充分性。例如，贝尔和莱德曼（Bell & Lederman 2003）发现对NOS理解不同的两组人在SSR上并没有表现出显著差异。尽管沃克和蔡德勒（Walker & Zeidler 2007）指出在SSI情境下实施NOS课程后，学生对NOS的理解显著提升，但学生的实际讨论并不能代表他们对NOS的理解。

我们认为利用NOT是提高学生SSR的有效途径之一。考察NOT的一个原因是，许多 SSI 案例都来源于前沿技术和自然科学工程。SSI 案例不仅限于科学，还包括技术和工程、生物技术（如遗传修饰生物体、疫苗等）、能源技术（如核电站、可再生能源等）、环境工程（如污染、回收等）。具体 SSI 案例通常包含了技术的各个方面。另一个原因是，学生在讨论磋商 SSI 时往往会自发地考虑技术人工物在生活中和社会上的影响。他们往往将技术视为"真实世界问题的解决方案"，比较技术发展过程中的利与弊，并考虑诸如消费者和生产者等"多元利益相关者"。这表明学生可能会把 NOT 应用于 SSI 情境下。此外，NOT 教学帮助学生理解什么是技术，技术如何与社会、文化、经济以及其他因素共同发展，个人、社会如何与技术相互作用，以及与技术的魔鬼交易。对以上问题及 NOT 的多重面向进行有效探讨，可培养科技高度发展社会中的公民思维和 SSR（Clough 2013）。

与 NOS 相类似，长期以来 NOT 被认为是科学素养的一个组成部分（AAAS 1990）。然而，很少有研究探讨技术特征，或在技术、工程、科学教育领域的学生和教师如何在 SSI 情境下理解技术。NOS 的情况则不然，学界已经根据不同群体和实施情况对学生对 NOS 的理解进行了深入研究与测评（Lederman 1992，2007；Lederman et al 2002）。许多研究者认为，科学教育者需要更多关注 NOT，就如何在科学教育背景下更好地阐释、应用 NOT 提供实际指导。

因此，本章首先在技术史、技术哲学、技术社会学领域大量文献研究、同行评议、有关学生推理的经验研究（Lee 2015）的基础上，提出 NOT 概念框架。其次，介绍学生如何在不同 SSI 情境下对 NOT 进行理解与概念化（Lee & Lee 2016）。再次，阐明了 NOT 与 SSR 之间的紧密关联，表明在 SSI 决策中，学生的 NOT 越细致、扎实，SSR 水平就越高。最后，作者围绕 NOT 提出了一些 SSI 教学启示。

技术本质概念框架

技术的定义

在科学教育、技术史、技术哲学领域的文献中，可以发现大量有关技术的观点（AAAS 1990，1993；ITEA 2007；Hughes 2004；Layton 1993；Mitcham 1994；NRC 1996，2006，2012；Nye 2006；Pacey 1983；Volti 2010）。在科学教育标准文件中，技术甚至包括"所有人造系统和程序"（NRC 2012, pp.11-12）。此外，著名技术史学家托马斯·休斯（Hughes 2004）提到，很少有人试图对技术进行内涵上的界定；而现有定义大多从涉及技术的实例亦即技术的外延方面推演而得。

"技术"一词的含义因时期和领域而异。第一，技术的含义随着时代变迁而发生了变化。过去，技术与体力劳动有关，体力劳动主要由不会读写的手工业者和工匠完成。后来，技术扩展为一个更具抽象性和包容性的概念，囊括了诸如制造、管理、维护、营销、金融等社会事业（Mitcham 1994；Nye 2006；Pacey 1983）。第二，工程和人文学科两大领域已经形成了关于技术概念的明确阐述（Mitcham 1994；Pacey 1983）。工程师通常采用技术的狭义定义，包括技能、知识、技术、工具、机器、产品。这一倾向有其历史渊源。19世纪，工程师群体开始出现，他们通常在大学接受过包括科学在内的正规教育，渴望将自己与社会地位低于科学家的工匠或技术人员区分开来（Kim et al 2013）。因此，对技术进行狭义定义并将工程与科学联系起来，可以让他们从中受益。相反，历史、哲学、技术社会学等人文领域的学者，通常将技术理解为宽泛的观念，涉及技术的社会和文化方面，而这些在狭义技术定义下通常被认为是技术的外部因素。

尽管如此，许多研究人员发现，大多数人对技术的理解比较有限（Burns 1992；De Klerk Wolters 1989；De Vries 2005；DiGironimo 2011；Jarvis & Rennie 1996；Scherz & Oren 2006）。他们指出，人们倾向于将技术定义为现代高科技人工物，譬如计算机、电子或机器，而忽略相对简单和熟悉的物品，譬如铅笔或老花镜。此外，人们还倾向于将技术局限地理解为最终产物，忽视那些技术创造力在其中发挥关键作用的过程或活动。

一方面，有关技术概念的理论讨论不断多样化；另一方面，公众对技术的认知愈发"狭隘"。在本章，作者出于NOT教育目的，选择了一个更具包容性的技术概念界定，将其操作化定义为各种致力于改造世界以满足人类需求和欲望的工具、机器、仪器、非物质实体之总和，既包括工程师技术和知识，亦涵盖社会和文化资源。采取这一包容性技术定义的教育依据如下：第一，包容性技术定义为NOT框架提供了丰富的资源基础，能够扩展公众狭隘的技术观，并涵盖学生对技术的各种概念；第二，科学与技术教育标准的文件明确提出，技术并不局限于其狭义上的人工产品或实用技术，需要包括更广泛的社会和文化因素，以培养科技素养（ITEA 2007；NRC 2006，2012）；第三，技术史、技术哲学、技术社会学领域作为NOT框架的主要组成部分，主张技术不仅仅是技能、知识、技术和最终产物；第四，广义的技术包括社会、文化和伦理方面，对促进科学素养至关重要。学生需要做好参与批判性对话的准备，并在技术发达的社会中对气候变化、人类健康、清洁水、能源短缺和环境污染等当代议题进行知情决策。这些议题引起了伦理、社会和文化方面的关注，与科学和技术方面的考量相互交织。

技术本质框架

NOT概念框架根据技术史、技术哲学和技术社会学领域的大量文献综述构建而成（Lee 2015）。在其早期阶段，通过综述、分析百科全书、引介性通识课程书籍对技术进行操作性定义（如 De Vries 2005；Nye 2006；Pacey 1983；Volti 2010）。然后，细致研究专业学科和期刊文章，得出 NOT 的子构件（如 Friedel 2010；Gardner 1992；Hughes 1983，1986，2004，2012；Kroes 2012；Mitcham 1994；Polanyi 1958；Vincenti 1990）。经过多轮修改和讨论，确定了 NOT 框架的初步构想。接着，对该框架进行了同行评审，邀请一位技术哲学家、一位技术历史学家、一位工程师分别对框架内容进行了审阅，确认该框架构件具有跨领域的代表性和平衡性，从而防止技术的概念在应用于科学教育时发生歪曲。该同行评审小组成员是根据学者们的出版历史、在该领域的研究时长和声誉、在技术研究和教学理念方面的经验来选出的。根据同行评议小组提出的建议对框架进行了相应的修正后，作者转向测试 NOT 框架在教学上的可行性。就此，我们编制问卷对学生进行了调查，以探知 NOT 认知作为中学和普通教育阶段 SSR 教学框架的可行性。

NOT 概念框架由四个维度组成，每个维度包括三个构件，共 12 个构件（图 6.1）。NOT 的四个维度——人工物、实践、知识、系统——明确考量了广义技术概念。过去，学者试图用不同维度来定义和概念化技术，以便兼容并包技术的广泛性（AAAS 1990；DiGironimo 2011；ITEA 2007；Mitcham 1994）。具体而言，本研究对米查姆（Mitcham 1994）提出的人工物、活动、知识、意志的技术四维度进行了改编。对于 K-12 教育或普通公共教育而言，意志维度被认为过于抽象或狭隘，尽管该维度本身在技术哲学领域内具有理论合理性。作为意志的技术被作为系统的技术所取代，因为后者在教育情境下相对容易接受，而且把技术理解为系统有助于整体教育旨趣的实现。具体来说，作为系统的技术意味着一种整体观，即整体比部分之和更有意义。这种整体观提倡包含各种因素及其相互作用，同时也解释了技术发展的复杂面向，如具有物理属性的人工物；人类因素，包括技术人员，工程师，消费者等；组织和社会方面，如法律、法规和制度；科学知识和研究计划（Hughes 2012）。此外，作为活动的技术被作为实践的技术所取代，以强调工程师的重复性活动是其职业中的常态。

人工物指物质产品，譬如当提到"技术"时人们通常会想到的工具和机器。人工物不仅包括最新的技术产品，如计算机和飞机，还包括人们可能认为是完成任务的基本工具，如铅笔、剪刀、盘子等人类在历史上创造的各类器物（De Vries 2005；DiGironimo 2011；Mitcham 1994）。实践是工程师进行的一系列活动，例如设计、故障排除、开发、维修、维护和评估，等等。在各项工程活动中，我们特别突出设计作为界定实践的依据，因为技术哲学家和工程师都强调设计是技术实践中最独特的活动（De Vries 2005；Son 2011；Vincenti 1990）。知识被定义为工

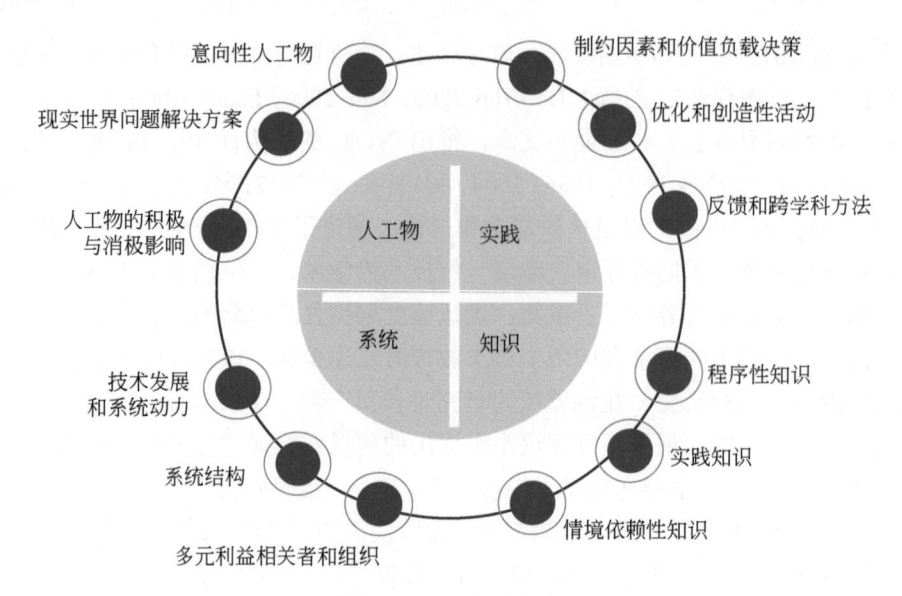

图 6.1 NOT 概念框架

程师在其专业领域中实际使用、生产的信息与技能。虽然工程师在其任务中也应用科学知识，并且科学知识经常被迁移到工程知识，但这并不意味着技术等同于应用型科学知识（applied scientific knowledge）（Constantinou et al 2010；Custer 1995；Hughes 1986，2012；Mitcham 1994；Nye 2006；Vincenti 1990）。例如，被称为工程学创始人的威廉·J. M. 兰金（William J. M. Rankine）曾试图将牛顿运动定律作为科学理论应用于建筑结构，但他后来承认这具有局限性。相反，兰金通过引入新的概念，如应力和应变，推动了结构工程学及其相关领域的发展（Hong 1999）。因此，工程知识存在于从隐性知识到符号性知识的连续统一体中（Custer 1995；Frey 1991；Vincenti 1990）。系统由各种组成部分或子系统及其相互作用组成，包括社会和文化要素，如营销、政策和法律（AAAS 1990，1993；ITEA 2007；NRC 2012；Volti 2010；Waight & Abd-El-Khalick 2012）。

NOT 四个维度的构件如表 6.1 所示。值得注意的是，尽管是以表格的形式出现，但 NOT 构件并不作为陈述性知识或供学生记忆的清单来使用。

表 6.1　NOT 构件描述（Lee 2015；Lee & Lee 2016，2017）

维度	NOT 构件	内容
人工物	意向性人工物	人类意向是通过人工物中的功能和物理特性来揭示的。然而，由于各种因素，如材料的特性或潜在的实用技术缺乏，人工物的开发设计计划可能无法按照工程师的意向完成。除此之外，工程师对人工物的设计，比如它的正确用法，在最终产品交付用户或在不同的环境中使用时，可能不会体现出来。

续表

维度	NOT 构件	内容
人工物	现实世界问题解决方案	纵观历史，人类创造了各种技术产品来解决现实世界问题。不仅包括狭义上的技术问题（如优化里程的摩擦阻力装置、防噪声装置等），还包括与科学技术相关的社会问题（如环境污染、能源短缺、食物短缺等）。值得注意的是，引入人工物并不能保证完全成功地解决现实世界的问题，因为可能会引起其他意想不到的困难，或者只能部分地解决原初问题。
人工物	人工物的积极与消极影响	人工物是根据人的需要和需求而开发和生产的。因此，它们通常被认为是有益的。然而，在出现故障、不当使用或给使用者带来意想不到的副作用时，人工物也可能产生负面影响。一些人工物已经深入我们日常生活，在长期使用过程中没有出现问题或造成损害，更难以认识它们可能产生的负面影响。此外，人工物的影响可能因具体情境、不同利益主体对它的看法不同而不同。
实践	制约因素和价值负载决策	在设计过程中，工程师会考虑各种制约因素来创造所需的产品。这些制约因素可分为两类，可以是刚性的、不可改变的，如物理定律、物质属性或资源保有量；也可以是灵活的、可改变的，如文化、市场、消费者需求、技术产品的风险意识等暂时性、情境性元素。工程师的决策过程是价值负载的，他们会优先考虑制约因素的权重，并着手将其纳入设计。例如，建造大坝的土木工程师可能会从成本合理的传统设计模型入手，但如果预算减少，则需要基于制约因素重新决策。
实践	优化和创造性活动	在现实世界中，设计的制约因素往往是相互矛盾的，所以工程师需要找到最具功能性的方案，处理每个制约因素以顺利完成任务。也就是说，工程师要进行权衡，这就需要对具有不同功能的多个原型进行比较，选择一个能解决最多制约因素的最终产品。具有创造性的工程师能够实施最佳解决方案或引入新颖的创新方法，开发新技术，调整现有程序，理解制约因素。与艺术家为实现审美价值而进行创造性活动相比，工程师用创造性来实现功能性价值。
实践	反馈和跨学科方法	工程师在设计产品时往往试图预估目标用户的反应并预测可能存在的缺陷或副作用。然而，不管他们如何努力，都可能很难预判一种技术产品是否会成功，或者哪种技术会成为有影响力的技术。由于众口难调，且公众常以意想不到的方式使用产品，工程师与各领域的专家需要协同合作以满足用户和消费者需求。这种跨学科方法可以提供关于复杂技术发展的背景信息，而这些信息是工程师在其他情况下无法获得的。
知识	程序性知识	程序性知识包括有关设计、开发、故障排除等为了满足人类的需求和实际目标之程序的知识。特别是，工程师经常提出和使用描述设计过程的模型，通常以流程图的形式呈现。尽管这些模型可能并不完全表征不同设计过程的细节，但仍可作为教学工具，或者作为提高不同观点之间沟通效率的方式。工程师可以根据具体的设计任务使用一个典型的模型，但这并不意味着这是唯一的模型。
知识	实践知识	实践知识是隐性知识。这种知识来自于实践经验积累，需要多次尝试，难以用书面或口头交流的形式表达。需要注意避免将其误解为不费吹灰之力的小聪明、任意的知识或通过简单试错获得的知识。
知识	情境依赖性知识	与科学家追求像万有引力定律那样的普遍性知识不同，工程师追求的是针对具体环境、适合特定情境的知识。因此，在一种情境下成功应用的工程知识并不能保证在另一情境下也会取得成功应用，这迫使工程师在设计过程中要考量众多条件和变量。
系统	技术发展和系统动力	除了技术人工物，技术还涉及人类和组织，包括工程师、消费者、专利和法律专业人士、商业团体，以及其他具有各种社会、文化、经济和政治利益的参与者。当一个特定的技术产品在历史上与其他人工物竞争后成为规范时，就会出现技术封闭。虽然当代消费者将技术封闭归因于创造性产物的物理性或功能性优点，但实际上，各种利益相关者和组织在改进产品的最终形态方面发挥了重要作用。

续表

维度	NOT 构件	内容
系统	系统结构	技术是一个由诸多子构件组成的系统结构。尽管这些子构件有一定的自由度,但它们是相互关联的。当它们不能正常运作时,整个系统就会出现问题。因此,一个国家的社会和经济子构件会影响技术的传播。例如,在巴基斯坦,引进节省劳动力的拖拉机取代了大量农场劳动者,导致贫困率上升。与其他更发达的国家相比,巴基斯坦的经济和社会子构件的巨大差异导致该系统不能正常运作。如果认为技术产品和技术是独立、相互孤立的人工物,就不能理解也不能预估不同情境下技术扩散的系统性问题。
	多元利益相关者和组织	虽然很难预测技术发展的准确轨迹,但调整技术作为一个系统的视角,可以帮助识别大型技术系统发展带来的特征。新技术可能会朝着意料之外的方向发展,或者在其早期阶段完全消失。然而,当一项特定的技术被成功开发并作为一个大型技术系统在社会中落地时,系统动力就产生了。当一个大系统有许多利益相关者、组织及其复杂的相互作用,呈现出阻力或惯性,使技术系统朝着一个固定的方向发展时,系统动力就会出现。在这种情况下,个人往往会感到被动,没有自主权来决定是否使用该技术。尽管如此,系统动力并不意味着大型技术系统会永久存在,因为当利益相关者的集体需求和相关构件同时发生变化时,它仍然可以被其他技术所改造和取代。

SSI 中的情境化技术本质

在本章中,作者介绍了学生如何在各种 SSI 中概念化 NOT(Lee & Lee 2016)。本科生将 SSI 课题作为小组项目进行探究,并进行课堂讨论,涉及的主题如下:①谷歌眼镜;②CCTV 监控;③核电站;④战争武器;⑤杀虫剂 DDT;⑥艾滋病治疗;⑦动物实验。例如,谷歌眼镜类似于眼镜,具有摄影、摄像、共享功能,但也有缺点,譬如可能侵犯他人隐私、造成各种信息泄露。研究要求学生讨论自己作为消费者是否会购买这种产品,以及这种产品潜在的社会后果。

45 名本科一年级学生参与了研究,其中 18 名为人文专业,27 名是工程专业的学生,他们都参加了一门关于科学与技术的通识课程。学生分为 4—5 人小组展开小组项目,依次组织全班进行针对 SSI 主题的课堂讨论。数据收集自小组项目的筹备过程,包括针对 SSI 的初步报告,对各个小组的访谈,学生课堂讨论录音、展示材料、互评报告,还有小组终期报告,其中包含各个组员对相应主题的观点。小组项目提供了各种数据,如人文、工程专业学生以书面和口头形式提出的个人和小组意见,我们预期这些资料将呈现出多样化的 SSI 推理。

为了明确 SSI 中的 NOT 观念,我们使用了 NOT 框架。本章作者参与了 NOT 框架的开发,其中一位已经进行 SSI 研究长达十余年。在阅读数据资料时,从学生访谈和讨论摘录中识别 NOT 观念,并进行比较。在第一轮分析结果的基础上,我们确定了关键词和典型内容,并就相关 NOT 观念对数据资料整体进行再分析。不断重复这一数据分析过程直至达成一致。

学生探究的 7 个 SSI 主题均体现了 NOT 观念，但人工物与系统两个维度在讨论中最为凸显。知识、实践维度则内隐地呈现在学生 SSR 中。作者将在下文介绍情境化 NOT 的示例。

情境化 NOT：人工物维度

意向性人工物

学生在讨论新技术产品的发展及其用途时经常提到意向性人工物。例如，在关于谷歌眼镜（SSI 1）和 CCTV 监控（SSI 2）的讨论中，学生们集中讨论了开发人员在最大限度地提高这些技术的物理功能性（如舒适性、可穿戴性、风格化）的意向。讨论战争武器（SSI 4）时，学生在模拟审判的角色扮演中争论高科技武器的损害时，亦经常提到科学家和工程师的意向。例如，大多数学生认为开发武器的主要目的在于高效致伤、致死，部分学生着重解释了某些武器的物理功能如何消耗敌人。在推理中，一些学生意识到，由于材料限制或缺乏所需技术技能，武器研发计划可能不会按照开发人员的意向推进。此外，还有一些学生将武器的材料特性和功能作为判断开发者责任的基本证据。下面的小片段来自一段模拟审判的角色扮演，高科技电磁脉冲（electromagnetic pulse，EMP）武器的开发者被送上法庭。

> **被告律师**：到目前为止，我们已经讨论了 EMP 武器的利与弊。在初步调查中，我听说有人向你提供了两份武器开发项目提案，对吗？一个是 K-9 核武器，另一个是 EMP，后者对生命没有直接伤害，但会无差别地摧毁电子产品，结果使该地区沦为原始社会。您选择参与该武器开发项目的标准是什么？
>
> **开发者**：我认为底线应该是减少人员伤亡。
>
> **被告律师**：开发者试图将武器造成的损害和人员伤亡降到最低。尊敬的法官和陪审团，请参考他的意图。谢谢！
>
> **原告律师**：一旦他开发了 EMP 武器，就表明他愿意推动战争、引发冲突。此外，EMP 将对大范围地区造成约 10 年的持续性影响。与此同时，由于作为现代社会支柱的电子系统被破坏，许多人将遭受精神和身体上的苦难。此外，EMP 的电磁辐射，可能会对周边国家造成一些损害，我们没有找到证据表明 EMP 确实对人体无害。

学生们考虑到了科学家和工程师的意向，并试图判断他们在开发 EMP 这种先进武器中的责任。一名学生在讨论中指出，虽然武器用途相似，但鉴于 EMP 只会破坏电子设备，造成的危害较小，而核弹则会造成人命的损失，陪审团应判定 EMP

开发者无罪。在这个角色扮演中，大多数学生表现出了对工程师和开发者意向的认识，部分学生指出了这些意图与技术最终影响之间的不一致性。

现实世界问题解决方案

SSI 的典型情境之一是辩论如何解决与科学技术相关的社会问题。我们利用 NOT 框架对学生推理进行了分析，发现大多数学生都涉及现实世界问题解决方案这一 NOT 构件。例如，在 CCTV 监控（SSI 2）的讨论中，学生经常提到该 NOT 构件。学生提出，解决社区高犯罪率问题，可以联网 CCTV 监控，通过传统 CCTV 监控在全国范围内收集数据并实时分享；他们还比较了对传统 CCTV 监控进行联网升级的利与弊。在下面的片段节选中，两名学生就 CCTV 监控联网或其他途径解决高犯罪率的方案展开了讨论。

学生 A：我认为没有其他解决办法。我希望我们有别的方案，但并没有，所以，也许这就是联网 CCTV 监控的原因？

学生 B：在我看来，如果我们把重点放在欠发达地区，并分配更多人力巡逻，犯罪率就会降低。说 CCTV 监控联网是唯一的解决方案，一味依赖技术设备，排除了解决问题的其他可能性。

许多学生认为 CCTV 监控联网是降低犯罪率的最佳选择。然而，部分学生对这一普遍态度提出批判，认为这不会降低犯罪率，只会降低罪犯的逮捕率。如前所示，学生 B 呼吁考虑其他解决方案，如在欠发达地区增加巡逻，而不是依靠 CCTV 监控。此外，还有一些学生提到，需要分析犯罪率上升的根本原因，以便提出适当的解决方案，并思考了依赖 CCTV 监控联网的潜在弊端。

学生 C：我认为，我们需要找出犯罪率上升的根本原因。CCTV 监控联网可以起到暂时阻止犯罪分子的作用。但这样的话，如果 CCTV 监控系统无法运行，社区将回到原来的状况。

学生 D：如果你在谷歌上搜索自己的名字，你会找到各种各样的信息和社交媒体帖子。同样，如果实现了 CCTV 监控联网，我们可能会泄露更多个人信息。无辜公民将面临被检查的风险，而权力机关可能会利用这些信息谋求私利。

在这个片段中，学生 C 建议找出犯罪率上升的根本原因，并警告说，CCTV 监控联网只能作为一个暂时性、治标不治本的解决方案。学生 D 表示，国家级 CCTV 监控网络可能导致侵犯隐私和其他后果，譬如公权力滥用。可见，学生们对实施 CCTV 监控联网的利与弊进行了辩论，并讨论了这一技术是否能切实解决现实世界犯罪率问题。

人工物的积极与消极影响

大多数学生都知道,尽管技术被普遍认为是有益的,但技术人工物可能会产生负面影响。一些学生明确指出:"技术使我们受益的同时也置我们于危险之中。"下面的片段描述了其中一名学生在 SSI 情境下对特定人工物之积极和消极影响的阐述。

> 我认为技术有保护我们免受自然威胁的作用。一些有代表性的例子包括海啸预警装置和建筑抗震设计。医疗设备也改善了我们的生活。然而,技术不仅使我们受益,也会给我们带来危险。例如,释放环境激素的塑料和转基因食品就存在诸多争议和弊端。

另一个类似阐述的例子出现在 SSI 1。谷歌眼镜是一种具有多种功能特性的高科技产品,人们普遍想要购买。大多数学生比较了谷歌眼镜的利与弊来决定是否购买和使用它。一些学生认识到,不同于广告中凸显的便利功能,谷歌眼镜可能存在社会和文化方面的缺陷。下面的片段描述了一个学生提醒其他学生考虑谷歌眼镜的负面影响。

> 谷歌眼镜不同于智能手机和数码相机等产品。因为谷歌眼镜比其他产品更隐蔽,它更有可能被滥用。……一旦商业化,很难预测该产品对社会的影响。你应该谨慎购买,因为它会侵犯许多人的肖像权。

一些学生认为,技术人工物对我们来说通常是有益的,因为它们最终是为了满足人类的需求和欲望而发明的。然而,另一些学生认为,技术人工物虽然功能便利,但也可能造成负面影响。此外,还有部分学生认识到,随着时间推移,或在特定情况、地区,技术的积极和消极影响可能需要再商榷。例如,当汽车被发明时,它被认为是有利于环境可持续性的技术。当时,用汽车替代马车改善了街道的卫生状况,因为街道不会被马粪所污染。然而,如今汽车尾气被认为是现代社会中严重的环境污染物。充分理解该技术本质的学生可以阐明不同时期、不同文化中有关技术积极和消极影响的辩论。

情境化 NOT:系统维度

在几个 SSI 中,学生没有认识到系统维度下的 NOT 构件。具体来说,学生在角色扮演中提到了多元利益相关者和组织及系统结构两个构件。然而,大多数学生对技术发展和系统动力构件的理解仍然很浅显。

多元利益相关者和组织

在许多 SSI 中,学生提到了如开发人员、工程师、消费者、大众等利益主体。主导课堂讨论的学生首先明确描述了各利益相关者的立场,以对 SSI 基本背景进行介绍。在关于杀虫剂 DDT（SSI 5）的讨论中，学生谈到，DDT 是一种有效的杀虫剂，可以减少疟疾的发病率，但同时也会造成环境污染。他们就两种可能的立场进行了辩论：一是发达国家的立场，把环境问题放在首位；而另一种则是欠发达国家的立场，优先考虑解决疟疾流行病的问题。其他学生则针对以上两个立场扮演"魔鬼辩护人"（devil's advocate）。

在艾滋病治疗（SSI 6）中，学生扮演了跨国制药公司、艾滋病患者、卫生局、国际艾滋病协会的角色。以下内容摘自一名学生就艾滋病治疗政策展开的讨论。该学生介绍了利益相关方，同时对销售艾滋病疫苗的跨国制药公司进行了批评和质询发问。

> 艾滋病患者、国际艾滋病协会、跨国制药公司、卫生局的优先项相互冲突。你对跨国制药公司高价销售艾滋病药品有什么看法？你认为营利性企业这样做是其自然权利，还是不道德的公司暴政？我希望你们一起思考，政府应该采取什么样的政策来应对这个问题。

在讨论中，学生详细介绍了每个利益相关者的观点。例如，一个扮演跨国制药公司的学生认为，"他们的根本属性是追求利润"，而艾滋病患者和支持机构更关心的是，"国家对昂贵艾滋病药物的供应不足"。这位学生警告说，未接受治疗的患者会大范围传播 HIV，可能会产生一系列社会后果，譬如对艾滋病人的歧视、最终的经济崩溃。显然，学生们能够区分利益主体的不同诉求，并对其利益进行支持性或反驳性论证。

系统结构

在涉及多个利益主体及组织的 SSI 中，学生经常提到系统结构这一 NOT 构件。许多学生能够认识到存在不同的利益相关方并描述其论点，但只有少数学生能够令人信服地指出利益相关方之间的相互关系。下面的片段显示了负责研制和普及艾滋病疫苗的利益相关者之间关系的相互联系性。

> **学生 E（代表卫生局）**：以韩国为例，政府为艾滋病患者提供了 30 万—60 万韩元的疫苗补贴。尽管有政府的资助，但市场上的疫苗价格还是过于昂贵，因此，艾滋病患者没有得到适当的疫苗接种。政府应考虑增加补贴，或者，跨国制药公司需考虑降低艾滋病疫苗的价格。艾滋病患者的数量正在增加，我们面临着 HIV 大范围传播的风险。正因如此，我奉劝跨国制药公司降低疫苗成本，因为从长远来看，这对他们有利，尽管这似乎有悖常识。
>
> **学生 F（代表跨国制药公司）**：我们不能只考虑韩国的情况。如果我们在韩国降低药价，作为一个跨国公司，我们需要在世界各地的分公司都

降低药价。韩国政府面临的挑战与其他国家是一样的。控制本国 HIV 传播是各国政府的责任。我认为把责任推到跨国制药公司身上是不合适的。

学生 E：让公司承担道德责任听起来可能有点理想主义。然而，公司可以从解决公民社会和患者之间的冲突中获益，这将最终改善其公众形象，让民众看到企业的社会责任感。

学生们所扮演的跨国制药公司与卫生局利益诉求不同。学生 F 尤其说明，跨国公司需要在全球市场上保持一致，因而利益诉求更为复杂。然而，扮演卫生局的学生 E 表示，即使公司具有追求利润的本性，它也不一定与整体公共健康福祉对立。学生 E 认为，公司可以从企业社会责任形象中获益，它们的收入可能会增加。也就是说，学生考虑了利益相关方的相互关系和各种情况来解决冲突。

技术发展和系统动力

技术发展和系统动力也体现在一些 SSI 中，但深度有限。学生大多注意到了这一 NOT 构件，但没有充分而细致地加以应用。当一个大型技术系统及其众多利益相关方与子元素出现阻力促使系统朝着一个固定的方向发展时，系统动力就会出现。在这种情况下，个人往往感到外力迫使不得不跟随主流趋势。然而，一个对系统动力有深刻理解的人能够解释该趋势是如何由各利益相关方创造的，并组织集体行动，同时改变系统子元素从而改造或取代该技术系统。例如，SSI 1 中，在决定是否购买谷歌眼镜时，倘若大多数人都已经购买了该设备并已成为常态，那么学生们就会感到有压力而不得不购买。

当谷歌眼镜刚开始发售时，我不会购买它，因为它有负面的影响，比如泄露隐私信息。但是，如果其他人都使用它，我就会忍不住去购买，因为我怕别人通过眼镜盯着我，所以我就不得不对他们做同样的事情来保持上风。

该学生认为，如果谷歌眼镜得到普及，他会因为担心被他人监控而被迫使用它。然而，该学生在试图分析利益相关方及其动力关系时，并没有正确理解与谷歌眼镜有关的系统动力。除了用户对他人的监视，作为主要利益主体的谷歌公司可以收集大量信息并监视无数人，这可能会成为重大社会风险。该学生没有参考主要利益相关方及其相互关系，不情愿地决定购买技术产品，这将加剧该趋势的发展。

在关于武器开发的讨论中（SSI 4），学生给出了类似的回答。他们对国防工业的技术发展感到束手无策，声称："武器和军事技术应该被控制，但我不能阻止它。"即使由于系统动力作用，个人很难改变这个大系统，但这并不一定意味着该系统不能被改造或改变。集体诉求和行动可以影响技术系统。然而，学生们还是没有意识到也没有提到这种可能性。

情境化 NOT：实践与知识维度

实践与知识维度下的 NOT 构件往往间接地、低频地出现在学生的推理中。这可能是由于实践 NOT 构件来自于一系列的工程活动，在学生推理中可能并不突出，因为他们主要以消费者或公民的角色进行 SSI 讨论。然而，在少数 SSI 中，学生被要求以工程师或科学家的身份决策，这使他们简要提到了工程师立场和实践。在讨论人类试图通过杀虫剂 DDT 消灭疟疾（SSI5）时，实践 NOT 构件反馈和跨学科方法被提及。学生讨论了 DDT 曾被作为杀蚊从而预防疟疾的有效手段，但最终并没有消灭蚊子，还导致了大规模的环境影响。

> 为了预防疟疾，人们一次性使用了大量的 DDT 化学物质，结果却失败了。这一历史事件告诉我们，为什么要探索各种解决方案，并与不同领域的专家进行讨论。……我想说，寻找解决方案的最有效方式，就是考虑多个领域而不是仅仅局限在一个领域寻找解决方案。

这位学生根据他对 DDT 历史的了解，提出应对疟疾的新探索不应局限于狭窄的领域，而应与各领域的专家协商讨论。换言之，应当采用跨学科的方法。

知识 NOT 构件主要出现在对动物实验的讨论中（SSI7）。一些学生论证了动物实验的合理性，认为这些实验对于确保人类使用的化学品和药物的安全性是必要的，但也有学生质疑从动物实验中获得知识的可靠性。在下面的摘录中，一个学生提到了知识 NOT 构件情境依赖性知识。

> 在某些情况下，动物实验中的有害物质可能对人类无害，但有时，同样的物质在动物和人类身上表现出不同症状。这引起了人们对动物实验的质疑，因为即使它在动物身上产生了准确的结果，在人类身上可能表现出不同的结果。

学生指出，由于人类的生物学特性不同，从动物实验中获得的知识不一定适用于人类。其他同学在讨论中给出了动物实验失败的例子。其中一个是抗妊娠呕吐反应药物沙利度胺，它在动物实验中是安全的，但在人类身上却表现出明显的副作用。

技术本质观与 SSR 之间的联系

在本节，我们提出，在 SSI 决策过程中，技术本质观与 SSR 之间存在关联。萨德勒等（Sadler et al 2007）将 SSR 作为促进科学素养的概念资源和分析手段，重点落脚于公民素养目标。他们阐发 SSR 的四个方面，复杂性、多视角、持续性探究、怀疑主义，并制定了新的评价量规，以评价学生在 SSI 情境下的磋商和决策。

这四个方面并不是 SSR 的全部特征，有学者提议增加其他方面（Simonneaux & Simonneaux 2009）。本章作者主要关注上述四个方面，因为萨德勒等提供了一个针对性评价量规，为比较技术本质观水平提供了基础。在下文中，作者将介绍前期研究工作中体现了不同程度技术本质观的学生反馈资料（Lee & Lee 2017），说明技术本质观越详尽，在 SSR 四个方面的水平就越高。

差异化的技术本质观

我们收集了 58 名大学生关于转基因食品（genetically modified food，GMF）黄金大米的论文，以评价学生的技术本质观水平（Lee & Lee 2017）。GMF 不仅是以往 SSI 研究中经常出现的话题，而且精准体现了 SSI 的特征（如多视角、有争议、结构不良的议题等）（Albe 2008；Khishfe 2012；Walker & Zeidler 2007）。黄金大米案例来自希世菲（Khishfe 2012），涉及黄金大米作为一个技术人工物的争议：研发黄金大米的目的在于解决维生素 A 缺乏症，如果不加以干预将导致超过 50 万发展中国家儿童失明。该案例体现了科学界的两大分歧：一方面是对人类食用黄金大米安全性的担忧，另一方面是有关黄金大米对同一种植区域内传统大米存在的潜在污染问题的担忧。此案例与人工物维度下的 NOT 构件有明显关联：意向性人工物、现实世界问题解决方案、人工物的积极与消极影响。

技术本质观评价有两个标准：第一，学生在人工物、实践、知识、系统四大维度中识别出的构件数量；第二，就某一议题，学生对 NOT 应用的详尽和复杂程度。由于技术本质观评价在特定情境下进行，学生需要获得关于 SSI 的详细信息，并适当地利用相关知识来分析给定案例。也就是说，在特定的情境下，详尽的技术本质观不仅仅体现为说出或识记技术的一般特征，更重要的是在特定情境下识别各种 NOT 构件并提供相关详细信息。

表 6.2 展示了黄金大米案例中的技术本质观水平。该情境明确指出了人工物维度下的 NOT 构件，譬如现实世界问题解决方案，以及人工物的积极与消极影响。许多学生识别出人工物 NOT 构件，少数学生描述了实践、知识、系统维度的 NOT 构件，并结合相关信息展开讨论。

表 6.2　SSI 情境的技术本质观水平

技术本质观水平	特点	黄金大米/GMF 议题的推理模式
朴素技术本质观	• 无法识别或误解 NOT 构件 • 简要提及在给定情境明确呈现的 NOT 构件	• 强调黄金大米/GMF 的积极方面而不考虑其负面情况 • 认为黄金大米可以完全解决维生素 A 缺乏症 • 提及黄金大米/GMF 的安全和环境问题而不提供额外信息

续表

技术本质观水平	特点	黄金大米/GMF 议题的推理模式
全面技术本质观	• 详述并提供有关给定情境中明确呈现的 NOT 构件一系列信息 • 提及给定情境中未明确呈现的非人工物的 NOT 构件 • 认识到 NOT 各维度及其构件，并提供情境化信息	• 应用信息或数据来判定黄金大米/GMF 的安全性问题 • 援引比较范例，提出黄金大米/GMF 长远来看可能产生的副作用 • 从发展中国家儿童失明的伦理问题出发，讨论解决维生素 A 缺乏症的具体方案 • 从技术发展水平以及社会、经济和政治方面考虑，多角度分析黄金大米/GMF 议题

朴素技术本质观

具有朴素技术本质观的学生往往只强调黄金大米或 GMF 的积极意义，盲目相信转基因技术可以解决真实世界问题。

我希望它能发挥作用，因为 GMF 是解决粮食短缺的唯一办法。（学生 1）

即使 GMF 对人体有害，人们也可以通过更多的实验和研究制造出无害的 GMF，因为科学技术是万能的。（学生 15）

学生 1 和学生 15 表现出对人工物 NOT 构件的误解。学生 1 认为技术人工物 GMF 是解决粮食短缺的唯一办法，这可以说是对现实世界问题解决方案构件的错误理解，因为未来可能研发出其他解决方案。学生 15 对 GMF 及一般技术的潜在影响显然缺乏批判性思考。尽管某些人工物可以解决现实世界的问题，但这两位学生都不假思索地认为 GMF 无疑可以解决相关的现实世界问题，没有考虑潜在的、无法预期的困难。

部分学生虽然提及人工物 NOT 构件，但未能应用额外信息或数据来阐述黄金大米案例涉及问题。例如，以下两名学生简要讨论了黄金大米解决维生素 A 缺乏症，同时也提到了案例背景说明中提及的安全和环境问题。

正如案例说明指出的那样，多数人都缺乏维生素 A。为了及时帮助他们，我们得接受这项技术，大规模生产黄金大米。然而，一些科学家和工程师反对 GMF。他们声称，GMF 的潜在风险即使不会立刻发生，也可能会在以后显现出来。（学生 4）

没有证据表明黄金大米对人体有害。如果我们不吃这些粮食，它们就会被浪费掉。如果黄金大米可能污染其他大米，可以把它与普通大米分开种植。黄金大米具有惊人的效果，每年可治疗 50 万名患有维生素 A 缺乏症的儿童。考虑到它对人类有益处，种植黄金大米很有必要。（学生 18）

学生 4 和学生 18 虽然了解现实世界问题解决方案 NOT 构件，但对黄金大米的支持仅仅考虑了案例说明中所呈现的信息，也没有想起除了人工物以外的其他维度的 NOT 构件。

与低水平 SSR 的关联

以上摘录可与 SSR 复杂性、持续性探究两方面的低水平表现进行比较。萨德勒等（Sadler et al 2007，p.380）提出，SSR 水平较低的学生"没有考虑多种因素的情况，提出过于简单化或不合逻辑的解决方案"；"考虑了利弊，但最终将问题归结为相对简单的单一解决方案"；"没有意识到深入调查的必要性"。例如，学生 1 和学生 15 的表现可能获得复杂性方面的低水平评价：学生 1 将 GMF 作为粮食短缺的解决方案，而没有考虑其他替代方案；学生 15 意识到 GMF 的危害，但表现出对科学技术的盲目信任，认为它可以克服任何弊端。此外，学生 4 和学生 18 的回答也比较符合持续性探究方面的较低水平表现。

我们认为，朴素技术本质观可能内含于低水平的 SSR。NOT 构件主要呈现了关于技术和工程较为具体的特征，不是针对 SSR 的描述，但 SSR 的各个方面可以适用于更广泛的情境。例如，复杂性在 SSI 情境中往往通过诸如"这是一个难题吗？"促使学生提供多样化关注从而进行测评。同样，有关现实世界问题解决方案的技术本质观契合于这样的认识，即引入人工物不能保证问题得到完全解决，因为人工物可能会引起其他意想不到的困难，或者只能部分地解决原初问题。

全面技术本质观

技术本质观较为全面的学生认识到多个维度的 NOT 构件，并提供了情境化、信而有征的论证。达到这一水平的学生分析了发展中国家儿童维生素 A 缺乏症的根本原因，判断黄金大米是否能切实应对相关需求，或考虑了科学技术证据以及影响其成功与否的社会、文化、政治因素。

> 在发展中国家，造成维生素 A 缺乏症的根本原因在于经济结构造成饥荒。如果人们没有钱满足食物供给需求，又怎么能买得起黄金大米呢？我认为研发人员的初衷是为了帮助贫困儿童，但是研发和生产技术的过程需要资金，且需要跨国农业公司的参与，而这些公司大多以盈利为目的，并非有社会使命的慈善机构。不可避免的是，黄金大米的价格会随着专利税的增加而提高，使黄金大米如彩虹尽头的财宝般遥不可及。因此，我认为，与其种植黄金大米，面临未来可能的风险，不如鼓励经济发展，解决普遍的贫困问题。（学生 17）

学生 17 提及并解释了系统维度下其他的 NOT 构件，即多元利益相关者和组织及系统结构，超越了维生素 A 缺乏症的物质层面，分析了这一问题的可能原因，譬如造成持续性贫困的经济结构。学生考虑了各利益相关方及其关系，全面衡量了相关社会和经济因素，从而对黄金大米作为一种问题解决方案的可行性进行了审慎评估。尤其是，他提到作为利益相关方的跨国公司，还将"专利税（royalty）"作为一个额外的、具体的经济因素来支持经济结构是问题根源的主张。这个回答与其他水平的学生回答的不同之处在于，后者只是简单重复黄金大米可以解决发展中国家儿童维生素 A 缺乏症的问题。

前述片段展示了一个对黄金大米持悲观态度的学生凭据周详的推理。下面介绍另一个支持黄金大米的学生的例子，以说明技术本质观在不同立场观点的表述中有不同体现。

> 在我看来，黄金大米值得生产和销售。首先，黄金大米富含维生素 A，有助于减少儿童失明的情况。每天只要吃一顿黄金大米就能满足每日维生素 A 的推荐摄入量。其次，由于黄金大米是为公众利益而研发的，没有申请专利，因此黄金大米的商业化并不会给当地农民带来重大不利。此外，收入低于一定水平的农民可以得到黄金大米种子供给的支持。最后，最新检测没有显示出食用黄金大米会产生任何过敏或有毒反应，且大规模实地测试已经证明了它的安全性。因此，我们没有理由拒绝黄金大米。（学生 54）

学生 54 赞成食用黄金大米，并考虑到这一案例的具体情况，提出了几个理由。他首先估算了治疗维生素 A 缺乏症所需的黄金大米总量，认为这是一个有效的解决方案。然后，他考虑了各利益相关方及其观点，并提供了详细的信息，以减少负面后果，如跨国公司对发展中国家农业的垄断。此外，该学生并没有从转基因大豆、玉米的检测结果中推测安全性问题，而是明确介绍了黄金大米的检测结果。该学生表示转基因作物譬如大豆和玉米的测试结果并不说明黄金大米的安全性，体现了知识维度下的 NOT 构件即情境依赖性知识。

与高水平 SSR 的关联

具备全面技术本质观的学生回答很可能取得 SSR 多视角、怀疑主义、持续性探究方面的高水平表现评价。萨德勒等（Sadler et al 2007, p.380）描述说，一个具有较高 SSR 水平的学生会"从多个视角评估问题，描述差异并讨论利益冲突的重要意义"；能够"提出收集科学和社会数据的探究计划"。例如，由于学生 17 在涉及利益冲突和经济问题方面考虑到了如黄金大米开发商、跨国农业公司、发展中国家和患有维生素 A 缺乏症的儿童等利益相关方，其回答可能符合 SSR 多视角和怀疑主义的高水平表现。学生 54 的回答很可能被评价为在 SSR 持续性探究方面的高水平表现，因为他在研究了额外的信息或数据后做出了决策，譬如针对安全性问题的大规模田间测试、黄金大米商业化后出现专利保护等细节上的问题。

NOT 构件多元利益相关者和组织、系统结构与 SSR 的多视角方面有很多重叠。在作为系统的技术观下，NOT 构件说明了技术往往关涉人类和各类组织，包括开发商、消费者、专利和法律专业人士、商业团体以及其他具有不同社会、文化、经济、政治利益诉求的利益相关方；尽管存在一定自由度，但这些利益相关方是相互关联的。此外，NOT 构件情境依赖性知识可与持续性探究关联起来，假定 SSI 是与社会的前沿科学或进展中科学有关的不良结构问题，因此具有不确定性。在持续性探究方面具有高水平表现的学生能够提出问题并计划收集 SSI 科学和社会两个维度的信息和数据。情境依赖性知识指向技术/工程知识的一个特点，即针对特定情境、适于特定情况，因此，由于条件和变量的不同，一个成功的案例并不能保证其他情况也是如此。在黄金大米案例中，具有技术本质观的学生能够就黄金大米这一超越大豆、玉米等常规 GMF 的新型 GMF 要求并搜索获得额外的信息和测试结果。

结　　论

本章首先提出 NOT 概念框架，包括四个维度 12 个构件。然后，我们运用该框架分析了学生对 NOT 的概念理解，发现 NOT 构件反复出现在大多数 SSI 中，呈现出差异化的理解水平。此外，我们还推断技术本质观与 SSR 的复杂性、多视角、持续性探究、怀疑主义四个方面有关。根据研究结果，我们提出加强技术本质观是提高学生 SSR 水平的途径之一。

部分 NOT 构件与 SSI 情境直接相关，因此学生在决策过程中把它们作为关键决定性因素来研究。这一结果与 SSI 决策情境下的 NOS 研究形成了对照。NOS 方面很少出现在学生自发的磋商和决策中（Bell & Lederman 2003；Eastwood et al 2012；Walker & Zeidler 2007；Sadler，Chambers & Zeidler 2004）。尽管如此，希世菲（Khishfe 2012）提出学生在接受了如何在 SSI 决策中使用 NOS 的明确指导后，能够对 NOS 进行应用。正如她所假设的那样，研究发现干预组学生在决策过程中更多地参考了 NOS 方面，包括试探性、经验性、主观性。例如，学生们在对黄金大米进行决策时运用了经验性 NOS，譬如："我们应该像科学家一样，寻找数据及其向我们揭示的信息"；"在做决策之前，我们需要有更多关于后果的数据和证据"（Khishfe 2012，p.90）。然而，学生文本并没有表明高水平 SSR 与 NOS 决策存在关联。在之前的研究中，在对缺乏证据和数据进行讨论时，推迟决策的倾向很普遍（例如，Chang & Lee 2010；Sadler, Chambers & Zeidler 2004）。尽管 NOS 在 SSI 中有潜在的作用，但本章作者主张 NOT 构件在学生的自发性决策中是更直接和重要的决定性因素（Lee & Lee 2015）。此外，我们的分析表明，在 SSI 情境下，具有全面技术本质观的学生可以体会到技术的整合性特征，从而在日常生活中对各种技术产品做出理性选择，对会从根本上改变社会使其变得更好或更坏的技术政策做出合理决策。

以下是对融入 NOT 的 SSI 教学的建议和启示。第一，科学教育者可以将人工物维度作为起点，以反映学生的熟悉程度。SSI 情境和讨论往往与 NOT 构件现实世界问题解决方案、人工物的积极与消极影响直接相关。技术经常被当作解决我们面临的社会问题（譬如环境问题、食品问题、疾病等）的途径。然而，技术本身主要改变议题所引发的现象，而非解决根本问题或矛盾。因此，技术解决方案可能会导致意想不到的问题，或只能部分解决最开始的难题。技术是基于人类需要而发展起来的，所以通常被认为是有益的，但它也可能造成负面影响。学生可能难以在 SSI 的情境下认识到技术可能产生的消极影响。克拉夫（Clough 2013，p.380）建议教育者利用问题来激发呈现学生对技术的错误概念，例如："使用这项技术会产生什么积极的结果？"和"使用这项技术会产生什么消极的结果？"如此，教师创造机会让学生不仅考虑技术的益处和积极影响，还思考技术的弊端和消极影响。第二，技术史和技术哲学为 NOT、SSR 的教学提供了丰富的资源和历史案例。例如，为解释多视角，教师可以通过历史案例引入技术封闭概念，指特定技术人工物在与其他替代品竞争后成为规范（Volti 2010）。历史案例可展示不同利益相关方如何采用不同标准来解释技术产品的成功。第三，系统 NOT 的技术发展和系统动力构件，可以为学生提供参与讨论并采取行动的动力，以改变 SSI 相关的问题。NOT 指出，技术发展不等同于进步。采用先进技术并不一定带来人类的进步，尽管新技术和技术人工物很容易让我们倾向于相信我们的生活将因此比过去更好。此外，这也意味着技术发展方向可以被文化、社会和政治等各种因素改变。因此，了解 NOT 的学生可以认识到，自己的 SSI 决策可以通过个人购买产品或相关政策影响技术发展趋势。然而，值得注意的是，如果学生意识到了系统动力，但没有完全理解它，可能以无奈的态度投入讨论，并对在技术系统的巩固阶段是否能做出任何改变持怀疑态度。在关于是否购买谷歌眼镜的辩论中，一个对系统动力理解有限的学生虽然意识到了该产品的缺点，但仍感到了压力决定购买。当特定技术被开发出来，并作为一个广泛的技术系统扎根于社会中时，系统动力就会产生。它表现出阻力或惯性，使技术系统往一个固定的方向发展。在这种情况下，个人往往会感到被动，感到没有自主权来决定是否使用该技术。但是，需要注意的是，强系统动力并不意味着它是固有的或永久的。当有集体需求或相关因素同时发生变化时，技术系统可以被改造并被其他系统取代。教育者不仅需要提供 NOT 内容，还需要提供将其应用于各种案例并进行分析的机会，以达到充分理解的目标。最后，作者建议进一步研究知识和实践 NOT 维度，这些维度在学生关于 SSI 的磋商和决策中很少提及，但这并不意味着它们在 SSI 中没有 NOT 的作用。作者预计，这些维度可能会在构建 SSI 的解决方案或替代方案中发挥作用。

参 考 文 献

Albe, V. (2008). When scientific knowledge, daily life experience, epistemological and social considerations intersect: Students' argumentation in group discussions on a socio-scientific issue. *Research in Science Education*, *38*(1), 67-90. doi:10.100711165-007-9040-2

American Association for the Advancement of Science (AAAS). (1990). *Science for all Americans*. New York, NY: Oxford University Press.

American Association for the Advancement of Science (AAAS). (1993). *Benchmarks for science literacy*. New York, NY: Oxford University Press.

Bell, R. L., & Lederman, N. G. (2003). Understandings of the nature of science and decision making on science and technology based issues. *Science Education*, *87*(3), 352-377. doi:10.1002ce.10063

Burns, J. (1992). Student perceptions of technology and implications for an empowering curriculum. *Research in Science Education*, *22*(1), 72-80. doi:10.1007/BF02356881

Chang, H. S., & Lee, H. J. (2010). College students' decision-making tendencies in the context of socioscientific issues (SSI). *Journal of the Korean Association for Science Education*, *30*(7), 887-900.

Clough, M. P. (2013). Teaching about the nature of technology: Issues and pedagogical practices. In M. P. Clough, J. K. Olson, & D. S. Niederhauser (Eds.), *The nature of technology: Implications for learning and teaching* (pp. 345-369). Sense. doi:10.1007/978-94-6209-269-3_19

Constantinou, C., Hadjilouca, R., & Papadouris, N. (2010). Students' epistemological awareness concerning the distinction between science and technology. *International Journal of Science Education*, *32*(2), 143-172. doi:10.1080/09500690903229296

Custer, R. L. (1995). Examining the dimensions of technology. *International Journal of Technology and Design Education*, *5*(3), 219-244. doi:10.1007/BF00769905

Davies, I. (2004). Science and citizenship education. *International Journal of Science Education*, *26*(14), 1751-1763. doi:10.1080/0950069042000230785

De Klerk Wolters, F. (1989). A PATT study among 10 to 12-year-old students in the Netherlands. *Journal of Technology Education, 1*(1), 21-31.

De Vries, M. J. (2005). *Teaching about technology: An introduction to the philosophy of technology for non-philosophers* (Vol. 27). Springer.

De Vries, M. J., & Tamir, A. (1997). Shaping concepts of technology: What concepts and how to shape them. In M. J. De Vries & A. Tarmir (Eds.), *Shaping concepts of technology* (pp. 3-10). Springer. doi:10.1007/978-94-011-5598-4_1

DiGironimo, N. (2011). What is technology? Investigating student conceptions about the nature of technology. *International Journal of Science Education, 33*(10), 1337-1352. doi:10.1080/09500693.2010.495400

Eastwood, J. L., Sadler, T. D., Zeidler, D. L., Lewis, A., Amiri, L., & Applebaum, S. (2012). Contextualizing nature of science instruction in socioscientific issues. *International Journal of Science Education, 34*(15), 2289-2315. doi:10.1080/09500693.2012.667582

Frey, R. E. (1991). Another look at technology and science. *Journal of Technology Education, 3*(1), 16-29. doi:10.21061/jte.v3i1.a.2

Friedel, R. (2010). *A culture of improvement: Technology and the western millennium.* MIT Press.

Gardner, P. L. (1992). The application of science to technology. *Research in Science Education, 22*(1), 140-148. doi:10.1007/BF02356889

Gardner, P. L. (1994). The relationship between technology and science: Some historical and philosophical reflections. Part I. *International Journal of Technology and Design Education, 4*(2), 123-153. doi:10.1007/BF01204544

Gardner, P. L. (1995). The relationship between technology and science: Some historical and philosophical reflections. Part II. *International Journal of Technology and Design Education, 5*(1), 1-33. doi:10.1007/BF00763650

Hong, S. (1999). *Science and technology as productive power and culture.* Moonji Press.

Hughes, T. P. (1983). *Networks of power: Electrification in western society.* Johns Hopkins University Press.

Hughes, T. P. (1986). The seamless web: Technology, science, etcetera, etcetera. *Social Studies of Science, 16*(2), 281-292. doi:10.1177/0306312786016002004

Hughes, T. P. (2004). *Human-built world: How to think about technology and culture.* University of Chicago Press. doi:10.7208/chicago/9780226120669.001.0001

Hughes, T. P. (2012). The evolution of large technological systems. In W. E. Bijker, T. P. Hughes, T. J. Pinch, & D. G. Douglas (Eds.), *The social construction of technological systems: New directions in the sociology and history of technology* (pp. 45-74). MIT Press.

International Technology Education Association (ITEA). (2007). *Standards for technological literacy: Content for the study of technology.* International Technology Education Association.

Jarvis, T., & Rennie, L. J. (1996). Understanding technology: The development of a concept. *International Journal of Science Education, 18*(8), 977-992. doi:10.1080/0950069960180809

Khishfe, R. (2012). Nature of science and decision-making. *International Journal of Science Education, 34*(1), 67-100. doi:10.1080/09500693.2011.559490

Kim, D., Moon, J., Lee, J., Song, C., & Park, J. (2013). *The birth of modern engineering.* Ecolivres Press.

Kolstø, S. D. (2001). Scientific literacy for citizenship: Tools for dealing with the science dimension of controversial socioscientific issues. *Science Education, 85*(3), 291-310. doi:10.1002ce.1011

Kroes, P. (2012). *Technical artefacts: Creations of mind and matter: A philosophy of engineering design.* Springer. doi:10.1007/978-94-007-3940-6

Layton, D. (1993). *Technology's challenge to science education.* Open University Press.

Layton, E. T. (1974). Technology as knowledge. *Technology and Culture, 15*(1), 31-41. doi:10.2307/3102759

Lederman, N. G. (1992). Students' and teachers' conceptions of the nature of science: A review of the research. *Journal of Research in Science Teaching, 29*(4), 331-359. doi:10.1002/tea.3660290404

Lederman, N. G. (2007). Nature of science: Past, present, and future. In N. G. Lederman & S. K. Abell (Eds.), *Handbook of research on science education* (pp.831-879). Lawrence Erlbaum Associates.

Lederman, N. G., Abd-El-Khalick, F., Bell, R. L., & Schwartz, R. S. (2002). Views of nature of science questionnaire: Toward valid and meaningful assessment of learners' conceptions of nature of science. *Journal of Research in Science Teaching, 39*(6), 497-521. doi:10.1002/tea.10034

Lee, H. (2015). *Construction of nature of technology framework and its utilization for investigation of changes in college students' perception of nature of technology through SSI-based program* (Unpublished doctoral dissertation). Ewha Womans University, Republic of Korea.

Lee, H., & Lee, H. (2015). Analysis of students' socioscientific decision-making from the nature of technology perspectives. *Journal of The Korean Association For Science Education, 35*(1), 169-177. doi:10.14697/jkase.2015.35.1.0169

Lee, H., & Lee, H. (2016). Contextualized nature of technology in socioscientific issues. *Journal of the Korean Association for Research in Science Education, 36*(2), 303-315. doi:10.14697/jkase.2016.36.2.0303

Lee, H., & Lee, H. (2017). Development and application of rubric for assessing nature of technology in the context of socioscientific issues. *Journal of the Korean Association for Research in Science Education, 37*(2), 323-334.

Miles, M. B., & Huberman, A. M. (1994). *Qualitative data analysis: An expanded sourcebook.* Sage.

Mitcham, C. (1994). *Thinking through technology: The path between engineering and philosophy.* University of Chicago Press.

National Research Council (NRC). (1996). *National science education standards.* Washington, DC: National Academy Press.

National Research Council (NRC). (2006). *Tech tally: Approaches to assessing technological literacy.* Washington, DC: National Academy Press.

National Research Council (NRC). (2012). *A framework for K-12 science education: Practices, crosscutting concepts, and core ideas.* Washington, DC: National Academies Press.

Nye, D. E. (2006). *Technology matters: Questions to live with.* MIT Press.

Pacey, A. (1983). *The culture of technology.* MIT Press.

Polanyi, M. (1958). *Personal knowledge: Towards a post-critical philosophy.* University of Chicago Press.

Romine, W. L., Sadler, T. D., & Kinslow, A. T. (2017). Assessment of scientific literacy: Development and validation of the quantitative assessment of socio-scientific reasoning (QuASSR). *Journal of Research in Science Teaching, 54*(2), 274-295. doi:10.1002/tea.21368

Sadler, T. D., Barab, S., & Scott, B. (2007). What do students gain by engaging in socioscientific inquiry? *Research in Science Education, 37*(4), 371-391. doi:10.100711165-006-9030-9

Sadler, T. D., Chambers, F. W., & Zeidler, D. L. (2004). Student conceptualizations of the nature of science in response to a socioscientific issue. *International Journal of Science Education, 26*(4), 387-409. doi:10.1080/0950069032000119456

Sadler, T. D., & Zeidler, D. (2009). Scientific literacy, PISA, and socioscientific discourse: Assessment for progressive aims of science education. *Journal of Research in Science Teaching, 46*(8), 909-921. doi:10.1002/tea.20327

Scherz, Z., & Oren, M. (2006). How to change students' images of science and technology. *Science Education, 90*(6), 965-985. doi:10.1002ce.20159

Simonneaux, L., & Simonneaux, J. (2009). Students' socio-scientific reasoning on controversies from the viewpoint of education for sustainable development. *Cultural Studies of Science Education, 4*(3), 657-687. doi:10.100711422-008-9141-x

Son, W. C. (2011). Engineering design and philosophy of technology. *Journal of the Society of*

Philosophical Studies, 94, 107-136.

Vincenti, W. G. (1990). *What engineers know and how they know it*. John Hopkins University Press.

Volti, R. (2010). *Society and technological change*. Worth Publishers.

Waight, N., & Abd-El-Khalick, F. (2012). Nature of technology: Implications for design, development, and enactment of technological tools in school science classrooms. *International Journal of Science Education, 34*(18), 2875-2905. doi:10.1080/09500693.2012.698763

Walker, K. A., & Zeidler, D. L. (2007). Promoting discourse about socioscientific issues through scaffolded inquiry. *International Journal of Science Education, 29*(11), 1387-1410. doi:10.1080/09500690601068095

Zeidler, D. L., Sadler, T. D., Simmons, M. L., & Howes, E. V. (2005). Beyond STS: A research-based framework for socioscientific issues education. *Science Education, 89*(3), 357-377. doi:10.1002ce.20048

第七章　教师培训课程情境与职前教师对 SSI 教学的认知

马克·H. 牛顿
美国东卡罗来纳大学
梅拉妮·金斯基（Melanie Kinskey）
美国萨姆休斯顿州立大学

摘要：本章探讨了小学职前教师（pre-service teachers，PSTs）对 SSI 教学的看法与他们最初接触 SSI 的学习情境之间的联系。在一项基本科学方法（非情境化）课程中，PSTs 结合 SSI 进行了教学法策略的学习；另一项培训则在环境科学（情境化）课程中融入 SSI。情境化课程中的生态单元对加利福尼亚州（简称加州）北部地区灰狼管理问题进行了研究，随后 PSTs 就 SSI 的实施情况进行了一系列汇报。研究结果表明，虽然 PSTs 在参与 SSI 后普遍对 SSI 教学持有更积极的看法，但从课后数据来看，情境化课程的学员回答 SSI 相关问题的能力更高，对科学内容的态度更积极。此外，两组 PSTs 都要求更多有关实施 SSI 教学的课后培训。

引　言

许多针对 PSTs 与 SSI 的研究都忽略了用以引入 SSI 的初始教学情境之影响。厄兹登（Özden 2015）之前已经探讨了小学 PSTs 对 SSI 教学的认识，本章旨在扩展该研究，探讨面向小学 PSTs 介绍 SSI 框架的初始教学情境如何影响其认识。具体来说，本章作者研究了 SSI 框架的引介与 PSTs 对学生学习投入度、教师 SSI 教学有效性、SSI 融入小学课程等相关认识之间的联系。本章的特色在于考量了科学学科内容、方法课程的情境要素如何影响小学 PSTs 在课堂上实施 SSI，而不是一味强调培养有效实施 SSI 所必需的技能。基于以上目标，本章提出下述研究问题：

1. PSTs 对 SSI 教学的认知在多大程度上与其被引入 SSI 的初始教学情境有关？
2. 在 PSTs 培训中接触了 SSI 的小学 PSTs 对小学 SSI 教学的认识是否有变化，

有何变化？

背　　景

尽管现有研究表明，幼儿有能力积极参与具有挑战性的科学课程，但在小学科学教学中却存在着不愿让儿童参与严缜科学教学的问题（Roth 2014）。据观察，PSTs 的犹疑让他们更依赖课本，在教学中照本宣科，使学生失去自己开发科学课程的机会。新手教师的教学决策往往来自于他们在教师职前培养中的经验（Appleton & Kindt 1999），因此有人呼吁应对科学教师职前培养进行改革，重点加强提升科学素养的科学教学能力（NRC 2012）。针对这些改革诉求，SSI 策略作为改进科学教师职前培养的一种可能路径被提出（Zeidler，Herman & Sadler 2019）。在现有文献中，SSI 策略在科学教学中的作用已经得到了充分的阐述（参考 Sadler 2009；Zeidler 2014）；学生在内容知识、SSR、SSPT、非形式推理和亲环境行为方面都得到了收获（Herman，Zeidler & Newton 2018；Sadler 2011；Sadler, Barab & Scott 2007）。

SSI 教学和 PSTs 培训

SSI 是结构不良、具有争议性的问题，需要学生进行循证推理（Sadler 2011；Zeidler 2014；Zeidler & Keefer 2003）。这些问题通过科学促使学生就有关社会性议题的道德和伦理方面进行探讨、论证、对话（Sadler 2011；Zeidler 2014；Zeidler & Keefer 2003）。要想在课堂上推进 SSI 活动，教师必须具备足够的知识和技能来指导学生完成此项教学。具体来说，教师必须：①全面理解与该问题相关的科学内容，具备帮助学生建立这些联系的能力；②理解有关该问题的道德和伦理考量，并有能力促进学生的道德和伦理发展；③理解论证水平以及评价方法，具备促进课堂讨论和论证的能力；④充分了解 NOS，并有能力在 SSI 情境下促进 NOS 的理解（Lederman 2003；Simmons & Zeidler 2003）。许多小学教师缺乏这些 SSI 知识和技能，经常对自己在小学课堂中推进 SSI 的能力表示怀疑（Kılınç et al 2013）。参与本研究的 PSTs 此前作为学生或教师投入 SSI 教学的经验十分有限，甚至没有任何经验，这为探索 PSTs 对 SSI 教学及其在小学课堂中之地位的认识提供了契机。为了让 PSTs 了解 SSI，我们在培训课程中示范了 SSI 课例，让他们能够感同身受。

在观察他人执行任务时，会产生感同身受的经验；由此，观察者获得知识并相信自己有能力执行相同任务（Bandura 1997）。本研究中，PSTs 在两种不同情境下参与了 SSI，作者对有效促进 SSI 教学所需的知识和技能进行了示范。研究参与者或参加了针对科学教学方法培训的科学方法课程，或进行了旨在帮助未来小学教师建立科学学科内容知识的环境科学内容课程。由于 SSI 培训所依托的情境可能会影响参训教师对 SSI 的认知，因此，本研究的目的是明确 PSTs 对小学课堂 SSI 教学的认识是否以及如何受到他们接触 SSI 框架的初始教学情境的影响。

PSTs 与 SSI 教学的相关研究进展

有关 PSTs 和 SSI 的实证文献主要关注 SSI 教学的特定技能，而非施授 SSI 的情境。大部分研究的确也描述了 PSTs 参与 SSI 的具体情境，但我们尚未发现有关文献明确比较了科学教育的不同情境如何潜在影响 PSTs 在 SSI 方面的能力发展。针对这一研究局限，并为了凸显情境的重要作用，我们检视了 PSTs 与 SSI 的相关文献，重点聚焦各项研究如何使用情境以实现其研究目的。我们发现，这些研究大多在科学方法课程中展开，较少涉及实训经验，而在科学内容课程中进行 SSI 的研究极为缺失。

许多科学方法课程的目的是培养未来教师的教学内容知识，发展他们将学科知识迁移到有效科学教学的理念与能力（Abell, Appleton & Hanuscin 2010）。我们发现，这在 SSI 与 PSTs 培养的文献中也是如此。福布斯与戴维斯（Forbes & Davis 2008）利用小学科学方法课程，帮助小学 PSTs 批判、调整已有的 SSI 科学课程纲要，增进了他们对 SSI 的教学心得。研究发现 PSTs 对 SSI 课程的评价比较多受到方法课程学习的影响，特别是有关学习目标、标准、探究活动的一致性要求，SSI 本身的独特性较少影响 PSTs 的评价。这些发现虽然不是本研究关注的重点，但表明了引介 SSI 的初始教学情境可能会影响 PSTs 认识 SSI 教学的重要性。亚珀彻奥卢和卡普坦（Yapıcıoğlu & Kaptan 2017）针对 82 名参与科学方法课程的小学 PSTs 展开了一项对照实验研究，其中 40 人接受了 SSI 教学，对照组的 42 人则没有参与 SSI 教学，所有参与者都完成了小学科学技术素养量表。结果显示，在方法课程中参与 SSI 教学的 PSTs 对科学技术素养的理解有明显提高；质性资料分析则表明，实验组对 SSI 教学有更准确、积极的认识。该研究展现了让 PSTs 在方法课程中参与 SSI 对科学素养培养的益处。

过往研究也利用方法课程来探索 PSTs 对特定 SSI 的自我效能感或对 SSI 教学的困扰。例如，克勒恩奇等（Kılınç et al 2014）研究了 441 名中学 PSTs 有关转基因食品 SSI 的内容知识、风险感知、道德理念、宗教信仰如何影响他们对 SSI 教学的效能信念。结果显示，PSTs 对转基因食品常规教学的自信感较高；但对该主题进行 SSI 教学的效能感有所降低，因为这需综合考虑学生家庭的宗教背景、SSI

教学决策中的家长参与，以及 SSI 教学所要求的内容知识。在另一项通过科学方法课程探究 SSI 信念的研究中，伯格丁和达吉斯坦（Borgerding & Dagistan 2018）探讨了 12 名中学 PSTs 与 1 名中学在职教师有关推进 SSI 教学的问题。与克勒恩奇等（Kılınç et al 2014）的研究类似，参与研究的教师主要担心家长对 SSI 教学的影响，同时也透露了对学生成熟度水平、学生对 SSI 主题缺乏理解的担忧。然而，虽然存在这些顾虑，研究参与者也看到了推进 SSI 教学的益处和重要性。

文献中有关实训经验的研究主要集中在初、高中学段，利用课堂环境来了解 PSTs 的 SSI 教学实践。在对 10 名中学 PSTs 的研究中，盖内尔和托普丘（Genel & Topçu 2016）对其 SSI 科学教学的教学设计和教学视频记录进行了分析，以了解 PSTs 将 SSI 有机融入教学实践的能力。该研究发现，PSTs 面临的挑战并非单个科学内容的教授，而是如何将科学内容统整并聚焦于 SSI。盖内尔和托普丘的研究偶然揭示了 SSI 教学的困难，而皮提彭塔平等（Pitiporntapin, Yutakom & Sadler 2016）则对 SSI 实践经验中的挑战进行了更为明确、有针对性的研究，他们考察了 52 名中学 PSTs 在科学教学中如何利用 SSI、存在哪些困难、何以改善他们的 SSI 教学。通过观察和访谈，发现教师在课堂中利用争议性议题时往往面临挑战，并且对自己推进 SSI 的能力缺乏信心，需要相关专业开展培训展示有效的 SSI 教学是什么样的。这两项研究丰富了中学课堂 SSI 教学的知识基础，由于在教学实践情境下进行，因此也说明了情境对培养 PSTs 的 SSI 教学能力具有重要作用。

如前所述，科学内容课程情境中 PSTs 与 SSI 的经验证据极其有限。麦克唐纳（McDonald 2014）进行的一项基于通用科学内容课程的研究，重点关注 5 名小学 PSTs 参与全球变暖 SSI 教学后所撰写论文的论证质量。研究结果显示，在科学内容课程中参与 SSI 论证是帮助未来教师提高论证写作质量的有效方法，可以迁移到小学教学实践中。在另一项研究中，耶尔代伦等（Yerdelen et al 2018）也在方法课程情境之外，探讨了 54 名在职科学教师和 32 名在职社会科学教师在参加 SSI 课程前后对 SSI 的态度。该课程没有将 SSI 作为方法，而是让 PSTs 了解 SSI 背后的理论思想，以期提高他们的知情决策技能，改善他们对 SSI 教学的态度。这一研究发现，具备相关科学内容的教育背景并不是改善对 SSI 态度的必要前提，重点应当在于培养批判性思维能力、接触了解社会相关议题。与前面讨论的 SSI 文献一样，以上研究的重点在于 PSTs 的技能培养，尚未聚焦其学习情境及其 SSI 教学认知之间的关系。

理论基础

认知是个体对世界产生意义的方式，社会心理学家广泛研究了个体认知发展

(参考 Kruger & Dunning 1999；Pickens 2005)。出于这一共同兴趣，人们对该主题已有较深了解。当前有关认知发展的一种解释来自于管理学研究，主张认知发展包括四个阶段：刺激、记存（register）、组织、阐释（Pickens 2005）。然而，当个体接触到刺激物时，往往基于其先前经验来解释刺激物从而产生意义（Lindsay & Norman 1977）。个体在信念、态度、动机、人格类型的基础上有选择地拣取刺激物。人们通常会选择能够即时满足需求的刺激物，忽略那些产生焦虑的刺激物（Assael 1995；Sherif & Cantril 1945）；然后，根据先前经验进一步组织、阐释选定的刺激物。如果对刺激物的阐释产生积极反馈，那么这种认知就会强化个体现实，而消极反馈则会导致内部冲突（Pickens 2005）。

在教育领域，了解教师认知是很有价值的，因为这些认知会影响到课堂上的众多决策。在有关拣选学生经验的教学法研究中，可以找到认知影响决策的例子。蒙特斯和罗克利（Montes & Rockley 2002）发现，中学化学教师倾向于实施验证性实验活动，其结果指向某一已知问题，并要求学生遵循既定程序，但很少选择进行探究性活动。这是因为，教师认为验证性活动更便利，尽管他们亦承认探究性教学对学生的好处以及验证性活动的不足。蒙特斯和罗克利还发现，职业发展培训改变了教师认知，促进了探究式教学。其他研究亦表明，对科学教学有较高认知的教师更倾向于采用探究式教学（Choi & Ramsey 2009；Hanley et al 2002；Marshall et al 2009）。

一些学者研究了对 SSI 的既有认知。托普丘等（Topçu, Sadler & Yılmaz-Tüzün 2010）在 SSI 情境中探讨了 39 名中学 PSTs 的非形式推理能力，发现非形式推理能力并不取决于议题本身，而情绪反应对 PSTs 的决策有很大影响。同样，李贤珠等（Lee et al 2012）考察了 18 名中学 PSTs 在 3 个 SSI 情境话语中呈现出的品格与价值观倾向性。结果显示，参与对话讨论并没有直接导致 PSTs 改变认知，而是促使他们找到方法将自身价值观应用于议题中呈现的多元视角。以上研究为理解 PSTs 参与 SSI 的能力奠定了基础，可用于指导 SSI 培养的正式培训，如本科阶段科学内容、教学法课程中的非形式推理能力、反思性与价值过程培育等，亦可用于探讨 PSTs 的先前经验如何影响他们思考 SSI。

本研究考察小学 PSTs 对 SSI 教学的一般认知，主要涉及学生学习投入度、教师教学效果、SSI 在小学课程中的定位。本研究以 SSI 框架为指导，为学生提供了以下机会：对不同利益相关者关于某一真实世界争议性问题产生的多元视角进行研究并实践同理心；认识到议题决策所涉及的道德和伦理意涵；在形成个人观点、参与论证时考虑不同视角、科学内容、道德和伦理因素（Zeidler 2014）。

本研究设计借鉴了厄兹登（Özden 2015），其研究使用"科学课程 SSI 问卷"测量了 113 名参加科学和技术教学培训课程的小学 PSTs 在为期两周的 SSI 课程前后对 SSI 的看法，并对 8 名 PSTs 进行了深度访谈，了解他们对 SSI 教学的认知。结果显示，在两周的 SSI 课程后，PSTs 能够准确理解 SSI 教学的总体目的，但对其中的道德和伦理要素缺乏理解。此外，厄兹登发现，参与研究的 PSTs 认识到 SSI 教学对提高小学儿童批判性思维能力的裨益。

研究设计与方法

本研究采用了前/后并行的混合方法设计（Greene 2007），使用利克特量表调查 PSTs 有关 SSI 教学信念，涉及以下三个方面：学生学习投入度、教师教学效能、SSI 在小学课程中的定位。同时，收集质性资料作为利克特量表调查的延伸与补充，PSTs 需提供具体的书面例证来解释说明他们在量表调查中的回复。调查在研究参与者进行 SSI 课程前后各展开一次；调查时间因各个课程教师实施 SSI 的具体安排而有所不同，下文将作更详细的介绍。PSTs 的初始信念及其可能产生的变化可以通过前/后形式的数据收集来探讨，使我们能够衡量其初始信念，同时也通过质性数据来深入了解 PSTs 的观念/认知。用于收集定量数据的利克特量表调查在厄兹登的调查基础上进行了修改，删除了不涉及当前研究问题的陈述项目，同时增加了要求对量表回复进行解释说明的质性问题。此外，由于本研究没有设计访谈，因此在调查中加入了开放式问题，增加数据样本量以包括参与了这两门培训课程的所有 PSTs。

研究情况和参与者

研究参与者为两组 PSTs 组成的便利抽样样本。一组（组 1，$n=13$）PSTs 就读于美国东南部一所大型公立城市大学，另一组（组 2，$n=34$）就读于美国西部一所小型公立大学。所收集的数据是完全配对的，即剔除未包含两次完整调查的学员答复数据不进行分析。

非情境化 SSI 课程

非情境化 SSI 课程由本章第二作者施授，在小学科学方法课程的教学法策略学习中，融入 SSI 框架及各类 SSI 情境。参与该课程的学员为本科三年级，正在进行小学教师职前培养正式项目的第二学期。课程每周一次，每次 2 小时 45 分钟。在科学方法课程期间，PSTs 还在小学进行每周一日的实训，与指导教师密切合作，计划和促进教学。整个学期里，培训讲师示范基于研究的教学策略，意在让参训学员接触到科学教学的最佳实践，在 SSI 课程示范中，PSTs 扮演小学生的角色，学习、体验 SSI 的各个方面（即论证/循证推理、视角转换、同理心关注以及道德伦理考量），以理解如何让学生参与类似的真实世界情境。进行示范之前，培训讲师布置 SSI 相关文献阅读（Zeidler & Kahn 2014），让参训学员提前了解相关背景知识，以在方法课程中参与 SSI。此后，SSI 示范课结合探究式教学和跨学科教学策略，遵循 5E 课程结构（参与、探索、解释、阐述、评估）进行，涵盖农药使用（小学高年级课例）、海洋塑料（小学低年级课例）等主题。考虑到课程旨在培养 PSTs 的教学法技能，因此，SSI 的引介安排在为期 14 周的学期后段，此时参训学员已经初步建立对科学本质的理解、具备一定水平的探究式教学能力、掌握了 5E 教学模式。表 7.1 概括了课程设计的基本内容。

表 7.1　非情境化 SSI 课程概要

周	非情境化的 SSI 课程主题
1	课程概述/课程大纲叙谈 科学笔记本 设置一个科学家测试 对科学家形象的反思
2	科学的非情境化性质：NOS 的各方面（主观性、协作、可修正性、交流与沟通、基于证据） 对 NOS 的反思/与课堂的联系
3	科学的非情境化性质：科学教学的明确性、反思性；科学教学的情境化 vs. 非情境化性质 对 NOS 的反思/与课堂的联系
4	科学本质：科学家形象 科学标准和改革 反思/与课堂的联系
5	四个层次的调查（确认、结构化、引导、开放） 长期调查项目：开放式调查 肉虫调查 对策略的反思/与课堂的联系
6	5E 教学模式（参与，探索） 评估先前的知识 注重学习的策略 探索探究的不同层次
7	5E 教学模式（解释，阐述） 基于证据的推理 　　主张-证据-推理 　　以学生为中心的学习

续表

周	非情境化的 SSI 课程主题

8	5E 教学模式（评估）
	科学中的真实评估
	  基于项目的学习（评分标准）
	  讨论（评分标准）
	科学中的形成性评估
	  探究/学习重点策略
	对策略的反思/与课堂的联系
	在课堂上，学生们第一次进行了 SSI 调查。家庭作业是阅读关于 SSI 教学的资料

9	科学中的现实世界联系
	介绍 SSI 框架
	SSI 和 5E 模型（蝴蝶和杀虫剂——中间的例子）
	  参与：先前知识/征询初步意见
	  探索：猫头鹰的"食丸"

10	SSI 和 5E 模型
	  解释：食物链
	  阐述：分配观点，完成不同观点的阅读，主张-证据-推理

11	SSI 和 5E 模式 评估：回顾真实评估/课堂辩论 对策略的反思/与课堂的联系

12	SSI 和 5E 模型（海洋塑料——主要例子）
	  参与：关于一次性塑料的先前知识和个人联系/对海滩上的一次性塑料的看法
	  探索：海洋塑料模拟
	  解释：讨论你学到了什么/潜水员在海洋中的垃圾视频

13	SSI 和 5E 模型
	  阐述：有关海洋塑料的不同观点/何为正确、错误？
	  评估：你怎么看？图示和说明。以小组为单位分享。
	对策略的反思/与课堂的联系
	在课堂上，学生进行了 SSI 后的调查

14	真实科学节展示

情境化 SSI 课程

  情境化 SSI 课程由本章第一作者施授，参训学员在面向 PSTs 的环境科学课程中接触到 SSI。课程学员大三及以上年级师范学生，都志在成为小学教师。课程包括每周两次的实验活动，每次两小时，此外还有每周一小时的课堂学习。在进入这门课程之前，学员对小学课堂教学的接触和了解有限，主要是针对单一课堂的教学观察；课程中的实训是学士后资格认证项目的模块之一。该课程主要目的是教授科学内容知识，以及面向 K-8 学生进行环境科学教育的教学法策略。SSI 框架在生态单元中引入，探讨加州北部地区狼群管理问题。培训讲师参照 SSI 教学相关文献进行课程设计（Herman et al 2018；Herman，Zeidler & Newton 2019；Newton 2016；Zeidler & Newton 2017）。在单元教学初期引入加州北部狼群管理议题，便于串联后续讲授的科学知识和经验。为加强 SSR，设计实施了以下经验支架：

①解释 SSI 的复杂性；
②从多个视角分析议题；
③明确议题中尚需进一步调研的部分；
④在分析可能的偏误信息时抱持怀疑态度；
⑤探索科学对该议题的可能贡献及局限性（Sadler，Barab & Scott 2007）。

本单元之前，参训学员未接受到任何与 SSI 有关的信息，培训讲师也避免在单元教学过程中涉及 SSI 概念或其相关理论，使学生认知不受影响。此外，培训讲师还咨询了先修课程的教师，以确保在这些课程中也没有讨论过 SSI。

各学员小组被分配到某特定利益相关者视角，需利用在课堂上的学习研究经验为加州制定一个目标明晰的管理计划。在单元教学的最后，各小组以辩论形式展示管理计划提案，作为本单元的总结性活动。表 7.2 概述了课程设计。单元教学结束后，培训讲师组织了多次课堂讨论，拆解分析整个 SSI 单元过程中的教学决策，探讨该单元教学如何体现美国 NGSS。除了 SSI 生态单元，环境科学课程的其余部分侧重于各种环境科学概念，施授与本研究无关的各类探究式教学策略。

表 7.2　情境化 SSI 课程内容设计概要

周	情境化 SSI 课程内容
1	课程介绍和信息 去情境化的科学本质活动 狼群管理 SSI 的介绍 与狼群重新进入加州有关的新闻视频 课堂讨论学生对让狼群重新进入加州的初步想法 介绍"狼群进加州"市议会活动
2	实验活动——生态系统中的初级生产力和能量流 分配给各小组与狼群管理有关的利益相关者的观点 拼图式合作学习——从多个角度阅读加州狼群管理的读物 多角度看问题 特邀发言人——当地牧羊人

续表

周	情境化 SSI 课程内容
3	指定阅读——营养级联效应（trophic cascades）辩论，课程教科书章节 实验活动——栖息地和生态位 实验活动——社区结构 特邀发言人——具有狼群研究经验的恢复性生态学家 在大黄石生态系统中重新引入狼群的研究经验
4	指定阅读——狼群种群数量估算技术，课程教科书章节 实验活动——种群动力学 "狼群进加州"市议会活动筹备
5	"狼群进加州"市议会活动筹备 "狼群进加州"市议会活动与反思 复习考试 1
6	考试 1 讲座——SSI 框架 指定阅读——科学中的 SSI 教学，环境教育中的 SSI 教学

数据收集与分析

数据以课前/课后形式收集，两个课程的施授教师在 SSI 教学之前，对参训 PSTs 进行一次调查，发放利克特式问卷和开放式问题，并在 SSI 教学课程后再次进行调查。调查要求 PSTs 对有关 SSI 教学的具体陈述给出同意程度，收集的定量数据用以衡量他们对 SSI 教学的认知。这些定量调查项目是"利克特式"的，而非利克特量表，因为本章作者无意构建一个独立量表；调查回复可当作等距数据处理，从而报告其描述性统计结果（Clason & Dormody 1994；Boone & Boone 2012）。利克特式项目的回复转换为定量数据，其中非常同意=1，同意=2，既不支持也不反对=3，不同意=4，非常不同意=5。由于每个问题的测量单位是不同的课程，所以对每个利克特式项目计算平均值，并按课程归组。由此，前/后平均值趋近于 1.00 的变化表示对该利克特式项目陈述在课后变得更同意，趋近于 5.00 的变化表示更不同意。

在定量数据的基础上，质性资料提供了更多有关 PSTs 对 SSI 教学认知的洞见，我们使用双循环编码方法分析了开放式问题回答（Saldana 2009）。两位作者首先分别独立对资料进行开放性编码，生成分析备忘录（Corbin & Strauss 2008），然后讨论、确定编码并达成 100%一致。接下来进行第二轮独立编码，生成的编码归组形成模式编码和主题。最后讨论确定最终的主题并达成共识。

结果

对 SSI 与学生学习投入度的认知

定量数据描述了 PSTs 如何认知小学 SSI 教学之适当性的百分比，详见表 7.3。如前所述，这些项目回复在 1 至 5 范围内，1 代表"非常同意"，5 代表"非常不同意"，平均值较低表示该组 PSTs 比高平均值组更同意该陈述，平均值较高则表示该组更不同意该陈述。

表 7.3 小学 PSTs 对 SSI 学生投入度的认知分布

调查陈述		非常同意（%）	同意（%）	既不支持也不反对（%）	不同意（%）	非常不同意（%）	平均分
SSI 对小学生来说是困难的	\multicolumn{7}{c}{非情境化课程}
	课程前	0.00	15.4	30.8	53.8	0.00	3.23
	课程后	0.00	7.69	7.69	53.8	30.8	4.08
	\multicolumn{7}{c}{情境化课程}
	课程前	0.00	5.88	32.4	52.9	8.82	3.59
	课程后	0.00	5.88	17.6	61.8	14.7	3.85
小学生对 SSI 来说还不够成熟	\multicolumn{7}{c}{非情境化课程}
	课程前	0.00	0.00	15.4	76.9	7.69	3.92
	课程后	7.69	15.4	7.69	30.8	38.5	3.77
	\multicolumn{7}{c}{情境化课程}
	课程前	0.00	8.82	14.7	64.7	11.8	3.79
	课程后	0.00	0.00	8.82	67.6	23.5	4.15
学习成绩好的学生会对 SSI 更感兴趣	\multicolumn{7}{c}{非情境化课程}
	课程前	7.69	30.8	46.2	15.4	0.00	2.69
	课程后	23.1	30.8	23.1	23.1	0.00	2.46
	\multicolumn{7}{c}{情境化课程}
	课程前	11.8	58.8	26.5	2.94	0.00	2.21
	课程后	35.3	44.1	17.6	2.94	0.00	1.88

续表

<table>
<tr><th colspan="8">对 SSI 课程学生投入度的认知分布</th></tr>
<tr><th rowspan="2">调查陈述</th><th></th><th>非常同意
(%)</th><th>同意
(%)</th><th>既不支持
也不反对
(%)</th><th>不同意
(%)</th><th>非常不同意
(%)</th><th>平均分</th></tr>
<tr><td colspan="7" style="text-align:center">非情境化课程</td></tr>
<tr><td rowspan="5">整合 SSI 教学将提高小学生对科学的兴趣</td><td>课程前</td><td>46.2</td><td>38.5</td><td>15.4</td><td>0.00</td><td>0.00</td><td>1.69</td></tr>
<tr><td>课程后</td><td>30.8</td><td>69.2</td><td>0.00</td><td>0.00</td><td>0.00</td><td>1.69</td></tr>
<tr><td colspan="7" style="text-align:center">情境化课程</td></tr>
<tr><td>课程前</td><td>26.5</td><td>67.6</td><td>5.88</td><td>0.00</td><td>0.00</td><td>1.79</td></tr>
<tr><td>课程后</td><td>32.4</td><td>67.6</td><td>0.00</td><td>0.00</td><td>0.00</td><td>1.68</td></tr>
<tr><td colspan="7" style="text-align:center">非情境化课程</td></tr>
<tr><td rowspan="5">小学生通过参与 SSI 教学可以更好地学习科学知识</td><td>课程前</td><td>30.8</td><td>38.5</td><td>23.1</td><td>7.69</td><td>0.00</td><td>2.08</td></tr>
<tr><td>课程后</td><td>46.2</td><td>53.8</td><td>0.00</td><td>0.00</td><td>0.00</td><td>1.54</td></tr>
<tr><td colspan="7" style="text-align:center">情境化课程</td></tr>
<tr><td>课程前</td><td>29.4</td><td>67.6</td><td>2.94</td><td>0.00</td><td>0.00</td><td>1.74</td></tr>
<tr><td>课程后</td><td>38.2</td><td>55.9</td><td>5.88</td><td>0.00</td><td>0.00</td><td>1.68</td></tr>
</table>

总体上，参与 SSI 后，针对"SSI 对小学生来说是困难的"这一陈述，两组都表达了更强烈的不同意。然而，非情境化课程组比情境化课程组更倾向于不同意这一说法。同样值得注意的是，各组对小学生成熟度及参与 SSI 的能力的认知都有变化。在参与 SSI 后，非情境化课程组的平均值转向更强烈同意"小学生对 SSI 来说还不够成熟"的陈述，而情境化课程组则转向不同意这种说法。在参与 SSI 后，两组都更强烈地同意 SSI 教学可提高学生对科学的兴趣、提高学生学习投入度的相关表述：两个班级分别对学生兴趣度提高表示一致同意，非情境化课程组一致同意学生学习投入度得到提升。

开放式问题让 PSTs 就其量化问题回答做进一步说明。这些质性资料虽然并未带来关于 PSTs 对小学生 SSI 学习投入度及难点之认知的新洞见，但充分表明了两组参训学员均认为 SSI 教学对提高学生兴趣、改善科学学习具有积极作用，表 7.4 列出了一些例子。在考量学生参与 SSI 时，来自非情境化课程的 PST 39 最初关注的是学生年龄、心智与认知发展是否支持参与 SSI；而在课程 SSI 环节后，PST 39 做了概括性陈述，支持小学阶段 SSI 教学，并未再提及与年龄相关的发展能力。在情境化内容课程中，PST 24 对小学各年级的 SSI 教学表示支持，但认为需要针

表 7.4　小学 PSTs 对 SSI 小学生投入度的认知范例

	接触 SSI 前的回应	接触 SSI 后的回应	研究者阐释
非情境化课程范例	PST 39：我对这个问题的认知很矛盾，因为我认为这取决于学生所在的年级。如果他们是 K-2 年级的学生，我认为他们还不够成熟，但我认为 3—5 年级的学生就比较成熟了。	PST 39：SSI 是一种非常好的方式，可以将有关科学的不同内容带入课堂，与现实世界的事物联系起来。	该 PST 最初考虑到小学低年级和高年级学生的能力差异，但在参与 SSI 后，基本认为 SSI 是帮助所有学生将科学与真实世界联系起来的好方法。
情境化课程范例	PST 24：我认为 SSI 教学激发了学生的兴趣，因为它使他们能够将所学的知识与当下世界的情况联系起来。我还认为所有的学生都会对 SSI 感兴趣，而不仅仅是那些学业有成的学生。小学生对于 SSI 来说并不太小，他们只是需要一种不同于初中或高中的教学方式。	PST 24：我认为学生会从课堂上使用的真实世界的例子和问题中受益。与其让学生抄写教科书上的术语，不如让学生处理一些问题，让他们学会宝贵的生活技能。小学生对 SSI 来说并不太小，只是课程必须符合年级的要求。	该 PST 最初认为 SSI 教学会培养学生的兴趣，并且适合于幼儿，但是要进行修改。与非情境化课程的反应类似，该 PST 也提到 SSI 对帮助小学生将科学与真实世界联系起来的好处。

对低龄儿童的能力进行差异化教学；在其 SSI 课后的回答中，该教师继续表达了对小学 SSI 教学的支持，并解释了为何需从基于课本的教学转向更适用于真实世界的 SSI 科学教学。

对教师教学效能与 SSI 教学的认知

表 7.5 提供了 PSTs 对于小学教师 SSI 教学能力认知的相关数据。平均分显示两组都比较不同意"小学教师不具备整合 SSI 的能力"的说法。至于小学教师是否具有回答 SSI 相关问题的能力，两组平均分表明，PSTs 更同意小学教师可以轻松回答与 SSI 有关的问题。最后，两组平均分都表明，在课程结束后，PSTs 都更强烈同意小学教师应该接受更多的 SSI 教学培训。定量数据显示，课程情境并没有影响 PSTs 有关教师胜任力、SSI 相关问题应答能力、SSI 教学培训之必要性的认知。

表 7.6 的质性资料表明，参加非情境化与情境化课程的 PSTs 对小学教师的 SSI 教学能力持有不同认知。在接触 SSI 之前，非情境化课程的 PSTs 认为大多数小学教师尚未做好教授 SSI 的准备，而参与内容课程的 PSTs 则认为小学教师确已做了 SSI 教学的相关准备。课后回答与定量数据结果一致，参与非情境化方法课程和情境化内容课程的 PSTs 都认为小学科学教学仍存在不足之处，认为需要对小学教师进行培训以充分促进 SSI 教学。

表 7.5　小学 PSTs 对小学教师 SSI 授课准备的认知分布

调查陈述		非常同意 (%)	同意 (%)	既不支持也不反对 (%)	不同意 (%)	非常不同意 (%)	平均分
		小学教师对 SSI 授课准备的认知					
		非情境化课程					
小学教师不具备整合 SSI 的能力	课程前	0.00	15.4	38.5	30.8	15.4	3.46
	课程后	0.00	7.69	53.8	15.4	23.1	3.54
		情境化课程					
	课程前	2.94	8.82	47.1	35.3	5.88	3.32
	课程后	0.00	2.94	26.5	52.9	5.88	3.50
		非情境化课程					
小学教师可以轻松回答与 SSI 有关的问题	课程前	0.00	7.69	61.5	30.8	0.00	3.32
	课程后	0.00	38.5	23.1	38.5	0.00	3.00
		情境化课程					
	课程前	0.00	11.8	61.8	26.5	0.00	3.15
	课程后	8.82	32.4	35.3	20.6	2.94	2.76
		非情境化课程					
小学教师应接受 SSI 教学培训	课程前	25.0	75.0	0.00	0.00	0.00	2.00
	课程后	33.3	66.7	0.00	0.00	0.00	1.31
		情境化课程					
	课程前	32.4	61.8	2.94	2.94	0.00	1.76
	课程后	35.3	64.7	0.00	0.00	0.00	1.53

表 7.6　PSTs 对教师 SSI 教学效能的认知范例

	接触 SSI 前的回应	接触 SSI 后的回应	研究者阐释
非情境化课程范例	PST 40： ①大多数小学教师（至少在我的经验中）不使用/不知道 SSI 教学，但有些教师可能研究过或接受过这方面的教育，并经常在课堂上使用它。 ②没有受过良好教育的教师可能无法回答关于 SSI 的问题，但熟悉 SSI 的教师可能会回答。 ③SSI 教学将把科学实践/理念与真实世界联系起来，使概念对学生来说更有关联性和具体性。因此，向教师传授这种方法是有益的，这样他们就可以在"工具箱"里有这种选择。	PST 40：已经从业很久的教师可能无法胜任 SSI 的指导工作，因为它现在刚刚变得越来越普遍，但应该提供这方面的培训，因为这种方法是真实教授科学的好方法。	PSTs 一致认为 SSI 教学在小学课堂上并不常见，教师在教学上也不有效。在方法课程中接触到 SSI 后，PSTs 关注到培训教师进行 SSI 教学的好处。

	接触 SSI 前的回应	接触 SSI 后的回应	研究者阐释
情境化课程范例	PST 9：小学教师和其他教师一样，都很有能力将 SSI 纳入他们的课堂。教师应该已经准备好向学生讲授空气污染、全球变暖等议题，因为作为教师，我们也希望能够在学生的心中激发更多的兴趣，我们也希望帮助他们了解我们环境中可能存在的权利和错误。	PST 9：教师将通过纳入和学习 SSI 而受益更多。我认为找到他们热衷的话题和问题，并将其纳入他们的课程，将有助于他们更好地教学。这种参与也会帮助他们提供更高质量的教案，随着时间的推移，他们可以积累这些教案。	在参与 SSI 之前，该 PST 对小学教师在 SSI 方面的学科知识和他们在这些问题上的教学能力持乐观态度。在参加了 SSI 课程后，这位 PST 对小学教师和 SSI 有了不同的理解，更加注重如何在小学课堂上改进 SSI 教学。

对小学课程中 SSI 定位的认知

表 7.7 列出了最后三个利克特式项目的回复数据。关于 SSI 更适合于小学科学教学的表述，非情境化课程平均分出现很大转变，从同意转向不同意；而情境化课程则相对保持不变。在完成课程后，两组 PSTs 对在小学实施 SSI 之适当性的认知度仍然很高，平均分都在"非常同意"范围内。最后，两组都认为 SSI 教学会提高学生的科学素养。

表 7.7 PSTs 对小学 SSI 教学的认知

调查陈述		非常同意（%）	同意（%）	既不支持也不反对（%）	不同意（%）	非常不同意（%）	平均分
		\multicolumn{6}{c}{非情境化课程}	
与其他学科相比，SSI 更适用于科学教学	课程前	23.1	30.8	30.8	15.4	0.00	2.38
	课程后	0.00	23.1	53.8	23.1	0.00	3.00
		\multicolumn{6}{c}{情境化课程}	
	课程前	2.94	35.3	50.0	8.82	2.94	2.74
	课程后	2.94	29.4	52.9	8.82	2.94	2.79
		\multicolumn{6}{c}{非情境化课程}	
SSI 教学应纳入小学	课程前	30.8	61.5	7.69	0.00	0.00	1.77
	课程后	30.8	46.2	23.1	0.00	0.00	1.85
		\multicolumn{6}{c}{情境化课程}	
	课程前	20.6	73.5	5.88	0.00	0.00	1.85
	课程后	32.4	64.7	0.00	0.00	0.00	1.67

续表

对小学 SSI 教学的认知

调查陈述		非常同意(%)	同意(%)	既不支持也不反对(%)	不同意(%)	非常不同意(%)	平均分
将SSI纳入科学教学将提高科学素养		非情境化课程					
	课程前	23.1	61.5	15.4	0.00	0.00	1.92
	课程后	30.8	61.5	7.69	0.00	0.00	1.77
		情境化课程					
	课程前	11.8	73.5	14.7	0.00	0.00	2.01
	课程后	26.6	67.6	2.94	0.00	0.00	1.76

质性资料让我们进一步了解到各组认知，即 SSI 教学的确适用于小学课堂，且不仅限于科学领域。从回应中（表 7.8）我们看到，参与非情境化课程的 PST 45 最开始认为 SSI 更适合于"更高层次"且集中在科学素养上；其课后回应则不再提及"更高层次"，还援引了 SSI 在科学以外学科教学中的适当性，体现了认知上的转变。该回应提供例证说明了非情境化课程有关 SSI 融入科学这一陈述的回复为何会产生变化。相比之下，PST 20 的回应则坚持了自己原先立场，认为 SSI 在小学是有益的，突出了内容课程有关在小学课程中安排 SSI 教学之认知的前后一致性。此外，情境化课程前后的定量数据平均值变化较小，也体现了这种认知一致性。

表 7.8　PSTs 对小学课程与 SSI 之认知的范例

	接触 SSI 前的回应	接触 SSI 后的回应	研究者阐释
非情境化课程范例	PST 45：我认为在更高层次上，介绍这些问题是很好的。我相信这将使学生更有科学素养。他们会理解更多的东西，并会对学习更多的东西感到好奇。	PST 45：SSI 可以被纳入不同的课程，而不仅仅是科学。	在接触 SSI 之前，该 PST 提到 SSI 适合于更高层次的科学素养，但在接触 SSI 之后，其回答表现了 SSI 教学在促进各学科素养方面的价值，而不仅仅是科学素养。
情境化课程范例	PST 20：我非常喜欢在小学科学中早期引入 SSI 教学的想法，因为我认为这将使学生积极地参与到科学主题中，并体会到这些类型的课程和问题在真实的、当前的世界中是多么重要。	PST 20：我认为在项目早期整合 SSI 教学风格，有助于培养更好的学习环境，让学生在更早的时候开始有意义的思考。	该 PST 认为 SSI 应该包括在小学课程中。在 SSI 前的反应中，有一个重点是小学科学，后来发展到理解如何将 SSI 纳入更普遍的课程中，而不仅仅是科学。

解决方案与建议

现有文献表明，PSTs 的科学态度与经验影响着其科学教学如何塑造学生表现与态度（Bursal & Paznokas 2006；Denessen, Vos, Hasselman & Louws 2015；Tosun 2000）。支持 PSTs 的途径之一是将 SSI 教学纳入教师职前培养课程。以往研究表明，依托 SSI 教学的 PSTs 培训已成功帮助他们接触、了解各类科学教学新方法，但未能有效使其对科学及与科学相关的争议性问题建立更复杂的理解。例如，PSTs 经常将科学议题本身的争议性与科学议题教学上的争议性（如气候变化、进化论）混淆（Boderding & Dagistan 2018）。此外，PSTs 在实施 SSI 教学时，往往受到课程标准框架的限制，同时认为自身的内容知识储备、学生成熟度、学生对课程理解的不足是阻碍 SSI 教学有效实施的因素（Forbes & Davis 2008）。

有鉴于此，我们的这项探索性研究试图确定向小学 PSTs 引介 SSI 的培训情境是否及如何影响他们对 SSI 的认知。本研究结果确证了以往研究的基本结论，即无论在何种教学情境下接触到 SSI 框架，小学 PSTs 都认为 SSI 教学是小学课堂上的有效工具。具体而言，定量数据表明，无论引入 SSI 框架的情境如何，小学 PSTs 认为 SSI 教学适合小学生且 SSI 教学应当成为小学课程的一部分。两类课程情境的分析数据均表明，PSTs 普遍认识到 SSI 能够有效将科学与真实世界联系起来。此外，两组都认为 SSI 可能有助于发展批判性思维、循证推理等能力，从而培养学生为民主社会做出贡献。这一点体现在参与了非情境化课程的 PST 38 的陈述中："学生们会更加投入，思考 SSI 如何构成于现实生活。它还能指导学生未来的决策过程。"参与了情境化课程的 PST 32 也表示："这是一个很好的学习指导，因为它帮助学生发展批判性思维能力，还能塑造、强化学生的民主原则。"这些结果具有积极意义，根据以往研究，早期职业教师在考量选择课堂教学策略时，往往依赖在方法课程中的所学所得（Forbes & Davis 2008）。

本研究所揭示的教师认知情况也与国际各大科学教育改革相一致。例如，联合国教科文组织（UNESCO）指出，未来世代需要发展必要技能以应对他们注定要面临的科学与社会问题（UNESCO 2019）。反观 PST 38、PST 32 的回答，他们显然已经认识到 SSI 是在地方、区域、国家乃至全球各层面上促进公民参与科学相关决策的契机。本研究结果表明，SSI 是科学教师教育培训的重要组成部分，应当将 SSI 纳入职前教师教育（参考 Özden 2015）。

倘若早期职业教师的教学主要依赖在教师教育中所接受的课程训练，那么我们有理由预期，对 SSI 有所了解的早期职业教师将会推进培养学生具备国际公认的必要技能；在本研究中，参训学员的认知与 SSI 研究总体（Herman, Zeidler &

Newton 2018；Sadler 2011；Sadler，Barab & Scott 2007）成果一致，并且符合当前科学课程改革要求（NGSS Lead States 2013；UNESCO 2019）。

关于教师 SSI 教学效能，两组定量数据分析结果一致，在课程前后，PSTs 有关小学教师促进 SSI 教学的能力、是否应当进行 SSI 教学培训的认知，发生了类似的转变。然而，质性资料则显示，培训课程情境对 PSTs 的认知有影响。例如，在回答与小学教师教学效能相关的开放式问题时，参与了非情境化课程的 PST 40 一开始表示小学教师缺乏充分的教育而无法推进 SSI 教学，而参与了情境化内容课程的 PST 9 在课前则认为小学教师具备推进 SSI 教学的能力。在学习了更多关于 SSI 的知识后，两位 PSTs 都指出需要对小学教师进行 SSI 正式培训，证实了克勒恩奇等（Kılınç et al 2003）的发现。在考量这两门课程的情境以及课前认知差异的原因时，我们注意到，非情境化课程的 PSTs 还参加了教学实训，与指导教师紧密合作，每周进行一次教学；而内容课程的 PSTs 没有实训经历，对科学课的教学计划和教学过程接触有限，甚至没有任何了解。在非情境化课程中，PSTs 与小学在职教师的交流可能使他们了解到教师能力的不足；而内容课程中的 PSTs 与小学教师一起工作的经验有限，可能导致他们不清楚教师往往自觉对常见 SSI 相关的科学内容知识缺失，而这一点已有文献进行了讨论（参考 Kılınç, Demiral & Kartal 2017）。

本研究另一个重要发现是，在科学内容课程中让 PSTs 接触 SSI 框架可增强教师应用科学回答 SSI 相关问题的信心，而这一点则没有体现在非情境化课程的数据中。例如，PST 20 在课后调查问卷中做出如下陈述："……这让我在谈论科学术语时感到更加自如。" PST 21 提出："我在这堂课上第一次学习了 SSI，发现我对科学的认知发生了很大的变化。"定量数据也支持这一点，在教师回答 SSI 相关问题能力方面呈现更强烈的同意。教师应用科学信心的增强非常重要，因为先前研究已明确科学内容知识是影响 PSTs SSI 认知的因素之一（Forbes & Davis 2008；Özden 2015）。此外，情境化课程的参训学员提示，教师在实施 SSI 教学时，还需要考虑到学生的心智/认知发展水平。在科学内容课程中，将 SSI 框架情境化，可以帮助教师理解 SSI 背后相关科学的复杂性，并为学生设计适合他们发展水平的 SSI 经验。这一提示具有显著意义，因为发展阶段适宜性是非情境化课程的重点，但不是情境化课程的重点。结果表明，在情境化课程中，参训学员能够自发/自然地认识到科学内容的发展适当性。

至于 PSTs 认知如何形成，本研究发现，向 PSTs 引介 SSI 教学会改变他们对小学 SSI 教学的认知。质性资料与定量数据均显示，无论培训情境如何，PSTs 在课后都对 SSI 产生较为积极的认知。这里的假设是，有关 SSI 的积极认知构成了

PSTs"前经验",可引导他们在未来课堂中实施 SSI 教学。让 PSTs 首先作为学生参与 SSI、观察有效实施策略,创造了前经验,在建构有关科学学科的认知时能对这些经验进行考量。当 PSTs 思考教学策略时,他们以学生视角参与有效 SSI 教学的经验,加上扎实的理论理解,促进了对实施 SSI 教学的积极认知。

有鉴于此,面向 PST 的 SSI 引介教学或许还可考虑参照 NOS 教学方法。例如,克拉夫(Clough 2011)讨论了在科学课情境下以及作为非情景化学习目标,讨论 NOS 的价值和适宜性。克拉夫和赫尔曼(Clough & Herman 2016)还发现,在教师教育培训项目过程中,NOS 经验的非情境化与情境化施授的结合,对教师在完成教师教育培训项目后的两到五年内有积极而持久的影响。与 NOS 一样,SSI 框架也是一种复杂而细微的科学思维方式。让 PSTs 在不同的情境下持续接触 SSI 一段时间,有可能产生类似克拉夫和赫尔曼所发现的早期职业教师与 NOS 方面的积极效果。

未来研究方向

未来有关 PSTs 的 SSI 认知及其接触 SSI 初始情境的研究应该考虑通过更周密的定量分析探究参训学员课程前后调查回复变化的意义。本研究中,定量数据主要用来确证质性资料的结果。此外,增加样本量将提高未来研究收集的数据质量。最后,对参训学员进行访谈,有助于澄清其质性回复。例如,本研究中的一些学员根据他们过去进行的课堂观察来回答调查问题,而另一些学生则基于对自己未来课堂的设想来回答。澄清这些回答背后的思考可以为学员认知提供更清晰的解读。

关于 PSTs 对 SSI 的认知,也有几个问题可进一步探究。未来研究应该更细致地考察情境化 SSI 课程和学员认知之间的联系。例如,我们注意到,科学内容课程的 PSTs 对自己推进 SSI 教学的能力更有信心,这引发一个后续问题:为什么一开始在内容课程中接触到 SSI 的 PSTs 对科学内容感觉更自信?基于本研究结果,我们的另一项未来研究重点探讨 PSTs 的 SSI 投入度与他们对小学课堂 SSI 的认知。为了解小学 PSTs 对自身推进 SSI 能力的认识,我们将在一项后续研究中,提供机会让他们在真实课堂中进行 SSI 科学课教学设计。

结论

定量数据显示,两组参训学员对学生 SSI 学习投入度的认知方面产生了类似的变化:首先,两组学员都表示 SSI 对学生来说不是太难;其次,两组学员的认知都发生改变,认为 SSI 教学可以提高科学素养;最后,两组都认为 SSI 并非只适合科学教学的教学策略。此外，对教师和 SSI 教学的认知也出现类似变化：两组都更强烈地认为小学教师需要接受 SSI 教学培训、小学教师能够胜任整合 SSI 的工作、小学教师可以回答与 SSI 有关的问题。总的来说，结果显示，两组都同意 SSI 适合小学教学，而且小学教师有能力有效地实施 SSI。

根据定量数据，两组学生在以下方面产生相似的认知变化：①不同意 SSI 对小学生来说是困难的；②不同意小学教师不能胜任整合 SSI 的工作；③同意小学教师可以轻松回答 SSI 相关问题；④同意小学教师应该接受 SSI 教学培训；⑤不同意 SSI 更适合科学教学；⑥同意整合 SSI 教学会提高科学素养。

定量数据体现了两组认知上的两个差异之处。第一，非情境化课程的平均分变化表明，学员认为小学生不够成熟，无法参与 SSI 教学，而情境化课程的平均分变化表明，学员认为小学生已经足够成熟。应该注意的是，从课后分数看，非情境化课程的学员在课后转变了认知，认为小学生足够成熟，可以参与 SSI 教学。第二个差异在于 PSTs 对 SSI 纳入小学教学的认知。非情境化课程的平均分变化表明更多人不同意将 SSI 引入小学中，而情境化课程的平均分则表明更多人同意 SSI 应该被引入小学。这里的认知变化程度较小，总体上指向对将 SSI 纳入小学课程的认同。

参 考 文 献

Abell, S. K., Appleton, K., & Hanuscin, D. L. (2010). Designing and Teaching the Elementary Science Methods Course. Routledge. doi:10.4324/9780203859131

Anderson, D., & Zhang, Z. (2003). Teacher perceptions of field trip planning and implementation. *Visitor Studies Today*, *6*(3), 6-11.

Appleton, K., & Kindt, I. (1999). Why teach primary science? Influences on beginning teachers' practices. *International Journal of Science Education*, *21*(2), 155-168. doi:10.1080/095006999290769

Assael, H. (1995). Consumer behavior & marketing action (5th ed.). PWS-Kent Publishing Company.

Australian Curriculum, Assessment, and Reporting Authority. (2015). Retrieved on October 14, 2019, from https://australiancurriculum.edu.au/media/5558/science_-_sequence_of_content.pdf

Bandura, A. (1997). Self-efficacy: The exercise of control. W. H. Freeman.

Boone, H. N., & Boone, D. A. (2012). Analyzing Likert Data. *Journal of Extension*, *50*(2), 2-5.

Borgerding, L., & Dagistan, M. (2018). Preservice science teachers' concerns and approaches for teaching socioscientific and controversial issues. *Journal of Science Teacher Education*, *29*(4), 283-306. doi:10.1080/1046560X.2018.1440860

Bursal, M., & Paznokas, L. (2006). Mathematics anxiety and preservice elementary teachers' confidence to teach mathematics and science. *School Science and Mathematics, 106*(4), 173-180. doi:10.1111/j.1949-8594.2006.tb18073.x

Choi, S., & Ramsey, J. (2009). Constructing elementary teachers' beliefs, attitudes, and practical knowledge through an inquiry-based elementary science course. *School Science and Mathematics, 109*(6), 313-324. doi:10.1111/j.1949-8594.2009.tb18101.x

Clarson, D. L., & Dormody, T. J. (1994). Analyzing data measured by individual Likert-type items. *Journal of Agricultural Education, 35*(4), 31-35.

Clough, M. P. (2011). Teaching and assessing the nature of science. *Science Teacher (Normal, Ill.), 78*(6), 56-60.

Corbin, J., & Strauss, A. (2008). Basics of qualitative research: Techniques and procedures for developing grounded theory (3rd ed.). Sage Publications. doi:10.4135/9781452230153

Denessen, E., Vos, N., Hasselman, F., & Monika Louws, M. (2015). The relationship between primary school teacher and student attitudes towards science and technology. Education Research International, 2015, 534690. Advance online publication. doi:10.1155/2015/534690

Espeja, A. G., & Largarón, D. C. (2015). Socio-scientific issues (SSI) in initial training of primary school teachers: Pre-service teachers' conceptualization of SSI and appreciation of the value of teaching SSI. Procedia: Social and Behavioral Sciences, 196, 80-88. Advance online publication. doi:10.1016/j.sbspro.2015.07.015

Evagorou, M., Guven, D., & Mugaloglu, E. (2014). Preparing elementary and secondary pre-service teachers for everyday science. *Science Education International, 25*(1), 68-78.

Forbes, C., & Davis, E. (2008). Exploring preservice elementary teachers' critique and adaptation of science curriculum materials in respect to socioscientific issues. *Science & Education, 17*(8-9), 829-854. doi:10.100711191-007-9080-z

Genel, A., & Topçu, M. S. (2016). Turkish preservice science teachers' socioscientific issues-based teaching practices in middle school science classrooms. *Research in Science & Technological Education, 34*(1), 105-123. doi:10.1080/02635143.2015.1124847

Haney, J. J., Lumpe, A. T., Czerniak, C. M., & Egan, V. (2002). From beliefs to actions: The beliefs and actions of teachers implementing change. *Journal of Science Teacher Education, 13*(3), 171-187. doi:10.1023/A:1016565016116

Herman, B. C., & Clough, M. P. (2017). The role of history and nature of science in climate change teaching and learing. In D. Shepardson, R. Roychoudhury, & A. Hirsch (Eds.), Teaching and learning about climate change: A framework of educators (pp. 31-44). Routledge.

Herman, B. C., Sadler, T. D., Zeidler, D. L., & Newton, M. (2018). A socioscientific issues approach to environmental education. In G. Reis & J. Scott (Eds.), International perspectives on the theory and practice of environmental education: A reader (pp.145-162). Springer. doi:10.1007/978-3-319-67732-3_11

Herman, B. C., Zeidler, D. L., & Newton, M. (2018). Students' emotive reasoning though place-based environmental socioscientific issues. Research in Science Education. https://doi-doi:10.100711165-018-9764-1

Kilinc, A., Demiral, U., & Kartal, T. (2017). Resistance to dialogic discourse in SSI teaching: The effects of an argumentation-based workshop, teaching practicum, and induction on a preservice science teacher. *Journal of Research in Science Teaching, 54*(6), 764-789. doi:10.1002/tea.21385

Kılınç, A., Kartal, T., Eroğlu, B., Demiral, Ü., Afacan, Ö., Polat, D., Guler, M. P., & Görgülü, Ö. (2013). Preservice science teachers' efficacy regarding a socioscientific issue: A belief system approach. *Research in Science Education, 43*(6), 2455-2475. doi:10.100711165-013-9368-8

Kılınç, A., Kartal, T., Eroğlu, B., Demiral, Ü., Afacan, Ö., Polat, D., Guler, M. P., & Görgülü, Ö. (2014). Preservice science teachers' efficacy regarding a socioscientific issue: A belief system approach. *Research in Science Education, 43*(6), 2455-2475. doi:10.100711165-013-9368-8

Lederman, N. G. (2003). Introduction. In D. Zeidler (Ed.), The role of Moral Reasoning on Socioscientific Issues and Discourse in Science (pp.1-4). Kluwer Academic Publishers. doi:10.1007/1-4020-4996-X_1

Lee, H., Chang, H., Choi, K., Kim, S., & Zeidler, D. L. (2012). Developing character and values for global citizens: Analysis of pre-service science teachers' moral reasoning on socioscientific issues. *International Journal of Science Education, 34*(6), 925-953. doi:10.1080/09500693.2011.625505

Lindsay, P., & Norman, D. A. (1977). Human information processing: An introduction to psychology. Harcourt Brace Jovanovich, Inc.

Marshall, J. C., Horton, R. M., Igo, B. L., & Switzer, D. M. (2009). K-12 science and mathematics teachers' beliefs about and use of inquiry in the classroom. *International Journal of Science and Mathematics Education, 7*(3), 575-596. doi:10.100710763-007-9122-7

McDonald, C. V. (2014). Preservice primary teachers' written arguments in a socioscientific argumentation task. *The Electronic Journal of Science Education, 18*(7), 1-20.

Montes, L. D., & Rockley, M. G. (2002). Teacher perceptions in the selection of experiments. *Journal of Chemical Education, 79*(2), 244-247. doi:10.1021/ed079p244

National Research Council. (2012). A Framework for K-12 Science Education: Practices, Crosscutting Concepts, and Core Ideas. National Academies Press., doi:10.17226/13165

Newton, M. H. (2016). A longitudinal examination of a SSI-embedded experiential environmental education course and environmental behaviors (Order No. 10244480). Available from Agricultural & Environmental Science Collection.

NGSS Lead States. (2013). Next Generation Science Standards: For States, By States. National Academies Press.

Olson, J., Tippett, C., Milford, T., Ohana, C., & Clough, M. (2015). Science teacher preparation in a north American context. *Journal of Science Teacher Education, 26*(1), 7-28. doi:10.100710972-014-9417-9

Özden, M. (2015). Prospective elementary teachers' views about socioscientific issues: A concurrent parallel design study. *International Journal of Elementary Education, 7*(3), 333-354. Retrieved July 28, 2019, from

Pickens, J. (2005). Attitudes and Perceptions. In N. Borkowski (Ed.), Organizational Behavior and Health Care (pp. 43-76). Jones & Barlett Publishing.

Pitiporntapin, S., Yutakom, N., & Sadler, T. (2016). Thai pre-service science teachers' struggles in using socio-scientific issues (SSIs) during practicum. *Asia-Pacific Forum on Science Learning and Teaching, 17*(2), 1-21.

Remillard, J. T., & Bryans, M. B. (2004). Teachers' orientations toward mathematics curriculum materials: Implications for teacher learning. *Journal for Research in Mathematics Education, 35*(5), 352-358. doi:10.2307/30034820

Roth, K. J. (2014). Elementary science teaching. In N. G. Lederman & S. K. Abell (Eds.), *Handbook of research on science education* (Vol. 2, pp. 361-394). Routledge.

Sadler, T. D. (2009). Situated learning in science education: Socioscientific issues as contexts for practice. *Studies in Science Education, 45*(1), 1-42. doi:10.1080/03057260802681839

Sadler, T. D. (2011). Situating socioscientific issues in classrooms as a means of achieving goals of science education. In T. Sadler (Ed.), *Socio-scientific issues in the classroom: Teaching, learning and research* (pp. 1-9). Springer. doi:10.1007/978-94-007-1159-4_1

Sadler, T. D., Barab, S. A., & Scott, B. (2007). What do students gain by engaging in socioscientific inquiry? *Research in Science Education, 37*(4), 371-391. doi:10.100711165-006-9030-9

Saldañ, J. (2009). The coding manual for qualitative researchers. Sage Publications Ltd.

Sherif, M., & Cantril, H. (1945). The psychology of attitudes: I. *Psychological Review, 52*(6), 295-319. doi:10.1037/h0062252 PMID:21012631

Simmons, M. L., & Zeidler, D. L. (2003). Beliefs in the nature of science and responses to socioscientific issues. In D. L. Zeidler (Ed.), *The role of moral reasoning on socioscientific issues and discourse in science education* (pp. 81-94). Kluwer Academic Publishers. doi:10. 1007/1-

4020-4996-X_5

Topçu, M. S., Sadler, T. D., & Yilmaz-Tuzun, O. (2010). Preservice science teachers' informal reasoning about socioscientific issues: The influence of issue of context. *International Journal of Science Education, 32*(18), 2475-2495. doi:10.1080/09500690903524779

Tosun, T. (2000). The beliefs of preservice elementary teachers toward science and science teaching. *School Science and Mathematics, 100*(7), 374-379. doi:10.1111/j.1949-8594.2000.tb18179.x

UNESCO. (2019). Science for a sustainable future. Retrieved from https://en.unesco.org/themes/science-sustainable-future

Yapıcıoğlu, A., & Kaptan, F. (2017). A mixed method research study on the effectiveness of socioscientific issue based instruction. *Education in Science*, 42(192), 113-137.

Yerdelen, S., Cansiz, M., Cansiz, N., & Akcay, H. (2018). Promoting preservice teachers' attitudes toward socioscientific issues. *Journal of Education in Science Environment and Health, 4*(1), 1-11.

Zeidler, D. L. (2014). Socioscientific issues as a curriculum emphasis: Theory, research and practice. In N. G. Lederman & S. K. Abell (Eds.), *Handbook of research in science education* (Vol. 2, pp. 697-726). Routledge.

Zeidler, D. L., Herman, B. C., & Sadler, T. D. (2019). New directions in socioscientific issues research. *Disciplinary and Interdisciplinary Science Education Research, 1*(11), 1-9. doi:10.118643031-019-0008-7

Zeidler, D. L., & Keefer, M. (2003). The role of moral reasoning and the status of socio-scientific issues in science education. In D. L. Zeidler (Ed.), *The role of moral reasoning on socio-scientific issues and discourse in science education* (pp. 7-38). Kluwer Academic Publishers.

Zeidler, D. L., & Newton, M. H. (2017). Using a socioscientific issues framework for climate change education: An ecojustice approach. In D. Shepardson, A. Roychoudhury, & A. Hirsch (Eds.), *Teaching and learning about climate change: A framework for educators* (pp. 56-65). Routledge. doi:10.4324/9781315629841-5

扩 展 阅 读

Hancock, T. S., Friedrichsen, P. J., Kinslow, A. T., & Sadler, T. D. (2019). Selecting socio-scientific issues for teaching. *Science & Education, 28*(6-7), 639-667. doi:10.100711191-019-00065-x

Herman, B. C., Sadler, T. D., Zeidler, D. L., & Newton, M. H. (2018). A sociocientific issues approach to environmental education. In G. Reis & J. Scott (Eds.), *International perspectives on the theory and practice of environmental education: A reader. Environmental discourses in science education* (Vol. 3). Springer. doi:10.1007/978-3-319-67732-3_11

Owens, D. C., Sadler, T. D., & Zeidler, D. L. (2017). Controversial issues in the science classroom. *Phi Delta Kappan, 99*(4), 45–49. doi:10.1177/0031721717745544

Sadler, T. D. (2009). Situated learning in science education: Socio-scientific issues as contexts for practice. *Studies in Science Education, 45*(1), 1-42. doi:10.1080/03057260802681839

Sadler, T. D., Barab, S. A., & Scott, B. (2007). What do students gain by engaging in socioscientific inquiry? *Research in Science Education, 37*(4), 371-391. doi:10.100711165-006-9030-9

Zeidler, D. L., Applebaum, S. M., & Sadler, T. D. (2011). Enacting a socio-scientific issues classroom: transformative transformation. In T. D. Sadler (Ed.), *Socio- scientific issues in the classroom*. Springer. doi:10.1007/978-94-007-1159-4_16

Zeidler, D.L., Herman, B.C. & Sadler, T.D. (2019). New directions in socioscientific issues research. *Disciplinary and Interdisciplinary Science Education Research,* (1), 11. doi:10.118643031-019-0008-7

Zeidler, D. L., Sadler, T. D., Simmons, M. L., & Howes, E. V. (2005). Beyond STS: A research-based framework for socioscientific issues education. *Science Education, 89*(3), 357-377. doi:10.1002ce.20048

关键术语及释义

情境化科学内容课程：通过为不同专业的学生提供真实世界的情境，重点发展科学内容知识的课程。

非情境化科学方法课程：一个以教学为重点的课程，通常由攻读教育学位的大学生学习。

小学课程：幼儿园到小学五年级的教师应在课堂上执行的标准、目标和资源。

小学科学教学：为5—10岁儿童提供科学内容的过程。

小学教师的有效性：幼儿园到小学五年级的教师准确地实施特定教学策略和向学生传授学科知识的能力。

认知：个人对某一特定主题的信念或态度，受个人先前经验的影响。

职前教师：以教师为职业志向的大学生。

学生投入度：学生积极参与课程；明确表现出对该主题的兴趣。

第八章 基于 SEE-SEP 模型的职前科学教师培训：以遗传学问题为例

迪莱克·卡勒尚（Dilek Karisan）
土耳其阿德南·曼德雷斯大学
奥姆兰·贝图尔·杰贝索伊（Umran Betul Cebesoy）
土耳其乌沙克大学

摘要：本研究旨在考察 PSTs 对 SSI 的支持性论证与社会学/文化（S）、环境（E）、经济（E）、科学（S）、伦理/道德（E）、政策（P）六大主题领域的关联，探究 PSTs 的 SSI 决策如何与其价值观、知识和个人经验相互影响。本研究采用了探索性序列方法设计，47 名本科三年级职前科学教师参与了研究。数据来源于参与者针对基因治疗和胚胎植入前遗传学诊断（preimplantation genetic diagnosis，PGD）两个 SSI 撰写的书面报告，以 SEE-SEP 模型进行了分析。结果显示，PSTs 的支持性论证主要来自伦理/道德（41%）和科学（32%）等主题领域，基于政策和社会学/文化领域的辩护较少（分别为 11% 和 10%），而经济领域（6%）涉及最少。

引 言

迄今为止，科学教育委员会已经出台了多部"科学教育标准"阐明科学教育基本组成部分（Bybee 2014）。其最终目标都在于提升学生对科学概念的认识和理解，引导他们参与决策、投身文化活动，获得具有科学素养的个人所必备的技能。由于科学素养的复杂性，培养个体的科学素养并没有明确的公式。虽然如此，教育者尝试把相关学科（即技术、社会、环境、伦理）整合起来作为提高科学素养的途径，同时也试图对具有科学素养之个体的特征进行描述（Bybee 1995）。具有科学素养的个人了解 NOS（Halbrook & Rannikmae 2007）与科学探究（Lederman, Antink & Bartos 2014），能够评估科学信息的质量，参与道德伦理议题讨论，理解 SSI 的复杂性（Zeidler 2014）。

STS（科学、技术与社会，science, technology and society）教育是提高科学素养的方法之一，其内涵在融入了"环境（environment）"要素后，被发展为更为广泛的 STSE 教育（Pedretti 2003）。尽管 STSE 教育关照了科学、技术、社会、环境四个组成部分之间的关联性和相互依存性，并致力于促进科学素养培养，但要成为一套明确的科学教育方法，它仍有所缺失（Pedretti 2003）。研究人员指出，STSE 的局限性在于它没有涵盖伦理问题，不以加强道德或品格发展为目的（Zeidler et al 2005）；此外，它还缺乏一个理论框架（Sadler 2004b）。因此，应当对 STSE 进行重构与改进，通过聚焦于学生的道德和伦理发展这一重要组成部分，提高学生的道德、个人和社会责任（Zeidler et al 2005）。SSI 涵盖了 STSE 的所有内涵以及其缺失部分，特别包含了对科学之伦理维度的考量和学生的道德推理（Zeidler et al 2002，p.344）。

世界各地的众多研究都强调，要在正式或非正式教育中整合 SSI 教学（Chang, Wu & Hsu 2013；Eggert & Bögeholz 2010；Sadler 2004a；Powell 2014）。SSI 在科学课堂上的作用如下：

（SSI）通常具有争议性，同时，在其可能解决方案的决策过程中，还需要一定程度的道德推理或对道德问题的评估。这样做的目的在于，使这些议题对学生来说有个人意义和吸引力，需要使用循证推理，并为理解科学信息提供情境（Zeidler & Nichols 2009，p.94）。

由于 SSI 具有关涉真实生活、结构不良等复杂性特征，学生往往会积极主动参与 SSI 教学（Sadler 2011）。教育工作者应当广泛探索 SSI 教学，因为它不仅能够达成 STSE 目标（Ramsey 1993），还能促进科学素养（Abd-El-Khalick 2003；Zeidler, Herman & Sadler 2019）。此外，SSI 对学生参与科学课程的主动性以及职业选择都有积极影响（Sadler 2009）。它还为教育者提供了在课堂上实施品德教育、实践公民教育的机会。SSI 课堂要求学生参与民主决策，促使他们考虑人们的价值观，培养学生的情商，而这些都是塑造品格的基石（Zeidler & Nichols 2009）。

研究目的与研究问题

虽然 SSI 有助于研究人员通过考虑多元视角来研究议题（Sadler, Barab & Scott 2007），但鲜有研究针对 SSI 的多维结构展开讨论（Es & Ozturk 2019）。就其本质而言，SSI 涉及亟待解决的矛盾和难题。考察学生如何处理 SSI、探索其论证、分析其反思是十分必要且有价值的。目前已有许多分析方法考察整合了 SSI 的教学如何影响学生论证、反思性判断或非形式推理等认识论思维。SEE-SEP 模型便是其中之一，已有大量研究基于该模型对学生的论证与决策能力进行了探索（Chang

Rundgren 2011；Christenson，Chang Rundgren & Rundgren 2012；Christenson，Chang Rundgren & Zeidler 2014；Es & Ozturk 2019），主要涉及高中生（Christenson et al 2012；Christenson et al 2014）或小学生对转基因生物、禁渔令等 SSI 的决策（Es & Ozturk 2019）。然而，对于未来教师本身是否能在课堂上采用这类多元视角，目前还有待探索。针对这一研究空白，本研究主要探讨职前科学教师在决策过程中对多元视角的运用。

本研究中的 SEE-SEP 模型说明了 PSTs 如何问题化基因治疗、PGD 两个议题。大量研究表明，在 SSI 教学中嵌入道德和伦理视角意义重大（Sadler 2004b；Zeidler et al 2009）。本研究选择聚焦遗传学议题，因为它们比较适合揭示学生的伦理和道德关注（Sadler & Zeidler 2004），同时也具有恰当的跨学科性质（Christenson 2015）。这类议题有助于学习者考量多元视角，培养高阶思维能力，提升 SSI 决策质量（Wu & Tsai 2007）。SEE-SEP 模型，就其本质而言，展示了人们对 SSI 的多元视角，帮助认识 SSI 的复杂性特征。此外，人们在日常生活中讨论 SSI 时，可以基于 SEE-SEP 模型对 SSI 形成更具整体性的认识（Chang Rundgren & Rundgren 2010）。SEE-SEP 模型亦可以用于探索 PSTs 的推理，可视化其对于议题的抽象性内部认识。本研究参与者作为未来的科学教师，思考科学、技术、社会、环境之间相互作用会带来哪些不可逆转的后果，探索自己对争议性议题的推理、个人价值观与信念，对科学教育而言是大有裨益的。本研究以 SEE-SEP 模型为分析框架，解析 PSTs 对基因治疗和 PGD 议题的支持性理由如何涉及六大主题领域——科学、环境、伦理/道德、社会学/文化、经济、政策，并探讨 PSTs 对这些议题的决策如何与价值观、知识、个人经验相互影响。

本研究的主要研究问题如下：
①PSTs 的决策如何与价值观、知识、个人经验相互作用？
②职前科学教师在处理不同的 SSI 主题时采取了哪些不同视角？

背　　景

科学课堂 SSI 教学的丰硕成果

先前研究强调，在科学课堂纳入 SSI 教学可以帮助科学教育者让学生参与到现实生活问题中。蔡德勒（Zeidler 2014）认为，理想状态下，SSI 教育应涉及结构不良的问题，要求个人进行科学论证与循证推理。在 SSI 课堂上，学生要在真实世界的情境中表达他们的理解并做出决策，从而提高进行复杂推理的能力。在科学课堂上处理现实生活问题、将 SSI 课程嵌入其中是非常重要的，因为科学与社会学/文化、环境、经济、伦理/道德、政策等众多其他领域相互作用，并且以上领域之间存在着多方面的交互关系。如何以科学为中心、联结所有这些相关概念以丰富其内涵，正是 SSI 研究数十年来一直在处理的课题（Sadler 2004a；Zeidler et al 2009）。让学生参与 SSI 不仅能促进其科学学习，还能对他们的道德敏感性发展做出重大贡献（Sadler et al 2007）。例如，在 SSI 情境下学习核能，可以增强学生在科学情境下对替代能源的理解，帮助他们对相关议题采取特定立场。此外，SSI 还可以让教师将全球性问题带入科学课堂，发展学生作为全球公民的品格与价值观（Lindahl，Folkesson & Zeidler 2019）。在基于 SSI 的学习环境中，道德、社会、政治问题影响着个人的决定；学生必须将科学概念及其社会实践综合起来（Sadler et al 2007），而这需要从多元视角对议题进行探究。考虑到 SSI 教学的价值，本研究以基因治疗和 PGD 为情境，让 PSTs 参与到基于 SSI 的学习环境中。两个议题的性质让学生得以考虑多元视角来评估问题、联系校外生活经验，帮助学生做好准备在将来成为负责任的公民（Aikenhead 2006），具备相关能力做出带有道德关涉的复杂决策。莫里斯（Morris 2014）在分析科学课本的基础上，聚焦两个 SSI 及其相关细节，强调了遗传学议题的重要性。她指出，科学教材普遍涉及遗传学议题，而这些议题非常适合帮助学生获得跨学科视角。莫里斯建议，像基因技术这样的议题应该被纳入课程纲要，以增强基于 SSI 的课程。

教师培训的作用

在课程中纳入 SSI 十分重要，此外，作为课程实施者的教师亦是 SSI 教育的关键所在。要在 SSI 教学和科学教育目标之间建立关联，教师职前培养至关重要（Sadler et al 2006）。教师培训被认为是在科学课堂上成功实施 SSI 教学的关键因素之一（Christenson 2015）。让学生参与 SSI 可以让他们获得针对结构不良议题的多元视角，从而提高其认知能力；可以加强批判性思维，推动他们投入问题解决。此外，接受 SSI 教学后，PTSs 的情感技能，如共情、伦理和道德品格也得到发展。然而，在教学过程中整合 SSI 是很困难的，这要求教师具备高阶思维技能。除了教师本身具备的技能外，还有各种因素影响着教师的教学实践，如学校的物理环境、文化价值、认识论取向、信念等（Hancock & Gallard 2004）。研究显示，个人价值观或信仰也经常渗透于个人对 SSI 的推理中（Albe 2008；Lee 2007）。过往研究强调，教师对 SSI 的态度、信念、个人经历等都会影响其教学（Khishfe 2014；Walker & Zeidler 2007）。就如何在科学课堂上教授 SSI 而言，教师发挥着决定性作用，是 SSI 教学的核心因素。因此，教师职前培养在塑造教师教学信念方面作用重大（Forbes & Davis 2008）。

SSI教学是支持以学生为中心、提高学生推理能力的教学策略（Albe 2008）。因此，在职前教师培养中讲授整合SSI的教学模式具有重要价值（Sadler 2011），教导PSTs如何在科学课堂上实施SSI教学是十分关键的。在本科教育期间，PSTs应当获得参与SSI学习的机会，这是因为，目前身为学生的他们将会成为下一代的科学教师。为此，在本研究中，作为未来教师的PSTs参与了两个结构不良的遗传学SSI情境，即基因治疗和PGD。选择这两个议题主要出于两点原因：第一，议题对于研究参与者（即PSTs）具有适宜性；第二，议题在社交媒体上被广泛讨论，且具有道德争议性。

探讨PSTs对这些议题的看法具有多方面的重要意义：首先，这些议题具有多学科性质，需要学生从多元视角进行思索与考量。其次，除了学生，教师也要参与多重功能性活动，如主持社会科学讨论、评估学生论证，还要在科学课堂上实施这些要求甚高的活动（Christenson 2015）。过往研究已经形成共识：将SSI引入科学课堂并对SSI讨论进行管理，对于科学教师而言，存在诸多困难。因此，参与类似讨论、积累SSI磋商的经验十分重要。再者，推进SSI教学可以培养学生作为全球公民的品格与价值观（Lee et al 2013）。如果教师希望自己的学生成为全球公民，就应该明白如何动员他们参与投入SSI讨论。这也是为什么教师需具备丰富的此类讨论经验的另一原因。最后，教师对SSI的态度会影响他们的教学方式。如果教师对教授这些议题感到不适，他们可能不会将这些问题引入课堂。因此，越早让PSTs参与SSI，越有利于他们获得相关经验，同时明白自己是如何看待、磋商、解决这些议题的。

SSI可以以两种方式应用于科学课堂：一是作为教学工具来提升学生的技能（如论证、批判性思维、反思性判断能力等），二是作为课堂教学的核心，探索学生的性格、价值观、认识论信念，考察他们如何进行决策。例如，SSI作为教学工具可用以探索学生反思性判断能力（Zeidler et al 2009；Karisan，Yılmaz-Tüzün & Zeidler 2017）、论证能力（Jimenez-Aleixandre et al 2000；Karisan et al 2017；Sadler & Donnelly 2006）、品格与价值观（Kim et al 2020；Lee et al 2013）。上述研究均指出，SSI教学应该涉及具有复杂性的两难问题，要求学生基于怀疑态度考量多元视角，从而加强学习和促进科学素养，实现科学教育的长期目标。此外，张·伦德格伦和伦德格伦（Chang Rundgren & Rundgren 2010）还强调了SSI的多学科性质，提出SEE-SEP模型，帮助研究人员基于其多学科性质来分析SSI推理。下节展开说明该模型及其在SSI研究中的应用。

SEE-SEP 模型及其应用

已有研究已经确认，SSI 毫无疑问具有多学科性质，使研究人员能够将与科学相关的复杂议题与社会联系起来。张·伦德格伦和伦德格伦（Chang Rundgren & Rundgren 2010）提出一个 SSI 分析框架，以科学与社会之关系来凸显其跨学科特点，即 SEE-SEP 模型，将 SSI 涉及的六大不同主题领域——社会学/文化（S）、环境（E）、经济（E）、科学（S）、伦理/道德（E）、政策（P）——与价值观、个人经验、知识三个方面结合起来。学生结合六个主题领域进行 SSI 推理，通常立足于价值观、知识、个人经验方面。该模型使得研究人员能够探索学生基于不同领域形成的整体性观点。其六大组成部分亦即影响学生 SSI 推理的因素（如 Bell & Lederman 2003；Chang & Chiu 2008；Halverson，Siegel & Freyermuth 2009；Grace & Ratcliffe 2002）。张·伦德格伦和伦德格伦（Chang Rundgren & Rundgren 2010，p.11）所提供的模型图示见图 8.1。

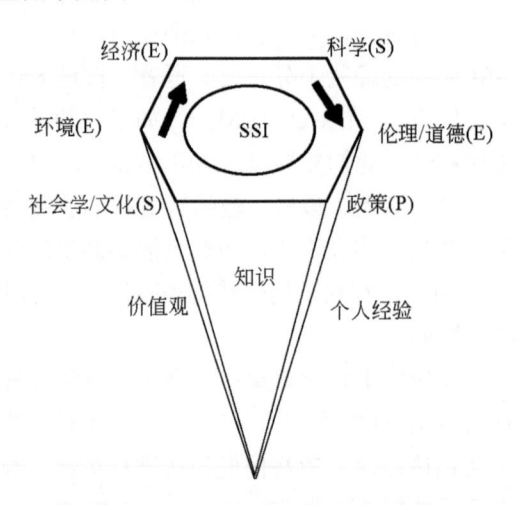

图 8.1　社会性科学议题 SEE-SEP 模型

张·伦德格伦和伦德格伦（Chang Rundgren & Rundgren 2010）用价值观一词指代人们的情感领域。他们解释道，每个学生在 SSI 中都根据自己的价值观进行决策。个人经验方面指学生对现实生活 SSI 决策时倾向于使用自己的经验。知识方面是指学生基于科学知识做出的解释。社会学/文化主题领域强调文化和社会对学生决策的影响。通过在模型中加入环境主题领域，张·伦德格伦和伦德格伦（Chang Rundgren & Rundgren 2010）强调学生在决策中明确整合环境是十分重要的。在一些情况下，学生决策也会受到经济主题领域的影响。因此，他们加入了经济主题领域,旨在解释经济条件对学生 SSI 决策的影响(例如,DDT 在低收入国家允许使用,而在高收入国家则被禁止,这是由于人们关注事项的优先级受到经济财富的影响)。而科学作为模型中最重要的部分,指的是不同学科科学知识,包括化学、生物、医学、技术等,这些知识影响思维过程,所以也会影响 SSI 决策。伦理/道德是 SEE-SEP 模型涵盖的另一主题领域。宗教理念或个人伦理道德观点常常在学生决策中有所呈现。最后,政策主题领域指的是人们对权威(即政府和法律)的信任。某些 SSI 如建造核电站或终止妊娠,主要由法律或政府决定,部分学生可能认为政府有权制定法律和约束性法规。学生决策可以同时基于一个或多个主题领域,并与价值观、知识、个人经验方面相互作用。此外,学生决策所涉及的主题领域和方面可能根据 SSI 主题而改变(Chang Rundgren & Rundgren 2010)。

研究方法

本研究采用探索性序列混合方法设计(图 8.2),其特点是在初始阶段先收集质性资料,然后进行定量数据分析(Creswell & Plano-Clark 2011)。在本研究中,研究人员采用了量化方法,即把质性资料转化为数量代码(Miles & Huberman 1994;Teddlie & Tashakkori 2006;Tashakkori & Teddlie 1998)。以 SEE-SEP 模型为分析框架(Chang Rundgren & Rundgren 2010),采用质性方法,对 PSTs 就两个 SSI 撰写的书面报告进行编码;随后,使用量化方法将质性资料转化为数量代码(Miles & Huberman 1994)。如此一来,研究人员能够对 PSTs 使用支持性理由的模式进行量化,并在不同情境之间进行比较。之后,研究人员运用质性分析,进一步展开阐述 PSTs 支持性理由的使用模式及其相关例证。

图 8.2 探索性序列设计

研究参与者

来自四年制科学教师教育学位项目的 47 名本科三年级 PSTs 参加了本项研究,他们均就读于土耳其西部一所小型公立大学,都选修了遗传学和生物技术课程,这是一门在第六学期(科学教师教育项目第三年)开设的必修课。土耳其的教师教育课程由土耳其高等教育委员会(HEC)统一管理。该委员会确定了土耳其全国各教师教育项目的培养年限以及培养课程方案。科学教师教育项目包括八个学期的教学（每年两个学期），毕业生可获得科学教师资格，这也是在小学五至八年级教授科学的必要条件。在科学教师教育项目中，PSTs 须完成一系列必修课程，包括物理、化学、生物、数学，此外，还要完成教学法和教学内容课程（HEC 2007）。

研究设计与数据收集

本研究在 2016—2017 年春季学期的遗传学和生物技术课程中展开。本章第一作者主导了研究，第二作者则同时担任课程讲师和研究者的角色，负责施教课程内容。课程由两部分组成，即遗传学和生物技术入门（第一部分）和情境讨论（表 8.1）。课程每周一次、每次课时为两小时。

表 8.1 遗传学和生物技术课程设计

课程内容	涵盖主题
第一部分—遗传学和生物技术入门（7 周）	现代遗传学概述
	经典遗传学（孟德尔）
	人类遗传学
	分子遗传学
	生物技术
第二部分—情境讨论（5 周）	情境介绍
	S-1：基因治疗
	S-2：PGD

课程第一部分共七周，主要向 PSTs 介绍讲授了经典与现代遗传学基本原理，以及生物技术基本概念。讲师首先介绍了遗传学作为一门科学学科的发展历程，将经典遗传学（孟德尔）作为现代遗传学的先驱。接下来几周则介绍了遗传、孟德尔遗传定律、人类遗传、系谱图等内容知识。讲师还解释了分子遗传学如何随着技术进步而发展壮大，从而揭示了经典遗传学未曾明确解决或阐明的疑点/问题。DNA 及其机制的发现、遗传密码及遗传信息的复制/中心法则也在这一部分进行了讲授。最后，讲师介绍了生物技术概念和最新基因技术，并涉及了基因工程议题。

课程第二部分介绍了新基因技术带来的决策困境。讲师解释了议题讨论的目的，在每个议题的课堂讨论之前，通过电子邮件将议题相关信息向全体 PSTs 发布。对每个议题情境的讨论持续两周（每周 100 分钟）；PSTs 需要在讨论前撰写个人报告，阐明自己在每个议题情境中会做出何种决策以及如何决策的思考过程，并以个人形式提交报告。这些书面报告即为本研究的质性材料，PSTs 共提交了总计 94 份报告。

两个 SSI 情境都旨在培养 PSTs 的 SSI 决策能力。经过 2013 年、2018 年两轮修订[Ministry of National Education（MoNE）2013，2018]，最新的土耳其小学科学课程纲要强调基于 SSI 培养学生决策及非形式推理能力的重要性。由此，八年级课程的部分教学目标明确指向让学生讨论遗传学以及生物技术应用中出现的决策困境（MoNE 2018, p.49）。因此，在有关遗传学及生物技术决策困境的讨论中，教师的作用愈发关键。然而，目前还没有课程直接指向培养 PSTs 在遗传学相关困境中的决策能力。针对这一空白，本研究旨在向 PSTs 提供相关途径参与讨论遗传学相关 SSI。本研究使用的议题涉及多元视角的考量，为培养 PSTs 决策能力提供了适宜情境。我们在回顾过往研究文献的基础上，形成了议题情境及其所涉及的问题（Bell & Lederman 2003；Sadler & Zeidler 2004）；此外，亦参考了"个人遗传学教育项目"（Personal Genetics Education Project, http：//pged.org/lesson-plans/）的相关资料。这些议题情境在前序学期（2016 年春季学期）对 42 名 PST 进行了试点研究。本研究旨在探索 PSTs 是否能在决策中考虑多元视角，因此我们创设了议题情境要求 PSTs 基于情境做出决策并提供辩护理由。情境及其具体内容如下。

SSI 情境与提示

情境 1：基因治疗

在该情境中，PSTs 了解有关基因治疗及其在亨廷顿病（一种致命的遗传病，30 岁左右开始表现症状）、提升人类智力等特定情况下的应用情况。PSTs 需对以下问题做出决策：基因治疗应该使用于哪些情况？治疗亨廷顿病基因抑或提高未出生婴儿的智力？课堂要求他们考虑潜在利益相关者（家庭成员、家庭和儿童权利、伦理、法律、社会和技术问题）的不同视角。

情境 2：PGD

在该情境中，PSTs 了解了 PGD 相关背景信息（即如何操作 PGD、适用情况或条件、PGD 在部分情形中的可能应用）。随后，引入一个假设案例，即家中有一个患儿急需骨髓移植。假设案例介绍完毕后，要求 PSTs 讨论是否应当应用 PGD 为患儿创造一个骨髓捐献者。参与者需考虑可能的利益相关者（家庭成员、家庭和儿童权利、伦理、法律、社会和技术问题），并就自己对利用 PGD 生育与患儿骨髓完美匹配的二胎以为其捐献骨髓一事上的看法进行解释。

数据分析

SEE-SEP 分析框架可以探索 PSTs 在决策中如何运用多元视角，在此用以对 PSTs 的书面文本进行编码。由于 PSTs 决策并未涉及与环境主题领域的任何关联，因此只针对五个主题领域（社会学/文化、经济、科学、伦理/道德、政策）进行了分析。在编码过程中，采用了"分析单位"来处理 PSTs 的书面报告（Merriam 1998；Trochim 2020）。研究中的分析单位指被分析的主要实体，包括个人、群组以及诸如书籍或照片等人工物（Trochim 2020）。在本研究中，编码单位（分析单位）基于 PSTs 的书面回答生成，每个书面语句都被作为编码单位分析；对每个主题领域及方面的呈现频次进行计算。此处，"PST"表示职前科学教师，并用序号标注某具体 PST（如 PST-3）。不同情境编码为 S-1 和 S-2。各主体领域的详细描述见表 8.2。

表 8.2　编码说明和 PSTs 书面报告范例

编码	说明	范例
社会学/文化（So）	PSTs 提供了与社会学/文化学科领域有关的支持性理由。	对我们的社会来说，家庭意味着一家人团结起来帮助每个家庭成员克服困难（PST-40, S-2）。
经济（Ec）	PSTs 提供了与经济学科领域有关的支持性理由。	有了这种应用（基因治疗），每个人都可以有聪明的孩子，只要他们有足够的钱（PST-1, S-1）。
科学（Sc）	PSTs 提供了与科学（即生物、化学、技术或医学）领域有关的支持性理由。	在基因治疗中，父母配子的特定基因被改变了，也就是说只有生病的基因被替换了（PST-40, S-1）。
伦理/道德（Et）	PSTs 提供了与伦理/道德领域有关的支持性理由。	未出生的婴儿有 50% 的概率可能会生病（PST-31, S-2）。进行基因治疗是一个关于道德伦理准则的问题。例如，对一个孩子进行基因治疗可能会让其他人感到不悦（PSST-18, S-1）（PST-30, S-2）。
政策（Po）	PSTs 提供了与政策和法律主题领域相关的支持性理由。	它（基因治疗）可以用来治疗病人，但应该有某种规则和立法来规范它的应用（PST-7, S-1）。这种方法（PGD）应该在一些预设的规则下应用（PST-42, S-2）。

六个主题领域可以与知识（K）、价值观（V）、个人经验（P）中的一个或多个方面相联系。因此，SEE-SEP 模型也囊括了三大方面与六个主题领域之间的相互关联，从而形成 18 个代码供分析（表 8.3）。

表 8.3　基于 SEE-SEP 模型的代码（Chang Rundgren & Rundgren 2010）

主题领域	议题方面		
	知识（K）	价值观（V）	个人经验（P）
社会学/文化（So）	SoK	SoV	SoP
环境（En）	EnK	EnV	EnP

续表

主题领域	议题方面		
	知识（K）	价值观（V）	个人经验（P）
经济（Ec）	EcK	EcV	EcP
科学（Sc）	ScK	ScV	ScP
伦理/道德（Et）	EtK	EtV	EtP
政策（Po）	PoK	PoV	PoP

PSTs 的书面论证可能同时涉及一个或多个主题领域和/或方面,也可能包含主题领域与方面之间的相互作用（如 EtK 伦理-知识关联）。因此，使用从 SEE-SEP 模型演绎生成的 18 个代码对这些书面论证进行编码，主要关照知识、态度、个人经验方面。编码范例如下所示：

> 家庭生二胎不应该只为了骨髓捐赠。这是不对的。只有在经济条件允许养育第二个孩子的情况下，家庭才应该生二胎。（PST-2，S-2）

上述摘录中，PST-2 把她基于经济理由的论证支持与自己的信念联系在一起。因此，该陈述编码为 EcV（经济-价值观关联）。

> 如果这种方法（基因治疗）变得易于应用，不同国家之间可能会发生战争。这种方法可以用来做好事，也能被用来做坏事。因此，使用这种方法是不道德的。（PST-5，S-1）

PST-5 解释了为什么进行基因治疗有违伦理，同时说明了基因治疗可能带来好结果，也可能导致负面问题（显示价值观方面）。因此，该陈述被编码为 EtV（伦理-价值观关联）。

研究信效度

本研究采取了一系列方法以确保研究结果的信效度。首先，采用研究者三角互证法避免对资料的误读。两位作者均有超过 10 年的科学教育研究及教学经验，分别对 10% PSTs 书面报告进行编码，对如何在资料分析过程中使用 SEE-SEP 模型达成共识。此后，第二作者对全部书面报告进行编码，第一作者随机抽取半数书面报告进行编码。随后，比对两位作者的编码，用一致编码的总数除以分歧编码的总数计算得出评分者间信度，表明不同编码者对资料分析的异质性（Miles & Huberman 1994）。本研究第一轮编码的评分者间信度为 80.9%。两位作者对编码进行了讨论，澄清、处理了编码上的含混与分歧，接着继续各自的编码工作。第二轮评分者信度为 90.4%，表明不同编码者的资料分析相互兼容且信度较好。

为了确保研究的信效度，研究人员还采用了长期参与（prolonged involvement）与丰富描述（rich description）等方法。第二作者既是研究者亦是授课讲师，在研究进行期间始终密切参与研究进程，确保了研究者的长期参与（Creswell & Miller 2000）。此外，研究为收集资料引入了两个不同 SSI 情境，并对其背景提供了丰富描述（Maxwell 2009）。

研究发现

SEE-SEP 模型下的 PSTs 决策的支持性理由

第一，对 PSTs 决策的支持性理由在六个主题领域的分布差异进行分析。涉及各个主题领域的支持性理由总数除以 PSTs 决策的支持性理由总数得出各领域的频率（%）即分布情况。用同样的方法分析知识、价值观、个人经验三个方面的支持性理由分布。

职前科学教师支持性理由的主题领域

第二，对两个 SSI 情境下 PSTs 支持性理由在六大主题领域的不同分布情况进行探索（图 8.3），发现 PSTs 主要使用道德/伦理（41%）进行决策，其次为科学（32%）。涉及伦理/道德和科学主题领域的决策论证范例如下：

> 我认为这是道德的（指使用 PGD）。拯救生命总是合乎伦理的。你是在让自己从小就在与病魔做斗争的孩子重获新生。（PST-5，S-2，Et）

> 必要时，人们可以将自己的器官捐献给一个从未见过的人。如果这个（被捐献骨髓的）人是他的兄弟/姐妹，那就没有问题。这可以帮助治疗，因为亲兄弟姐妹的组织相容性很高。（PST-2，S-2，Sc）

上述摘录为两名 PSTs 认同 PGD 应用的书面理由。第一段摘录中的职前科学教师（PST-5）出于道德/伦理原因认可 PGD，因为她认为这是为了"拯救生命"；而第二段摘录中的职前科学教师（PST-2）支持 PGD 的原因是亲手足之间"组织相容性很高"。

即使对 PGD 应用的决策立场相同，不同 PSTs 可能运用不同理由（如上文所述）来支持其决策；同时，职前科学教师可能在同一个 SSI 情境中运用多个理由。例如，在基因治疗 SSI 中，PST-12 表明：

> ……如果我有亨廷顿病，就有可能将变异基因遗传给我的孩子，有 50%概率会患病。我不希望这样。因此，我会想尝试生殖细胞基因治疗（germ-line gene therapy）。（ScK）

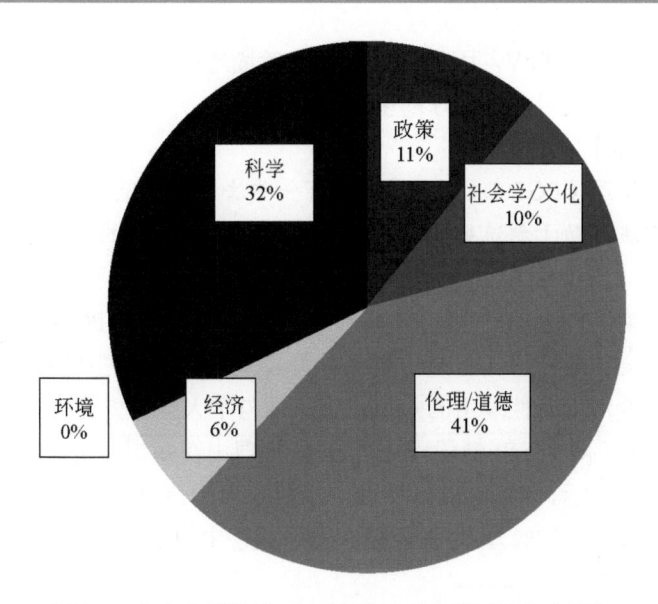

图 8.3　六大主题领域 PSTs 支持性理由的平均分布情况

　　同样，我对使用基因治疗来提高人类智力持积极态度。例如，如果应用基因疗法，让孩子成为一个成功的科学家，富于创造性的想法和发明，那么，这对我们国家是有利的。因此，也能促进我们国家的经济和社会发展。（So 和 Ec）

PST-12 解释了她为什么支持在情境所提供的不同案例中应用基因治疗（亨廷顿病和提高人类智力）。此处，PST-12 运用了她理解的遗传模式知识与案例情境提供的科学概念，即生殖细胞中的亨廷顿相关基因（变异基因）将被遗传给下一代；以及由于亨廷顿病具有常染色体显性模式，生育患病后代的概率是 50%。因此，这些陈述被编码为 ScK（科学-知识）。此外，该职前科学教师还基于社会学（对我们的国家和社会有益）和经济（经济救济）相关概念，对基因治疗的应用做出了相同决策。

PSTs 的书面报告较少提及政策和社会学/文化两大领域（分别为 11% 和 10%）。此外，PSTs 支持性理由出现最少的是经济主题领域（6%），而环境主题领域则没有出现任何支持性理由。涉及这些主题领域中的 PSTs 书面理由也与知识、价值观、个人经验等方面密切相关。例如 PST-9 就表示：

　　经济条件好的人可以轻易使用这种治疗方法（指基因治疗），而其他对此缺乏了解或没有这么好经济条件的人则不会使用这种治疗方法。这可能会导致不良后果。（S-1）

上述论证编码为 EcV，因为结合了经济考量与自身价值观（他认为这会导致不良后果）来支持反对基因治疗的主张。

PST-44 表述了如下观点：

应当使用（PGD），但我认为要有一些法律来规范 PGD 的应用，因为这种方法有助于创造更多健康的世代，与疾病有关的基因也将不会遗传给后代。（S-2）

以上陈述编码为 PoK，PST-44 解释了他认为应该使用 PGD 的原因，提到疾病关联基因不会传给后代（与遗传模式有关），涉及了政策主题领域与知识方面。

职前科学教师支持性理由的知识、价值观与个人经验方面

图 8.4 展示了两个 SSI 情境下，PSTs 支持理由在知识、价值观和个人经验方面的分布。结果显示，PSTs 支持性理由主要来自于自身价值观（66%），提到知识方面的程度较低（33%），个人经验在书面回答中很少被提及（1%）。

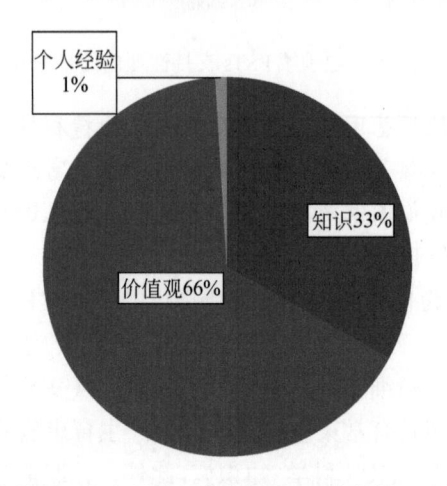

图 8.4　知识、价值观、个人经验三个方面 PSTs 支持性理由的平均分布情况

PSTs 支持性理由在不同 SSI 情境下的差异

在考察了 PSTs 在知识、价值观、个人经验等方面的支持性理由后，我们探讨了不同 SSI 情境下 PSTs 提供的支持性理由是否有所不同。虽然两个情境都基于遗传学相关 SSI，但在不同情境中，PSTs 支持性理由在知识、价值观、个人经验方面的分布有所不同。总体上看，PSTs 提供了比较多与价值观方面有关的支持性理由，尽管具体占比在两个 SSI 中存在差异（分别为 71%和 61%）。在书面报告中，知识方面的内容较少被提及。在基因治疗 SSI 中，知识方面的分布为 28%，在 PGD

情境中为38%。此外，只有1%的支持性理由来自于个人经验方面（图8.5）。

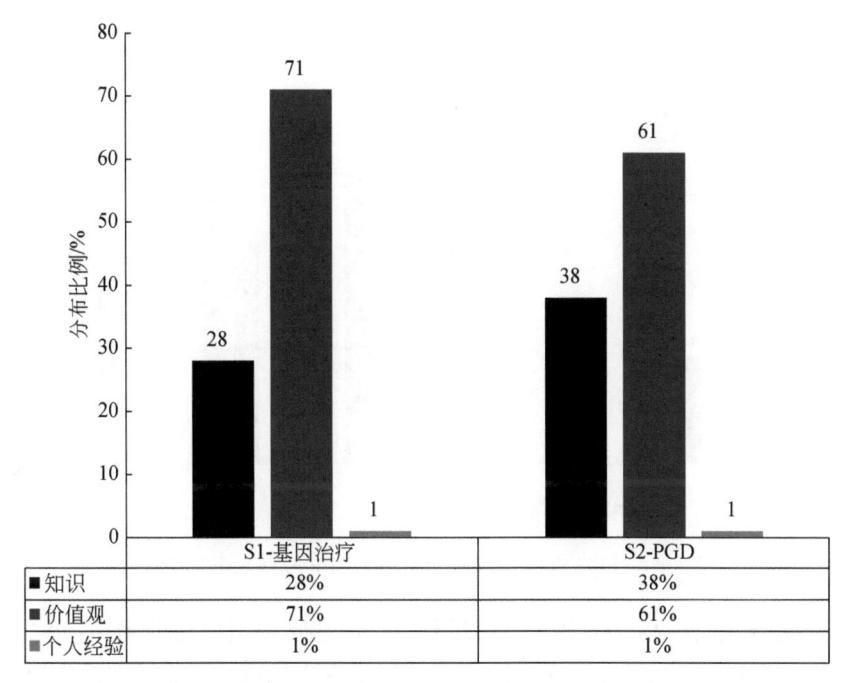

	S1-基因治疗	S2-PGD
■知识	28%	38%
■价值观	71%	61%
■个人经验	1%	1%

图8.5　不同情境下PSTs支持性理由在知识、价值观、个人经验方面的分布

随后，我们分析了不同SSI情境下，PSTs如何使用不同主题领域进行决策（图8.6）。总体上看，科学和伦理/道德这两个学科领域在PSTs对两个SSI的决策过程中均占据主导地位。具体而言，基因治疗SSI中，科学主题领域的分布为41%，伦理/道德紧随其后，在PSTs决策中占33%。此外，PTSs的支持性理由中有15%与社会学/文化有关，但经济和政策则很少展现在其决策中（分别为8%和3%）。在PGD情境中，参与者在形成决策时大多使用了伦理/道德主题领域（51%）。相较于基因治疗，PSTs对PGD议题的决策较少涉及科学主题领域（21%），而政策主题领域在其支持性理由中与科学具有同等程度的体现（21%）。社会学/文化（4%）和经济（3%）领域的支持性理由在其决策中的使用频率较低。

讨论

本研究旨在考察PSTs对基因治疗、PGD议题进行决策的支持性理由如何在六大主题领域中有不同程度的呈现，探索其决策与价值观、知识、个人经验三个方面的相互作用。为此，我们设计了一套SSI课程，提供了两个与遗传学议题相关的案例情境，并分析了 PSTs 针对议题的课堂讨论所撰写的书面报告。

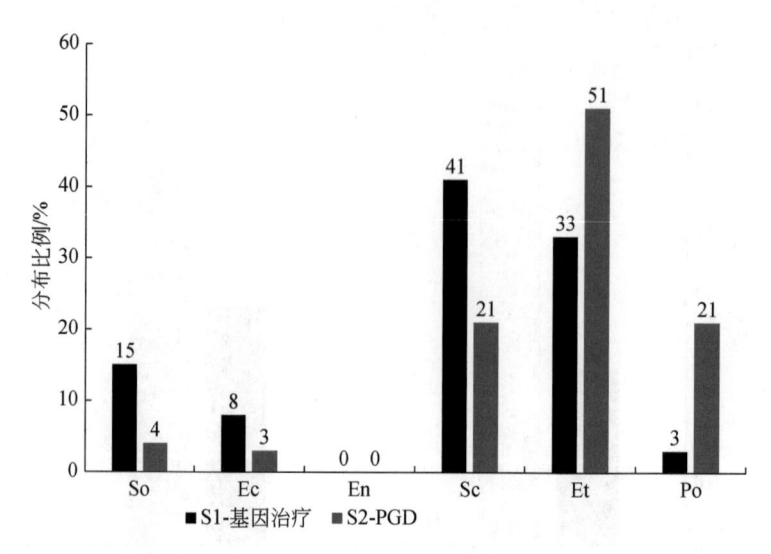

图 8.6　不同情境下 PSTs 支持性理由在 SEE-SEP 模型六个主题领域的分布

研究结果显示，PSTs 对两个 SSI 进行论证时通常使用伦理/道德主题领域的辩护理由。以上研究发现与过往研究一致，凸显了 SSI 情境中道德议题的重要性（如 Zeidler & Keefer 2003）。萨德勒与蔡德勒（Sadler & Zeidler 2004）试图探索学生就基因工程议题进行非形式推理的能力，对学生的回应进行分析后提出，道德意涵影响着学生的推理技能，而道德情操则引导着他们的态度倾向。除了伦理/道德，科学知识是参与者决策中的另一个共同领域。本研究结果显示，PSTs 就遗传学议题形成决策时，非常依赖于科学主题领域。

第二个研究问题主要探索 PSTs 对基因治疗、PGD 议题的决策如何与价值观、知识、个人经验方面相互作用。结果显示，PSTs 的个人价值观（66%）引导了他们在两个情境下的决策，其次是知识方面（33%），资料中最少出现的是个人经验（1%）。知识与价值观方面在参与者回应中占主导，而个人经验只在一名 PST 的陈述中轻描淡写地带过。综上，可以得出结论，即相较于知识与个人经验，价值观是 PSTs 决策中最重要的方面。以上发现与一系列研究一致（Albe 2008；Binder et al 2012；Chang & Chiu 2008；Christenson 2015；Grace & Ratcliffe 2002）。信息来源、个人经验以及价值观是可能影响个体决策的因素（Cebesoy & Oztekin 2016；Binder et al 2012）。在另一项研究中，格雷斯和拉特克利夫（Grace & Ratcliffe 2002）也发现，在物种保护议题上，学生主要基于自己的价值观而不是依靠科学知识进行决策，这为前述主张提供了支撑。此外，贝尔和莱德曼（Bell & Lederman 2003）

也发现，学生决策主要依赖于他们的个人价值观。蔡德勒等（Zeidler et al 2002）支持该论点，指出人们在宗教、信仰、价值观等争议性问题上倾向于依赖自己的价值判断。本研究中的遗传学问题可能就是这样的争议性问题。因此，即使PSTs试图用科学知识来评估基因治疗和PGD议题，他们的个人价值观也影响了其行动选择。

在PSTs的支持性理由中，知识方面是第二常见的代码（33%）。众多研究肯定了内容知识有助于加强决策的观点（Cebesoy & Oztekin 2016, 2018; Means & Voss 1996; Sadler & Donnelly 2006）。张·伦德格伦和伦德格伦（Chang Rundgren & Rundgren 2010）认为，内容知识有助于通过SSI教学来解决复杂的现实生活问题。萨德勒与蔡德勒（Sadler & Zeidler 2005）、蔡德勒等（Zeidler et al 2005）也谈到了内容知识与非形式推理质量之间的正相关。此外，刘易斯和利奇（Lewis & Leach 2006）报告说，遗传学议题的讨论质量很大程度上受到学生内容知识的影响。人们已经认识到，科学知识在SSI决策或非形式推理中十分重要（Sadler 2004a），因为它有助于提高SSI教学的质量（Sadler &Donnelly 2006），有助于培养进行有凭据的知情决策能力。

然而，学生往往不能将科学数据与自己的主张联系起来（Sadler, Chambers & Zeidler 2004）。虽然知识方面是本研究第二常见的编码，但33%本身并不是很高的占比。事实上，67%的PSTs书面报告并没有依凭科学证据或内容知识。曹等（Jho et al 2014）指出，一些非科学因素（即个人经验、情感、信任、价值观）往往发挥着比科学知识更大的作用。本研究中的大多数参与者很少应用科学知识来论证遗传学议题。大量研究曾强调，内容知识是做出知情决策的前提条件（Means &Voss 1996）。例如，刘易斯和利奇（Lewis & Leach 2006）指出，学生必须具备特定的科学知识，并理解所讨论主题的关键要素，才能对遗传学议题进行相关讨论。尽管上述研究强调了科学内容知识与做出良好决策的能力之间的正相关性，但曹等（Jho et al 2014）在研究中对这一观点提出了质疑，他们发现学生态度能够影响决策，而科学知识对决策影响则不那么有效。

虽然曹等（Jho et al 2014）的研究发现指向了一个矛盾结果，但对于内容知识在SSI决策中的作用存在着基本共识。克里斯滕森等（Christenson et al 2012）探讨了80名高中生如何使用科学知识来支持其论证，并发现学生很少使用知识方面提供回应。本研究主张，如果学生理解了议题并掌握具体的内容知识，他们就会对问题做出具有连贯性的论证。科学知识方面使用较少，可能是因为PSTs缺乏足够的内容知识，因为议题讨论限定于本研究的范围，而土耳其职前教师教育课程纲要并没有设置基因工程困境或生物技术必修课。

过往文献通常主张个人往往利用个人经验来解决结构不良问题（Zeidler & Schafer 1984）；与之相反，在本研究中，个人经验方面是在 PSTs 支持性理由中最少提及的编码。研究者（Sadler et al 2004a；Zeidler et al 2002）已指出个人经验在决策中起着核心作用。然而，本研究的结果表明，决策是否以及在多大程度上依赖于个人经验取决于所讨论议题的具体情况。例如，在帕特罗尼斯等（Patronis et al 1999）的研究中，研究人员采用了一个有关当地道路建设的议题，学生可能对将要修建公路的地区有重要的个人经验，这使他们在以往经验的基础上构建自己的论证。然而，本研究结果显示，在基因治疗和 PGD 议题上，只有 1%的 PSTs 解释涉及个人经验。绝大多数 PSTs 在就这些议题进行决策时没有提到自己的经验，原因可能在于他们缺乏相关经验。本研究参与者仍是本科生，均单身、无孩，都没有亲自或在家庭中面对过这些情境。很显然是由于这个原因，这两个议题情境和他们的个人生活没有太大关系。因此，在本研究中，PSTs 决策理由只有 1%涉及个人经验是十分合理的。

不论情境如何，科学和伦理/道德主题领域以及价值观方面在 PSTs 对两个 SSI 的决策中都更为主要。结果显示，在这两个 SSI 中，PSTs 使用价值观的程度（66%）高于知识（33%）。虽然主导方面（价值观）在两种情境下没有变化，但各方面的占比有所不同（图 8.5 和图 8.6）。例如，基因治疗中，价值观方面的占比为 71%，PGD 中的占比为 61%。此外，知识方面的占比在两个情境中分别为 28%和 38%。这一结果与曹等（Jho et al 2014）的研究发现有些类似，他们主张除了内容知识外，情境化知识也决定了决策质量。寇思德（Kolstø 2001）也提出了类似发现，指出除了内容知识，情境知识也可能有助于决策，受到所讨论情境的特殊性以及个人经验的影响（Lewis & Leach 2006）。这可以用克里斯滕森等（Christenson et al 2012）的研究来解释，因为科学知识水平可能随着讨论议题不同而有所变化。有些议题要求个人依据科学知识（如分子生物学、生物技术），有些则需要凭借环境（全球气候变化、替代能源），而还有些则需要依赖社会学/文化（消费行为等）。很明显，议题性质也会影响个人如何形成推理并利用推理来支持自己观点。SEE-SEP 模型通过分析学生如何情境化、应对争议性问题，帮助教师确定哪些话题应该纳入科学课。此外，该模型还能帮助研究人员对学生处理 SSI 时的多学科观点有一个大致的了解（Chang Rundgren & Rundgren 2010）。

未来研究方向

在本章，SEE-SEP 模型作为分析框架，用于分析 PSTs 就两个遗传学困境的书面论证。该模型帮助教师探察学生对给定问题的多元视角。然而，本研究和之前运用该模型的文献都发现，学生推理所涉及的主题领域具有情境依赖性。有些议题更是和政策主题领域出现在决策论证中（建造核电站或在一个地区建造高速公路），其他议题可能更适合环境（气候变化、可再生能源）或伦理/道德（基因治疗、克隆）。在本研究中，由于所讨论的议题（遗传学困境）与环境无关，研究人员无法提炼出与环境主题领域有关的任何发现。考虑到这一点，未来研究人员如果想探索所有六个主题领域，应该使用不同的情境。

过往研究以及本研究均发现，大多数 SSI 讨论参与者的决策解释主要依靠个人价值观而非知识。虽然个人价值和经验在基于 SSI 的推理中普遍存在，但科学知识也是拥有进阶推理的前提条件。这一共同发现可以提示未来研究人员应考虑如何加强科学知识。如果研究人员旨在实现科学教育标准目标，培养具有科学素养的人，他们应该了解，科学知识很少出现在学生的 SSI 讨论中，价值观和个人经验则更为常见。建议未来研究关注如何增加学生对科学知识的讨论，这也是 SSI 教学的内在要求。未来研究者还可以考察决策论证所涉及的科学知识的数量及其质量（基于科学事实或伪科学）是否充分。

对未来研究的另一个建议有关 SEE-SEP 模型的应用。本研究采用了混合方法来分析 PSTs 的书面报告。研究焦点在于探索涉及六个主题领域的频率以及它们与三个方面的关系。为此，我们采用了量化方法，把质性资料转化为数量代码，以量化 PSTs 决策支持性理由的模式，比对不同情境进行比较，通过计算得到每个主题领域和方面的出现频率。以这种方式呈现结果可能限制了研究探索。未来可以着重调查六个学科领域（科学、环境、伦理/道德、社会学/文化、经济和政策）与三个方面（价值观、知识和个人经验）之间的相互关系，更深入地了解学生的推理方式。

结　　论

科学教育的首要目标是提高科学素养，但没有公式可以直接套用；然而，教育者已经提出了许多方法（即参与探究式学习活动，将现实生活问题带入课堂，打造跨学科学习环境等）来实现这一目标。SSI 教学提供了另一培养科学素养的有效途径。尽管将 SSI 纳入科学课堂并不是什么新鲜事，但教育者或教师仍然很难将其整合，即使实现有效整合，仍然很难对其进行评估。SEE-SEP 模型为评估基于 SSI 的讨论提供了一个清晰而合理的方法，它帮助调查者探索参与者在 SSI 中的推理方式。该模型还让研究者通过揭示科学、环境、伦理/道德、社会学/文化、经济和政策与知识、价值观和个人经验这三个方面的相互作用来探索 SSI 的多维性。

参 考 文 献

Abd-El-Khalick, F. (2003). Socioscientific issues in pre-college science classrooms. In D. L. Zeidler (Ed.), *The role of moral reasoning on socioscientific issues and discourse in science education* (pp. 41-61). Springer. doi:10.1007/1-4020-4996-X_3

Aikenhead, G. S. (2006). *Science education for everyday life: Evidence-based practice*. Teachers College Press.

Albe, V. (2008). Students' positions and considerations of scientific evidence about a controversial socioscientific issue. *Science and Education*, *17*(8-9), 805-827. doi:10.100711191-007-9086-6

Bell, R. L., & Lederman, N. G. (2003). Understandings of the nature of science and decision making on science and technology based issues. *Science Education*, *87*(3), 352-377. doi:10.1002ce.10063

Binder, A. R., Cacciatore, M. A., Scheufele, D. A., Shaw, B. R., & Corley, E. A. (2012). Measuring risk/benefit perceptions of emerging technologies and their potential impact on communication of public opinion toward science. *Public Understanding of Science (Bristol, England)*, *21*(7), 830-847. doi:10.1177/0963662510390159 PMID:23832561

Bybee, R. W. (1995). Achieving scientific literacy. *Science Teacher (Normal, Ill.)*, *62*(7), 28.

Bybee, R. W. (2014). NGSS and the next generation of science teachers. *Journal of Science Teacher Education*, *25*(2), 211-221. doi:10.100710972-014-9381-4

Cebesoy, U. B., & Oztekin, C. (2016). Relationships among Turkish pre-service science teachers' genetics literacy levels and their attitudes towards issues in genetics literacy. *Journal of Baltic Science Education*, *15*(2), 159-172.

Cebesoy, U. B., & Oztekin, C. (2018). Genetics literacy: Insights from science teachers' knowledge, attitude, and teaching perceptions. *International Journal of Science and Mathematics Education*, *16*(7), 1247-1268. doi:10.100710763-017-9840-4

Chang, H. Y., Wu, H. K., & Hsu, Y. S. (2013). Integrating a mobile augmented reality activity to contextualize student learning of a socioscientific issue. *British Journal of Educational Technology*, *44*(3), E95-E99. doi:10.1111/j.1467-8535.2012.01379.x

Chang, S. N., & Chiu, M. H. (2008). Lakatos' scientific research programmes as a framework for analysing informal argumentation about socioscientific issues. *International Journal of Science Education*, *30*(13), 1753-1773. doi:10.1080/09500690701534582

Chang Rundgren, S. N., & Rundgren, C. J. (2010). SEE-SEP: From a separate to a holistic view of socioscientific issues. *Asia-Pacific Forum on Science Learning & Teaching*, *11*(1), 1-24.

Christenson, N. (2015). *Socioscientific argumentation: Aspects of content and structure* (Doctoral dissertation, Karlstads University). http://www.diva-portal.org/smash/record.jsf?pid=diva2%3A80 6023&dswid=-8412

Christenson, N., Chang Rundgren, S. N., & Höglund, H. O. (2012). Using the SEE-SEP model to analyze upper secondary students' use of supporting reasons in arguing socioscientific issues. *Journal of Science Education and Technology*, *21*(3), 342-352. doi:10.100710956-011-9328-x

Christenson, N., Chang Rundgren, S. N., & Zeidler, D. L. (2014). The relationship of discipline background to upper secondary students' argumentation on socioscientific issues. *Research in Science Education*, *44*(4), 581-601. doi:10.100711165-013-9394-6

Creswell, J. W., & Miller, D. L. (2000). Determining validity in qualitative inquiry. *Theory into Practice*, *39*(3), 124-130. doi:10.120715430421tip3903_2

Creswell, J. W., & Plano Clark, V. L. (2011). *Designing and conducting mixed methods research* (2nd ed.). Sage Publications.

Czerniak, C. M., & Lumpe, A. T. (1996). Relationship between teacher beliefs and science education reform. *Journal of Science Teacher Education*, *7*(4), 247-266. doi:10.1007/BF00058659

Eggert, S., & Bögeholz, S. (2010). Students' use of decision-making strategies with regard to socioscientific issues: An application of the Rasch partial credit model. *Science Education*, *94*(2), 230-258.

Es, H., & Ozturk, N. (2019). An Activity for transferring the multidimensional structure of SSI to middle school science courses: I discover myself in the decision-making process with SEE-STEP! *Research in Science Education*, 1-22. doi:10.100711165-019-09865-1

Forbes, C. T., & Davis, E. A. (2008). Exploring preservice elementary teachers' critique and adaptation of science curriculum materials in respect to socioscientific issues. *Science & Education*, *17*(8-9), 8-9, 829-854. doi:10.100711191-007-9080-z

Grace, M. M., & Ratcliffe, M. (2002). The science and values that young people draw upon to make decisions about biological conservation issues. *International Journal of Science Education*, *24*(11), 1157-1169. doi:10.1080/09500690210134848

Halverson, K. L., Siegel, M. A., & Freyermuth, S. K. (2009). Lenses for framing decisions: Undergraduates' decision making about stem cell research. *International Journal of Science Education*, *31*(9), 1249-1268. doi:10.1080/09500690802178123

Hancock, E. S., & Gallard, A. J. (2004). Preservice science teachers' beliefs about teaching and learning: The influence of K-12 field experiences. *Journal of Science Teacher Education*, *15*(4), 281-291. doi:10.1023/B:JSTE.0000048331.17407.f5

Higher Education Council (HEC). (2007). *Öğretmen Yetiştirme ve Eğitim Fakülteleri (1982-2007)*

[Teacher training and faculties of education (1982-2007)]. https://www.yok.gov.tr/Documents/Yayinlar/Yayinlarimiz/ogretmen-yetistirme-ve-egitimfakulteleri.pdf

Holbrook, J., & Rannikmae, M. (2007). The nature of science education for enhancing scientific literacy. *International Journal of Science Education, 29*(11), 1347-1362. doi:10.1080/09500690601007549

Jho, H., Yoon, H. G., & Kim, M. (2014). The relationship of science knowledge, attitude and decision making on socio-scientific issues: The case study of students' debates on a nuclear power plant in Korea. *Science & Education, 23*(5), 1131-1151. doi:10.100711191-013-9652-z

Jiménez-Aleixandre, M. P., Bugallo Rodríguez, A., & Duschl, R. A. (2000). "Doing the lesson" or "doing science": Argument in high school genetics. *Science Education, 84*(6), 757-792. doi:10.1002/1098-237X(200011)84:6<757::AIDSCE5>3.0.CO;2-F

Karisan, D., Tüzün, Ö. Y., & Zeidler, D. L. (2017). Quality of preservice teachers argumentation in socioscientific issues context. *Journal of Human Sciences, 14*(4), 3504-3520. doi:10.14687/jhs.v14i4.4949

Khishfe, R. (2014). Explicit nature of science and argumentation instruction in the context of socioscientific issues: An effect on student learning and transfer. *International Journal of Science Education, 36*(6), 974-1016. doi:10.1080/09500693.2013.832004

Kim, G., Ko, Y., & Lee, H. (2020). The effects of community-based socioscientific issues program (SSI-COMM) on promoting students' sense of place and character as citizens. *International Journal of Science and Mathematics Education, 18*(3), 399-418. doi:10.100710763-019-09976-1

Kolstø, S. D. (2001). Scientific literacy for citizenship: Tools for dealing with the science dimension of controversial socioscientific issues. *Science Education, 85*(3), 291-310. doi:10.1002ce.1011

Lederman, N. G., Antink, A., & Bartos, S. (2014). Nature of science, scientific inquiry, and socio-scientific issues arising from genetics: A pathway to developing a scientifically literate citizenry. *Science & Education, 23*(2), 285-302. doi:10.100711191-012-9503-3

Lee, H., Yoo, J., Choi, K., Kim, S. W., Krajcik, J., Herman, B. C., & Zeidler, D. L. (2013). Socioscientific issues as a vehicle for promoting character and values for global citizens. *International Journal of Science Education, 35*(12), 2079-2113. doi:10.1080/09500693.2012.749546

Lee, Y. C. (2007). Developing decision-making skills for socio-scientific issues. *Journal of Biological Education, 41*(4), 170-177. doi:10.1080/00219266.2007.9656093

Lewis, J., & Leach, J. (2006). Discussion of socio-scientific issue: The role of science knowledge. *International Journal of Science Education, 28*(11), 1267-1287. doi:10.1080/09500690500439348

Lindahl, M. G., Folkesson, A. M., & Zeidler, D. L. (2019). Students' recognition of educational demands in the context of a socioscientific issues curriculum. *Journal of Research in Science Teaching, 56*(9), 1155-1182. doi:10.1002/tea.21548

Maxwell, J. A. (2009). Designing a qualitative study. In L. Bickman & D. J. Rog (Eds.), *The handbook of applied social research methods* (pp. 214-253). Sage. doi:10.4135/9781483348858.n7

Means, M. L., & Voss, J. F. (1996). Who reasons well? Two studies of informal reasoning among children of different grade, ability, and knowledge levels. *Cognition and Instruction, 14*(2), 139-178. doi:10.12071532690xci1402_1

Merriam, S. B. (1998). *Qualitative research and case study applications in education*. Jossey-Bass.

Miles, M. B., & Huberman, A. (1994). *Qualitative data analysis: An expanded sourcebook*. Sage.

Ministry of National Education (MoNE). (2013). *Fen Bilimleri dersi öğretim program (İlkokul ve ortaokul 3, 4, 5, 6, 7 ve 8. Sınıflar)* [Science teaching program (Primary and middle 3rd, 4th, 5th, 6th, 7th and 8th grades]. Board of Education. Retrieved from http://mufredat.meb.gov.tr/ProgramDetay.aspx?PID=325

Morris, H. (2014). Socioscientific issues and multidisciplinarity in school science textbooks. *International Journal of Science Education, 36*(7), 1137-1158. doi:10.1080/09500693.2013.848493

Olafson, L. J., & Schraw, G. (2002). Some final thoughts on the epistemological melting pot. *Issues in Education, 8*(2), 233-247.

Patronis, T., Potari, D., & Spiliotopoulou, V. (1999). Students' argumentation in decision-making on a socio-scientific issue: Implications for teaching. *International Journal of Science Education, 21*(7), 745-754. doi:10.1080/095006999290408

Pedretti, E. (2003). Teaching science, technology, society and environment (STSE) education. In D. L. Zeidler (Ed.), *The role of moral reasoning on socioscientific issues and discourse in science education* (pp. 219-239). Springer. doi:10.1007/1-4020-4996-X_12

Powell, W. A. (2014). *The effects of emotive reasoning on secondary school students' decision-making in the context of socioscientific issues*. https://scholarcommons.usf.edu/etd/5385/

Ramsey, J. (1993). The science education reform movement: Implications for social responsibility. *Science Education, 77*(2), 235-258. doi:10.1002ce.3730770210

Sadler, T. D. (2004a). Informal reasoning regarding socioscientific issues: A critical review of research. *Journal of Research in Science Teaching, 41*(5), 513-536. doi:10.1002/tea.20009

Sadler, T. D. (2004b). Moral and ethical dimensions of socioscientific decisionmaking as integral components of scientific literacy. *Science Educator, 13*(1), 39-48.

Sadler, T. D. (2009). Situated learning in science education: Socio-scientific issues as contexts for practice. *Studies in Science Education, 45*(1), 1-42. doi:10.1080/03057260802681839

Sadler, T. D. (Ed.). (2011). *Socio-scientific issues in the classroom: Teaching, learning and research*. Springer. doi:10.1007/978-94-007-1159-4

Sadler, T. D., Amirshokoohi, A., Kazempour, M., & Allspaw, K. M. (2006). Socioscience and ethics in science classrooms: Teacher perspectives and strategies. *Journal of Research in Science Teaching, 43*(4), 353-376. doi:10.1002/tea.20142

Sadler, T. D., Barab, S. A., & Scott, B. (2007). What do students gain by engaging in socioscientific inquiry? *Research in Science Education, 37*(4), 371-391. doi:10.100711165-006-9030-9

Sadler, T. D., Chambers, F. W., & Zeidler, D. L. (2004). Student conceptualizations of the nature of science in response to a socioscientific issue. *International Journal of Science Education, 26*(4), 387-409. doi:10.1080/0950069032000119456

Sadler, T. D., & Donnelly, L. A. (2006). Socioscientific argumentation: The effects of content knowledge and morality. *International Journal of Science Education, 28*(12), 1463-1488. doi:10.1080/09500690600708717

Sadler, T. D., & Zeidler, D. L. (2004). The morality of socioscientific issues: Construal and resolution of genetic engineering dilemmas. *Science Education, 88*(1), 4-27. doi:10.1002ce.10101

Sadler, T. D., & Zeidler, D. L. (2005). The significance of content knowledge for informal reasoning regarding socioscientific issues: Applying genetics knowledge to genetic engineering issues. *Science Education, 89*(1), 71-93. doi:10.1002ce.20023

Solomon, J., & Aikenhead, G. (1994). *STS education: International perspectives on reform. Ways of knowing science series*. Teachers College Press.

Tashakkori, A., & Teddlie, C. (1998). *Mixed methodology: Combining qualitative and quantitative approaches*. Sage.

Teddlie, C., & Tashakkori, A. (2006). A general typology of research designs featuring mixed methods. *Research in the Schools, 13*(1), 12-28.

Topçu, M. S., Sadler, T. D., & Yılmaz-Tüzün, Ö. (2010). Preservice science teachers' informal reasoning about socioscientific issues: The influence of issue context. *International Journal of Science Education, 32*(18), 2475-2495. doi:10.1080/09500690903524779

Trochim, W. (2020). *Research methods data base*. Retrieved from https://conjointly.com/kb/

Walker, K. A., & Zeidler, D. L. (2007). Promoting discourse about socioscientific issues through scaffolded inquiry. *International Journal of Science Education, 29*(11), 1387-1410. doi:10.1080/09500690601068095

Wu, Y. T., & Tsai, C. C. (2007). High school students' informal reasoning on a socio-scientific issue: Qualitative and quantitative analyses. *International Journal of Science Education, 29*(9), 1163-1187. doi:10.1080/09500690601083375

Zeidler, D. L. (2014). Socioscientific issues as a curriculum emphasis: Theory, research, and practice. In N. G. Lederman & S. K. Abell (Eds.), *Handbook of research on science education, 2* (pp. 711-740). Routledge.

Zeidler, D. L., Herman, B. C., & Sadler, T. D. (2019). New directions in socioscientific issues research. *Disciplinary and Interdisciplinary Science Education Research, 1*(1), 1-9. doi:10.11864 3031-019-0008-7

Zeidler, D. L., & Keefer, M. (2003). The role of moral reasoning and the status of socioscientific issues in science education. In D. L. Zeidler (Ed.), *The role of moral reasoning on socioscientific issues and discourse in science education* (pp. 7-38). Springer. doi:10.1007/1-4020-4996-X_2

Zeidler, D. L., & Nichols, B. H. (2009). Socioscientific issues: Theory and practice. *Journal of Elementary Science Education, 21*(2), 49-58. doi:10.1007/BF03173684

Zeidler, D. L., Sadler, T. D., Applebaum, S., & Callahan, B. E. (2009). Advancing reflective judgment through socio-scientific issues. *Journal of Research in Science Teaching, 46*(1), 74-101. doi:10.1002/tea.20281

Zeidler, D. L., Sadler, T. D., Simmons, M. L., & Howes, E. V. (2005). Beyond STS: A research-based framework for socioscientific issues education. *Science Education, 89*(3), 357-377. doi:10.1002ce.20048

Zeidler, D. L., & Schafer, L. E. (1984). Identifying mediating factors of moral reasoning in science education. *Journal of Research in Science Teaching, 21*(1), 1-15. doi:10.1002/tea.3660210102

Zeidler, D. L., Walker, K. A., Ackett, W. A., & Simmons, M. L. (2002). Tangled up in views: Beliefs in the nature of science and responses to socioscientific dilemmas. *Science Education, 86*(3), 343-367. doi:10.1002ce.10025

第九章 整合性 STEM 教育与 SSI 的交叉

吉利恩·罗里格（Gillian Roehrig）
美国明尼苏达大学
坤森·凯拉提萨姆库尔（Khomson Keratithamkul）
美国明尼苏达大学
本尼·马特·R. 希瓦蒂格（Benny Mart R. Hiwatig）
美国明尼苏达大学

摘要：目前世界各地的政策文件都在呼吁对 K-12 科学教学进行改革，使用整合性 STEM 策略，为学生提供更真实的学习情境。尽管各国以及国际上都确立了整合性 STEM 教育的重要性，但在整合性 STEM 教育的焦点、模式及有效整合的具体方法上仍然存在分歧。STEM 政策主要聚焦解决 STEM 行业的劳动力供给问题。但全球 STEM 计划还关照其他重要议题，如促进教育公平、减少贫困、提升 STEM 素养和意识。本章批判了当前的 STEM 教育实践，指出它只关注工程设计的技术层面，而这并不能满足 STEM 综合教育的目标。与之相对，作者提出将 SSI 整合到 STEM 课程中，将促进工程设计中的社会思维，不仅有助于加强 STEM 行业劳动力储备，而且可以提升 STEM 素养，促进 STEM 行业公平性。

引　言

当前美国政策文件呼吁改变 K-12 科学课堂，采用整合性 STEM 策略，以便为学生提供更真实的学习环境（NAS 2014）。实际上，各国都制定了旨在提高 STEM 教育质量的 STEM 政策和计划（Freeman，Marginson & Tytler 2014）。尽管这些国家和国际政策文件确立了整合性 STEM 教育的重要性，但在其关注重点、整合模式和有效途径上仍然存在分歧（Bybee 2010）。在美国和许多其他西方国家，STEM 政策的主要关注点是解决 STEM 行业的劳动力供给问题。然而，促进教育公平、减少贫困、提升 STEM 素养和意识是全球 STEM 计划给予同等关注的重点，虽然这一点在当前讨论中尚不显著（Freeman et al 2014；NAS 2014）。

目前，美国 STEM 的主流言论往往强调，STEM 专业毕业生培养数量不足，无法满足 STEM 领域中不断增长的人员需求（Vilorio 2014）；然而，STEM 素养也是同样重要的改革目标（Honey，Pearson & Schweingruber 2014）。美国政策文件坚称，要让学生成为有知识的公民，能够充分理解我们信息丰富、技术先进的全球性环境，STEM 素养是必不可少的，即使对那些不在 STEM 领域工作的人也是如此（Honey et al 2014）；因此，政策呼吁为全体学生提供 STEM 教育（NRC 2011；PCAST 2010）。然而，女性和有色人种学生在大多数 STEM 领域所占的比例仍然较低。此外，考虑到不同群体在 STEM 领域中的占比情况，少数族裔与白人学生在 STEM 成就表现上存在着差距（NCSES，National Center for Science and Engineering Statistics 2017）。的确，重构 STEM 教育以提高女性和有色人种学生的 STEM 参与度，既有助于满足劳动力需求，也有助于提高全体学生的 STEM 素养和行业参与。

有观点指出，从劳动力供给考量出发的 STEM 教学是有问题的（例如 Zeidler 2016；Zeidler et al 2016）。许多 SSI 教学的支持者认为，若不在教学中纳入作为民主社会公民所必需的人文主义和社会文化价值观，就无法切实达成提升 STEM 素养等目标（例如 Kahn 2015；Zeidler 2014）。萨德勒等写道，"就 SSI 进行深思熟虑的磋商是现代科学素养概念的基础"（Sadler，Barab & Scott 2007，p.372）。同样，卡恩也指出，围绕人本主义方法和道德发展这两大 SSI 核心，STEM 可以重定义为"全纳教育的载体、创新力和好奇心的孵化器；面向全体学生，其中一部分人可能将 STEM 作为未来职业，而所有人都无疑将作为未来全球公民与 STEM 产生关联"（Kahn 2015，p.151）。

问题陈述

在本章中，我们质疑 STEM 只关注劳动力需求这一过于简单化的倾向，批判在教育情境中对工程设计性质的教学脱离工程师专业工作具体实际，做出错误表述。我们在深入分析和理解工程师工作的基础上，主张工程设计应当超越科学和工程实践的技术层面，明确考量与工程设计问题相关的社会影响。按照美国 NGSS（NGSS Lead States 2013）等标准文件的指导方针所实施的工程设计课程，把设计过程还原为技术解难题，弱化甚至消除了对于解决真实世界问题必不可少的社会要素及议题。在 STEM 综合课程中纳入 SSI 框架，工程实践就会得到更为原本而真实的体现，这同时也提供了一个更强大的教学框架来实现 STEM 素养培养、STEM 公平性，以及 STEM 劳动力供给的目标。

K-12 STEM 教育概述

高质量 STEM 教育的特点

虽然全球各地都在呼吁开展 STEM 教育，但在理论上和实践上都缺乏对 STEM 综合性教育的清晰定义，以实现解决 STEM 劳动力需求、促进 STEM 公平性以及提高 STEM 素养的总体目标。目前已经提出了一系列 STEM 教育路径，例如，拜比描述了一个从完全相互独立彼此没有连接的 STEM 学科到四大 STEM 学科完全整合的教学模式连续区（Bybee 2010）。虽然 STEM 教育目前尚无明确定义，但对高质量 STEM 教育特征的共识正在形成。首先，STEM 综合性教学使用现实世界情境，让学生参与真实的、有意义的学习（Kelley & Knowles 2016；Moore et al 2014；Sanders 2009）。其次，以学生为中心的教学方法，包括基于探究的学习和设计思维，是高质量 STEM 教育的核心（Kelley & Knowles 2016；Moore et al 2014）。再次，高质量整合性 STEM 教育支持 21 世纪关键技能的培养，包括创造力、协作、沟通和批判性思维（Honey et al 2014；Moore，Glancy，Tank，Kersten & Smith 2014）。最后，高质量 STEM 教育应向学生明确 STEM 学科之间的联系（English 2016；Herschbach 2011；Honey et al 2014；Kelley & Knowles 2016；Moore et al 2014）。关于在一节课中需要涉及几个 STEM 学科的内容，才能被认定为是整合性 STEM 教育，当前仍然存在争议。然而，鉴于工程在 STEM 政策文件中的突出地位（NRC 2011，2012；NGSS Lead States 2013），许多 STEM 教学路径都是围绕工程情境或问题来构建的，并使用工程设计过程来提出解决方案（Hmelo，Holton & Kolodner 2000；Mehalik，Doppelt & Schunn 2008；Moore et al 2014；Sadler，Coyle & Schwartz 2000）。因此，必须详细考虑 NGSS 和《K-12 科学教育框架》对工程情境下的科学教学以及对工程实践的描述。

K-12 教育中的工程实践

设计是工程的核心活动（Dym 1999），也是 K-12 STEM 教育的重点（Moore et al 2015）。在 K-12 体系中，工程指界定问题、生成和评估解决方案、测试和优化解决方案以及沟通解决方案的过程（Wilson-Lopez & Minichiello 2017）。具体来说，《K-12 科学教育框架》对工程设计的定义如下：

> 解决工程问题的系统过程以科学知识和对物质世界的模型建构为基础。每个解决方案都是在平衡所需功能、技术可行性、成本、安全性、

美学、合规审查的过程中产生的。对于工程问题，往往存在一系列解决方案，没有唯一最优解。最佳方案的选择取决于评估所凭据的标准（p.52）。

《K-12 科学教育框架》进一步规定"工程实践包含了关于标准和约束、建模和分析、优化和权衡的专业知识"（NRC 2012，p.204）。学生需要理解问题的标准和约束（Watkins, Spencer & Hammer 2014），在 K-12 体系下，约束仅指时间、可获取的材料、预算等方面的限制，忽略了工程设计的社会、政治和伦理方面。例如，设想要建设一条轻轨新线路连接城市近郊和市中心商业区，除了项目的技术方面，工程师还必须评估拟建路线对所经社区以及环境的影响。SSI 研究人员指出，NGSS 和《K-12 科学教育框架》边缘化了与工程设计相关的道德与伦理考虑（Kahn 2015），因此，K-12 课程在很大程度上忽视了我们作为公民决策解决当地以及全球问题的责任（Olson 2013）。同样重要的是，要认识到 NGSS 中的工程和本科工程专业并不体现职业工程师的实际工作（Bairaktarova & Pilotte 2020；Cunningham & Carlsen 2014；Zoltowski & Cardella 2012）。

学校工程 vs. 工程

整合性 STEM 教学的特点之一是将教学置于真实世界问题情境中，让学生参与基于工程设计实践任务（Kelley & Knowles 2016；Moore et al 2014；NAS 2014；Sanders 2009）。解决真实世界问题不仅能让学习者应用、整合、扩展他们的 STEM 学科知识（Monson & Besser 2015），而且对学生而言有意义的真实世界问题也能唤起学生学习的兴趣和主动性（Buxton 2010；Monson & Besser 2015）。真实世界问题应该足够复杂，以推动探索多种解决方案（Lachapelle & Cunningham 2014）；应聚焦于为用户提供解决方案，以反映职业工程师的实际工作（Brophy et al 2008；Cunningham & Carlsen 2014）。如果缺失了真实世界情境，设计任务可能会沦为简单的手工制作；而工程则需要根据标准和约束条件对解决方案进行评估，并考虑任何建议的解决方案对社会和环境的影响。

然而，尽管真实世界问题"可以使 STEM 领域对学生而言变得生动起来，加深他们的学习，但也可能带来特殊挑战"（NAS 2014，p.82）。STEM 教育实践者和研究人员担心学生可能会被真实世界问题的复杂性所淹没，因而创造了"类工程"活动，而不是让学生参与真正的工程实践。例如，在考察 K-12 科学教学时，福特和佛尔曼指出，"如果学生只是从事科学的琐碎方面（例如拿着试管），那么他们不太可能学到科学最为重要的东西"（Ford & Forman 2006，p.11）。参与真正的科学和工程实践需要超越对工程师实际工作简单而片面的理解，即认为工程师在解决问题满足用户需求时只考虑技术性标准和约束而回避伦理和社会正义等问题。

了解工程师如何工作十分重要，这是 K-12 课堂中的工程设计活动正试图效仿的。虽然工程师为人类生活带来了重大改善，许多工程项目却对自然和社会环境产生了消极影响。工程师必须意识到其实践对文化和环境的影响、工程设计对社会和生活质量的影响（De Vere, Johnson & Thong 2009）。工程师不仅要发挥提供技术服务的功能，还需要具备超越技术技能的胜任力（Grandin & Hirleman 2009）。工程教育研究人员批判了对技术技能的单一关注：

> 工程师需要掌握不断增长的工程知识；许多课程被技术信息塞得满满的，几乎没有给学生留出发展专业实践的空间以成为熟练的沟通者、道德的决策者、团队领导者、创造性思考者和问题解决者。然而，专业实践是必要且关键的，因为工程师经常与地方、国家、国际社会的不同成员互动，共同创造技术解决方案来解决复杂的社会和环境问题（Sauer 2006，p.1）。

工程和工程教育正在经历从"以技术为本的设计"向"以人为本的设计"的转变（Krippendorff 2006）。在以技术为本的设计中，工程师的设计决策强加于预期用户之上（Krippendorff 2006），而以人为本的设计则从利益相关者的需求出发（Zoltowski & Cardella 2012）。佐尔托斯基和卡尔代拉（Zoltowski & Cardella 2012）强调，以人为本的设计在整个设计过程中让利益相关者参与进来，重视他们的意见和建议，而不仅仅是在设计结束后复查"用户友好度"。

虽然工程教育正在转向以人为本的设计方法以更真实地反映专业工程师的实际工作（Bairaktarova & Pilotte 2020），但工程仍然是一个市场驱动的事业；即使对于以人为本的设计，利润也是不可回避的底线。推崇以人为本的设计，是因为它已被证明可以"提高生产力、提升质量、减少错误、缩减培训和服务成本、提高人们对新产品的接受度、提升公司声誉、提高用户满意度、降低开发成本"（Zoltowski & Cardella 2012，p.30）。理解专业工程师的实际工作有助于在设计过程技术方面的基础上，将工程实践进行扩展，以涵盖社会、健康和环境影响。然而，STEM 教育不仅要反映 STEM 领域的实际情况以支持 STEM 行业劳动力储备，更应该以促进 STEM 素养培养为目标，这就需要为学生提供机会培养并发展道德和批判性视角，评估 STEM 与个人生活、所在社群的社会关联性。我们认为，借鉴 SSI 框架，整合性 STEM 可以更好地实现 STEM 素养培养，促进 STEM 公平性，并为发展工程师人才储备做出贡献。

SSI 概述

SSI 指与科学概念或过程相关的、具有争议性与复杂性的社会问题（Sadler

2009；Zeidler et al 2002），除了科技知识之外，还受到政治、经济、伦理等不同社会因素的影响。通过参与 SSI，学生可以发展对科学概念的理解，并将这种理解应用于制定和评估个人、社会和全球决策。SSI 促使学生将科学内容和与社会相关的科学问题联系起来并加以应用，启发他们在评估科学信息时考量价值观、伦理意涵和多元视角（Sadler & Zeidler 2005）。因此，SSI 必须包括社会和道德困境，鼓励学生运用批判性思维技能来分析他们所呈现的数据。此外，好的 SSI 具有真实性、当代性、争议性、基于数据支撑、相关性、及时性、关联课程内容标准等特点，并能够体现科学本质及过程（Levinson 2006；Sadler et al 2006；Stolz et al 2013）。具有以上特点的议题目前包括全球变暖、动物克隆、基因工程、干细胞研究、人工繁殖等。

与基于问题的学习（problem-based learning，PBL）相似，SSI 是开放性问题，不会有唯一正确的答案。在 PBL 中，学生参与科学和技术思考，为所提供的问题或情境提出可能的解决方案（Hung，Jonassen & Liu 2008）。与之不同的是，SSI 将学生置于真实世界情境中，不仅推动科学和技术问题解决，而且还促进围绕伦理、道德、社会和环境责任的反思性思考。因此，SSI 教学采用真实性评价和开放式问题，要求学习者通过整合多元视角和社会面向（如道德、伦理、种族和文化）的科学推理来调查、探索争议性问题，基于所收集到的信息或证据来阐明立场（Klosterman & Sadler 2010）。

SSI 促进 K-12 STEM 教育的潜在作用

以下部分旨在说明如何使用 SSI 来推动 K-12 STEM 教育超越工程设计的技术层面，更好地促进 K-12 STEM 教育目标、STEM 素养、STEM 公平性，加强 STEM 劳动力准备。在 K-12 STEM 教育中纳入 SSI，可以推动 STEM 教育从简单化、技术性方法转向明确考虑工程设计中伦理和道德作用的方法。

SSI 和 STEM 素养

长期以来，科学教育改革一直呼吁培养具有科学素养的公民（DeBoer 2000），当前改革则提出了内涵更为广泛的 STEM 素养概念。拜比（Bybee 2013）明确指出，STEM 教育的首要目标是培养提升社会整体的 STEM 素养。他界定的 STEM 素养包括以下内容：①个人的"知识、态度和技能，以便在生活情境中发现问题，解释自然界以及人为设计的世界，并基于证据对 STEM 相关问题得出结论"；②个人"愿意成为建设性、关照性、反思性公民，参与 STEM 相关问题，应用科学、技术、工程和数学观念"（p.101）。虽然 STEM 素养包括对科学、技术、工程和数学概念和过程的理解，但它必须超越传统学科视角，"考量对这些知识的使用和应用,而不仅仅是把获取知识作为 STEM 教育的主要目的"(Bybee 2013,p.64)。STEM 素养中与知识应用相关的方面与 PBL 方法(Hung et al 2008)、传统 STEM 方法完全一致,即采用工程设计任务,要求将科学、数学和工程知识应用于真实世界问题或设计难题(Moore et al 2014)。这与 STS 教育亦有相似之处。根据 NSTA (1982)的说法,STS 侧重于培养具有科学素养的人,他们"了解科学、技术和社会如何相互影响,能在日常决策中使用相关知识。具有科学素养的人拥有大量有关事实、概念知识,具备过程技能进行有逻辑的学习"(p.1)。

然而,STEM 素养不仅仅关乎对 STEM 概念的理解和应用,还包含了与应用 STEM 解决真实世界问题有关的社会、政治、道德和伦理方面。蔡德勒等认为 SSI 框架"超越并高于"传统的 STS 教育,将 SSI 定位为一个"内涵更广泛的术语,包含了 STS 所能提供的一切,同时还考量科学的伦理层面、幼儿的道德推理和学生的情感发展"(Zeidler et al 2002,p.344)。因此,SSI 意味着要将 STEM 内容与社会议题联系起来,处理有关该议题的信息,考量道德和伦理价值,从而形成在该议题上的立场(Sadler,Chambers & Zeidler 2004)。

SSI 作为一种教学策略,旨在促进学生对科学和社会之间相互依存关系的认识(Zeidler et al 2005),这与 STEM 教育培养具有 STEM 素养的"建设性、关切性、反思性公民"(Bibee 2013,p.101)的总体目标非常吻合。STEM 主张科学的规范性要素对于发展公民 STEM 素养至关重要,而 SSI 则进一步强化了这一取向。STEM 的确也凸显了诸如行动提案、产品开发选择等规范性要素,然而,在 STEM 职业领域中,即使是以人为本的设计,这些规范性活动均以盈利为动机而非以道德推理为重点。如果我们作为 STEM 教育者,提倡"在科学实践过程中或在公共领域使用科学的决策过程中放弃任何责任感"(Zeidler 2014,p.13),就不可能培养出具有 STEM 素养的公民群体。

SSI 和公平性

鉴于 STEM 相关学科发展的社会文化、政治历程往往有利于社会经济地位较高的白人男性,其他群体如女性和有色人种在 STEM 行业中所占的比例较低(Mead & Metraux 1957; Ong 2005; Vakil & Ayers 2019)。例如,富尔与沃尔登(Foor & Walden 2015)研究了工程学科中的性别规范和身份,发现工程专业女性学生认为工程学的子学科存在等级之分。学生将"软"工程学科如工业工程与女性联系起来,因为这些子学科具有非技术性的特征,而通常认为女性更擅长于工程的社会和商业层面而非其技术层面。不幸的是,当工程专业只关注技术教育时,就会强化这些性别刻板印象(Bairaktarova & Pilotte 2020; Sauer 2012)。然而,专业工程师不仅需要技术技能(Grandin & Hirleman 2009);增加对工程社会和文化方面的关注，既能让所有工程师更好地适应实际工作，又能帮助 STEM 占比较低的学生对工程和其他 STEM 行业产生职业认同。SSI 教学可以重塑 STEM 领域内的规范与认同，凸显并重视"科学外思维"，这对解决真实世界问题和工程事业至关重要。

研究表明，让学生参与真实的工程设计体验可以提高他们对科学和工程的兴趣（Guzey，Moore & Harwell 2014；Guzey，Moore & Morse 2016；Lachapelle & Cunningham 2014）。然而，研究也表明，相对于汽车、火箭设计这种更为性别化的工程项目，关注健康、环境和社会正义等社会问题的项目更能激发女性和有色人种学生的兴趣（Leammukda & Roehrig 2020）。迪克曼等（Diekman et al 2010）认为，女性的公共目标取向会与那些认为 STEM 职业与助人无关的观念相冲突。因此，如果整合性 STEM 力图实现促进 STEM 公平性的目标，那么让学生参与到工程实践技术层面以外的社会方面十分重要。SSI 促进对利益相关主题的话语讨论，从而开辟共同实践场域，在其中学生可以表达身份认同，使用之前所掌握的话语（Sadler 2009）。的确，通过将伦理和道德纳入 STEM 课程和学位专业课程，我们既可以促进 STEM 专业人才的多元化，还能培养出能够在设计过程中进行道德推理的新一代工程师。

促进传统上被边缘化的学生投入 STEM 学习的方法之一是，教师利用学生的生活经验和知识储备，亦即莫尔等所说的"在当地家庭中发现的知识和技能"（Moll et al 1992，p.132）。当科学课以这种经验和知识为情境时，学习对学生而言就变得有意义了（Upadhyay 2005）。重要的是，科学以及科学教育研究都要回应学生的生活经验（Barton 2001；Gay 2013），以促进有意义的学习。通过 SSI 的连接，文化回应性教学（culturally responsive teaching）可以促进超越西方主导、从其他视角进行的思考。除了回应性，卡洛内等（Carlone，Haun-Frank & Webb 2011）还推动公平性科学课堂，作为学生能够"扩展其所扮演的角色……磋商他们的参与，并分享权力"（p.480）的场域，而这不能通过只关注工程问题的技术层面来实现。就公平性而言，教师需要更多地关注文化认同和规范性身份（Carlone，Haun-Frank & Webb 2011），这在传统技术本位的 STEM 教学中是无法实现的；只有在 SSI 教学中，要求学生从多元视角和社会方面（如道德、伦理、种族和文化）来调查和探索真实世界问题并基于证据确立立场（Klosterman & Sadler 2010），才可能达成。

SSI 和劳动力发展

为了让学生为成为 STEM 劳动力做好准备，关键是要让他们接触到与工程师实际工作相类似的真实经验。通过这些经验，学生参与科学和工程实践解决真实世界问题（NGSS Lead States 2013；NRC 2012），并基于真实世界问题的道德和社会层面进行批判性思考（De Vere, Johnson & Thong 2009；Grandin & Hirleman 2009）。

STEM 劳动力发展的知识和技能

在不断变化、日益全球化的社会中，我们面临的问题具有跨学科性，需要整合 STEM 多学科概念来解决，同时在制定可能的解决方案时还需进行伦理和道德推理。对于这些复杂性、结构不良的问题，存在着多种可能解决方案。同样，SSI "没有唯一正确答案，不能通过识记或编排获得有意义的解决方案，也无法依赖简单算法"（Sadler 2009, p.11）。解决这类问题需要一系列批判性思维和推理过程（Levinson 2006；NRC 2012；Sadler et al 2006；Stolz et al 2013）。

工程实践需要应用科学、数学和工程知识。K-12 STEM 教育应该强调这种跨学科性，为学生提供机会，在解决工程问题情境下应用适应发展阶段的数学或科学知识与技能（Arık & Topçu 2020；Moore et al 2014）。美国 NGSS 指出，设计提要应明确说明问题有关的所有标准、约束或限制。阿勒克和托普丘（Arık & Topçu 2020）提供了一个具体示例："一名土木工程师所考虑的不单是一座桥；他需要设想的是一座能承载数吨货物的桥，或者是一座具有抗震能力的桥，或者是一座有足够高度、能让船只顺利通过的桥。"（p.13）可惜的是，这个例子和 K-12 课堂中大多数工程设计任务一样，只关注工程设计的技术层面以及 STEM 内容知识的应用。除此之外，专业工程师还必须权衡考虑设计的环境和社会因素，如桥梁的设计和位置对河流生态系统的影响、桥梁带来的交通流量增加对当地居民的影响。

21 世纪的工程专业需要的是超越技术技能的胜任力（Grandin & Hirleman 2009），美国土木工程师协会（ASCE）和工程与技术认证委员会（ABET）都支持将社会科学和人文科学纳入工程专业。在本科阶段，工程教育传统上侧重于物理科学、设计，目的在于培养学生成为技术专家（Prados 1998）。然而，如今研究人员认为，需要教育工程师在自然界、建筑环境、社会需求的复杂性中理解、平衡、应用他们所掌握的知识（Russell et al 2007）。索尔（Sauer 2006）对传统工程学与工程教育的技术本位进行了如下批判：

> 工程师需要掌握不断增长的工程知识；许多课程被技术信息塞得满满的，几乎没有给学生留出发展专业实践的空间以成为熟练的沟通者、有道德的决策者、团队领导者、创造性思考者和问题解决者。然而，专业实践是必要且关键的，因为工程师经常与地方、国家、国际社会的不同成员互动，共同创造技术解决方案来解决复杂的社会和环境问题（p.1）。

这些批评促使工程教育越发重视道德和同情心，尽管整体上这种关注还十分有限。马丁和史因辛格（Martin & Schinzinger 1989）将工程伦理定义为对工程师所面临的道德问题及其决策的研究。然而，在实践中，狭隘分工导致的道德隧道视野效应、对法律的过分专注、人类责任外部化的倾向等问题会促使工程师摒弃道德责任。简单地说，工程师要么不承认"其决策中包含的道德难题，要么认为自己的作用是中立的而把参与道德辩论并做出决策的责任交给管理者或政客"（Buser & Koch 2012，p.258）。然而，管理者或政策制定者的任何道德决策都是在产品已经开发完成后进行的。勒泽（Roeser 2012）认为，技术设计并非价值中立的，技术设计的方式决定了其可能性，从而影响人类福祉。道德和伦理议题是知识生产的重要组成部分。

工程教育者承认学生需要发展深厚的技术专长和广泛的社会胜任力，把重心放在沟通、团队合作和跨学科写作上，但对同理心的关照却并不常见（Strobel et al 2013；Walter et al 2017）。忽视共情思维在工程教育中的作用是有问题的。例如，切赫（Cech 2014）发现共情思维过程和分析思维过程之间存在相反关系，工程专业本科生对公众福祉的关注和承诺在整个学位专业培养过程中不断降低。布塞尔和科赫（Buser & Koch 2012）认为，工程师可能会发展出一种以收益为本的实用主义道德，只关注项目是否成功和客户是否满意。工程学中的同理心往往被理解为"达到目的的手段"或"现成的工具"，即只有在会带来个人或专业收益的情形下，同理心才会被唤起（Walter，Milller & Sochacka 2017，p.130）。沃尔特及同事主张在用户-设计师交互界面之外扩展应用共情设计的概念，借鉴西格尔（Segal 2011）的社会共情模型构建了工程中的共情框架，认为共情"不仅是一种技能和实践方向，也是一种存在方式，即一种生活中的世界观和价值体系，包含了工程实践中固有的人文主义和社会嵌入性"（Walter，Milller & Sochacka 2017，p.133）。勒泽（Roeser 2012）指出，工程教育专业有义务培养未来工程师的道德技能，因为工程师负有相关道德责任，通过探索和开发不同的设计方案来减少技术产品风险。

在工程教育中明确考虑伦理、共情和道德推理的主张，与 SSI 教学的哲学基础紧密相连。SSI 为发展整合性 STEM 教学提供了有用框架，它更恰当地体现了 STEM 劳动力技能，涵盖如道德推理等非技术性技能。SSI 教学框架让学生考量解决真实世界问题的伦理和道德层面，这是因为 SSI 具有复杂结构并涉及多样化的社会视角，需要理解公众与科学观点及推理之间可能存在的张力（Goodnight 2005），并且存在多种逻辑上可行的解决方案（Levinson 2006）。

在 K-12 课堂上整合 STEM 与 SSI

《K-12 工程教育：了解现状和改善前景》（NRC 2009）强调工程设计的重要性，呼吁 K-12 工程教育要纳入适合发展的数学、科学和技术技能，培养工程思维习惯。具体来说，这份报告强调，学生应该理解和认识到工程设计过程是高度迭代而开放的，同一问题可能有许多解决方案。虽然研究人员都认同工程设计并不体现人们对工程所需要了解的所有内容（Moore et al 2014；Moore et al 2015；NRC 2009），但美国 NGSS 仅将工程设计作为学生理解工程师实际工作的手段："需要指出的是，NGSS 并没有提出一整套工程教育的标准，而只包括关于工程设计的实践和观念。"（NGSS Lead States 2013，p.3）

并不存在唯一的工程设计过程。然而，这一迭代过程的确包括一系列共同要素：问题识别和范围界定、构思、设计、测试和再设计（Dym 1999；Moore et al 2014）。高质量 K-12 工程教育框架（Moore et al 2014）将工程设计过程描述为三个阶段：问题与情境、计划与实施、测试与评估（表 9.1）。该框架与 NGSS、非 NGSS 州标准、本科工程专业的工程设计过程相关标准（ABET 2019）相一致。如前所述，这些框架标准的重点聚焦于工程设计的技术层面，对于 STEM 劳动力准备而言，这一工程视野具有局限性。

表 9.1　工程设计过程的三个阶段

阶段	描述
问题与情境	工程设计始于对工程问题的界定。这个阶段从界定问题范围开始，即制定和理解相关标准和约束条件的过程（Watkins et al 2014）。它还包括问题探究以及在 K-12 体系下学习必要的背景知识。
计划与实施	在这个阶段，学生进行头脑风暴，开发多种解决方案的可能性，并评估可能解决方案的优缺点，以创建原型。
测试与评估	在这个阶段，原型被反复测试，以确定解决方案的优势和劣势。通过测试和实验收集的数据用以反馈再设计。这种迭代测试为改进解决方案或产品提供了数据，直到它满足指定的设计标准。

工程设计阶段与 SSI 教学框架之间存在有趣的相似之处。汉考克等（Hancock et al 2019）提出的 SSI 教学框架包括三个连续的阶段（表 9.2）。第一阶段需要向学生介绍一个焦点议题。在第二阶段，学生在该议题情境下探索相关的科学概念和实践。最后，第三阶段是总结性活动，学生将自己有关议题的想法、观点、调查研究进行综合。

表 9.2　实施 SSI 教学的三个阶段

阶段	描述
引入焦点议题	SSI 教学以一个吸引人且与科学有着密切联系的社会问题为中心。这个问题应在教学开始时提出，作为真实学习情境（Presley et al 2013）。
发展	学生探索与学习情境的议题相关的基本科学概念和实践。通过投入科学概念和实践，学生对焦点议题和 SSR 的认识和理解都有所提高（Sadler, Barab & Scott 2007）。
综合	学生对自己的想法、观点、针对焦点议题的研究进行综合。

将 SSI 教学框架（Hancock et al 2019）和 K-12 工程设计过程（Moore et al 2014）中的概念整合起来，可以更好地体现工程师的专业工作，这对劳动力发展目标很重要。此外，将 SSI 整合到运用工程设计过程的教学中，可以培养工程师在工作中接受道德和伦理价值，支持他们履行其道德义务，"将公众健康、安全和福祉放在首位"（NSPE 2015）。此外，通过让学生参与 SSI，可以更好地培养 STEM 素养（Sadler 2011），提升占比较低的学生群体对 STEM 的兴趣（Diekman et al 2010；Keratithamkul et al 2020）。卡恩（Kahn 2015）提供案例说明了将 SSI 整合到 STEM 课程中需注重道德话语和循证推理，同时需借鉴 STEM 概念和伦理道德考量。

工程师在真实世界的约束条件下参与设计过程，并在提出解决方案或考虑拟解决方案的影响和后果时，应当考虑公平、社会正义和环境等议题。工程师的实际工作是 SSI 和工程设计第一个阶段的合并（表 9.1 和表 9.2），也就是说，工程师的工作情境影响着他们利用 STEM 概念和实践的方式，要求他们在设计决策过程中使用道德推理（Roeser 2012）。通过合并这些初始阶段，我们要求学生不仅要理解问题的技术标准和约束，还要在可能十分棘手的道德和伦理困境下考虑问题，从而扩大 K-12 STEM 教育和本科工程专业问题范围较为局限的表述（Roeser 2012；Strobel et al 2013；Walter，Miller & Sochacka 2017）。教师应该抓住这样的机会，引导学生的意义建构，理解现实世界问题的真实性，并以批判性视角看待问题——依凭 STEM 学科知识来证实自己的主张，同时认识到 STEM、社会和道德价值观的相互联系。STEM 教育向学生展示他们所学的知识与其生活息息相关，让他们接触 STEM 行业所面临的社会正义问题，强化学生的信仰体系，教会他们如何运用证据来捍卫和推进其理想，让他们具备能力参与对影响其社区议题的批判性讨论，由此，STEM 教育可以促进 STEM 就业和社会责任。

致谢

本研究受到美国国家科学基金会资助（DRL-1813342）。本章的发现、结论和意见仅代表作者观点，并不代表美国国家科学基金会下属人员的观点。

参 考 文 献

ABET. (2019). *Criteria for accrediting engineering programs*. Retrieved from https://www.abet.org/accreditation/accreditation-criteria/accreditation-policy-andprocedure-manual-appm-2019-2020/

Arık, M., & Topçu, M.S. (2020). Implementation of engineering design process in the K-12 science classrooms: Trends and issues. *Research in Science Education*. doi:10.100711165-019-09912-x

Bairaktarova, D., & Pilotte, M. (2020). Person or thing oriented: A comparative study of individual differences of first-year engineering students and practitioners. *Journal of Engineering Education*, *109*(2), 1-13. doi:10.1002/jee.20309

Barton, A. C. (2001). Science education in urban settings: Seeking new ways of praxis through critical ethnography. *Journal of Research in Science Teaching*, *38*(8), 899-917. doi:10.1002/tea.1038

Berkowitz, M. W., & Simmons, P. (2003). Integrating science education and character education. In D. L. Zeidler (Ed.), *The role of moral reasoning on socioscientific issues and discourse in science education* (pp. 117-138). Kluwer. doi:10.1007/1-4020-4996-X_7

Brophy, S., Klein, S., Portsmore, M., & Rogers, C. (2008). Advancing engineering education in P-12 classrooms. *Journal of Engineering Education*, *97*(3), 369-387. doi:10.1002/j.2168-9830.2008.tb00985.x

Buser, M., & Koch, C. (2012). Eyes wide shut? Loyalty, and practical morality in engineering education. In S. Christensen, C. Mitcham, L. Bocong, & Y. An (Eds.), *Engineering, development, and philosophy: American, Chinese, and European perspectives* (pp. 253-267). Springer. doi:10.1007/978-94-007-5282-5_15

Buxton, C. A. (2010). Social problem solving through science: An approach to critical, place-based, science teaching and learning. *Equity & Excellence in Education*, *43*(1), 120-135. doi:10.1080/10665680903408932

Bybee, R. W. (2010). Advancing STEM education: A 2020 vision. *Technology and Engineering Teacher*, *70*(1), 30-35.

Bybee, R. W. (2013). *The case for STEM education: Challenges and opportunities*. NSTA Press.

Carlone, H. B., Haun-Frank, J., & Webb, A. (2011). Assessing equity beyond knowledge- and skills-based outcomes: A comparative ethnography of two fourthgrade reform-based science classrooms. *Journal of Research in Science Teaching*, *48*(5), 459-485. doi:10.1002/tea.20413

Cunningham, C. M., & Carlsen, W. S. (2014). Teaching engineering practices. *Journal of Science Teacher Education*, *25*(2), 197-210. doi:10.100710972-014-9380-5

De Vere, I., Johnson, K. B., & Thong, C. (2009). *Educating the responsible engineer: Socially responsible design and sustainability in the curriculum.* International conference on engineering and product design education, University of Brighton, UK.

DeBoer, G. (2000). Scientific literacy: Another look at its historical and contemporary meanings and its relationship to science education reform. *Journal of Research in Science Teaching, 37*(6), 582-601. doi:10.1002/1098-2736(200008)37:6<582::AIDTEA5>3.0.CO;2-L

Diekman, A. B., Brown, E. R., Johnston, A. M., & Clark, E. K. (2010). Seeking congruity between goals and roles: A new look at why women opt out of science, technology, engineering, and mathematics careers. *Psychological Science, 21*(8), 1051-1057. doi:10.1177/0956797610377342 PMID:20631322

Dym, C. L. (1999). Learning engineering: Design, learning, and experiences. *Journal of Engineering Education, 88*(2), 145-148. doi:10.1002/j.2168-9830.1999.tb00425.x

English, L. D. (2016). STEM education K-12: Perspectives on integration. *International Journal of STEM Education, 3*(1), 1-8. doi:10.118640594-016-0036-1

Foor, C. E., & Walden, S. E. (2009). "Imaginary engineering" or "re-imagined engineering": Negotiating gendered identities in the borderland of a college of engineering. *NWSA Journal, 21*(2), 41-64.

Ford, M. J., & Forman, E. A. (2006). Refining disciplinary learning in classroom contexts. *Review of Research in Education, 30*(1), 1-32. doi:10.3102/0091732X030001001

Freeman, B., Marginson, S., & Tytler, R. (2014). *The age of STEM: Educational policy and practice across the world in science, technology, engineering and mathematics.* Routledge. doi:10.4324/9781315767512

Gay, G. (2013). Teaching to and through cultural diversity. *Curriculum Inquiry, 43*(1), 48-70. doi:10.1111/curi.12002

Goodnight, G. T. (2005). Science and technology controversy: A rationale for inquiry. *Argumentation and Advocacy, 42*(1), 26-29. doi:10.1080/00028533.2005.11821636

Grandin, J. M., & Hirleman, E. D. (2009). Educating engineers as global citizens: A call for action: A report of the national summit meeting on the globalization of engineering education. *Online Journal of Global Engineering Education, 4*(1), 10-25.

Grimson, J. (2010). Re-engineering the curriculum for the 21st century. *European Journal of Engineering Education, 27*(1), 31-37. doi:10.1080/03043790110100803

Guzey, S. S., Moore, T., & Harwell, M. (2014). Development of an instrument to measure students' attitudes toward STEM. *School Science and Mathematics, 114*(6), 271-279. doi:10.1111sm.12077

Guzey, S. S., Moore, T., & Morse, G. (2016). Student interest in engineering design-based science. *School Science and Mathematics, 116*(8), 411-419. doi:10.1111sm.12198

Herschbach, D. R. (2011). The STEM initiative: Constraints and challenges. *Journal of STEM Teacher Education, 48*(1), 96-112. doi:10.30707/JSTE48.1Herschbach

Hmelo, C. E., Holton, D., & Kolodner, J. L. (2000). Designing to learn about complex systems. *Journal of the Learning Sciences, 9*(3), 247-298. doi:10.1207/S15327809JLS0903_2

Honey, M., Pearson, G., & Schweingruber, H. A. (Eds.). (2014). *STEM integration in K-12 education: Status, prospectus, and an agenda for research*. National Academies Press.

Hung, W., Jonassen, D. H., & Liu, R. (2008). Problem-based learning. In J. M. Spector, J. G. van Merrienboer, M. D. Merrill, & M. Driscoll (Eds.), *Handbook of research on educational communications and technology* (3rd ed., pp. 485-506). Erlbaum.

Kahn. (2015). Another "M" for STEM? Moral considerations for advancing STEM literacy. *K-12 STEM Education, 1*(4), 149-156.

Kelley, T. R., & Knowles, J. G. (2016). A conceptual framework for integrated STEM education. *International Journal of STEM Education, 3*(11), 1-11. doi:10.118640594-016-0046-z

Klosterman, M., & Sadler, T. (2010). Multi-level assessment of scientific content knowledge gains associated with socioscientific issues-based instruction. *International Journal of Science Education, 32*(8), 1017-1043. doi:10.1080/09500690902894512

Krippendorff, K. (2006). *The semantic turn: A new foundation for design*. CRC Press Taylor & Francis Group.

Lachapelle, C., & Cunningham, C. (2014). Engineering in elementary schools. In S. Purzer, J. Strobel, & M. Cardella (Eds.), *Engineering in pre-college settings: Synthesizing research, policy, and practices* (pp. 61-88). Purdue University Press. doi:10.2307/j.ctt6wq7bh.8

Leammukda, F. D., & Roehrig, G. H. (2020). *Community-based conceptual framework for STEM integration*. Paper presented at the annual meeting of the Association for Science Teacher Education, San Antonio, TX.

Levinson, R. (2006). Towards a theoretical framework for teaching controversial socioscientific issues. *International Journal of Science Education, 28*(10), 1201-1224. doi:10.1080/09500690600560753

Martin, M., & Schinzinger, R. (1989). *Ethics in engineering*. McGraw-Hill.

Mead, M., & Métraux, R. (1957). Image of the scientist among high-school students: A pilot study. *Science, 126*(3270), 384-390. doi:10.1126cience.126.3270.384 PMID:17774477

Mehalik, M., Doppelt, Y., & Schunn, C. D. (2008). Middle school science through design-based learning versus scripted inquiry: Better overall science concept learning and equity gap reduction. *Journal of Engineering Education, 97*(1), 71-85. doi:10.1002/j.2168-9830.2008.tb00955.x

Moll, L., Amanti, C., Neff, D., & Gonzalez, N. (1992). Funds of knowledge for teaching: Using a qualitative approach to connect homes and classrooms. *Theory into Practice, 31*(2), 132-141. doi:10.1080/00405849209543534

Monson, D., & Besser, D. (2015). Smashing milk cartons: Third-grade students solve a real-world problem using the engineering design process, collaborative group work, and integrated STEM education. *Science and Children, 52*(9), 38-43. doi:10.2505/4c15_052_09_38

Moore, T. J., Glancy, A. W., Tank, K. M., Kersten, J. A., Smith, K. A., & Stohlmann, M. S. (2014). A framework for quality K-12 engineering education: Research and development. *Journal of Pre-College Engineering Education Research, 4*(1), 1-13. doi:10.7771/2157-9288.1069

Moore, T. J., Stohlmann, M. S., Wang, H.-H., Tank, K. M., & Roehrig, G. H. (2014). Implementation and integration of engineering in K-12 STEM education. In J. Strobel, S. Purzer, & M. Cardella (Eds.), *Engineering in pre-college settings: Research into practice*. Sense Publishers.

Moore, T. J., Tank, K. M., Glancy, A. W., & Kersten, J. A. (2015). NGSS and the landscape of engineering in K-12 state science standards. *Journal of Research in Science Teaching, 52*(3), 296-318. doi:10.1002/tea.21199

National Academy of Sciences. (2004). *The engineer of 2020: Visions of engineering in the new century*. National Academies Press.

National Governors Association Center for Best Practices, Council of Chief State School Officers. (2010). *Common core state standards*. National Governors Association Center for Best Practices, Council of Chief State School Officers.

National Research Council. (2011). *Successful K-12 STEM education: Identifying effective approaches in science, technology, engineering, and mathematics*. National Academies Press.

National Research Council. (2012). *A framework for K-12 science education: Practices, crosscutting concepts, and core ideas*. National Academies Press.

National Science Teachers Association (NSTA). (1982). Science/technology/society (STS). Washington, DC: NSTA.

National Society of Professional Engineers. (2015). *Code of ethics for engineers*. NSPE Press.

NGSS Lead States. (2013). *Next generation science standards: For states, by states*. National Academies Press.

Olson, J. K. (2013). The purposes of schooling and the nature of technology: The end of education? In M. P. Clough, J. K. Olson, & D. S. Niederhauser (Eds.), *The nature of technology: Implications for learning and teaching*. Sense Publishers. doi:10.1007/978-94-6209-269-3_13

Ong, M. (2005). Body projects of young women of color in physics: Intersections of gender, race, and science. *Social Problems*, *52*(4), 593-617. doi:10.1525p.2005.52.4.593

Prados, J. W. (1998). *Engineering education in the United States: Past, present, and future.* Paper presented at the International Conference on Engineering Education.

President's Council of Advisors on Science and Technology. (2010). *Report to the president: Prepare and inspire: K-12 education in science, technology, engineering, and mathematics (STEM) for America's future.* Washington, DC: Executive Office of the President. Retrieved from https://obamawhitehouse.archives.gov/sites/default/files/microsites/ostp/pcast-stem-ed-final.pdf

Presley, M. L., Sickel, A. J., Muslu, N., Merle-Johnson, D., Witzig, S. B., Izci, K., & Sadler, T. D. (2013). A framework for socio-scientific issues based education. *Science Educator*, *22*(1), 26-32.

Roeser, S. (2012). Emotional engineers: Toward morally responsible design. *Science and Engineering Ethics*, *18*, 103-115.

Russell, J. S., Hanna, A., Bank, L. C., & Shapira, A. (2007). Education in construction engineering and management built on tradition: Blueprint for tomorrow. *Journal of Construction Engineering and Management*, *133*(9), 661-668.

Sadler, P. M., Coyle, H. P., & Schwartz, M. (2000). Engineering competitions in the middle school classroom: Key elements in developing effective design challenges. *Journal of the Learning Sciences*, *9*(3), 299-327. doi:10.1207/S15327809JLS0903_3

Sadler, T. D. (2009). Socioscientific issues in science education: Labels, reasoning, and transfer. *Cultural Studies of Science Education*, *4*(3), 697-703. doi:10.100711422-008-9133-x

Sadler, T. D. (2011). Situating socio-scientific issues in classrooms as a means of achieving goals of science education. In T. D. Sadler (Ed.), *Socio-scientific issues in the classroom: Teaching, learning, and research* (pp. 1-9). Springer. doi:10.1007/978-94-007-1159-4_1

Sadler, T. D., Amirshokoohi, A., Kazempour, M., & Allspaw, K. M. (2006). Socioscience and ethics in science classrooms: Teacher perspectives and strategies. *Journal of Research in Science Teaching*, *43*(4), 353-376. doi:10.1002/tea.20142

Sadler, T. D., Barab, S., & Scott, B. (2007). What do students gain by engaging in socioscientific inquiry? *Research in Science Education*, *37*(4), 371-391. doi:10.100711165-006-9030-9

Sadler, T. D., Chambers, F. W., & Zeidler, D. L. (2004). Student conceptualisations of the nature of science in response to a socioscientific issue. *International Journal of Science Education*, *26*(4), 387-409. doi:10.1080/0950069032000119456

Sadler, T. D., & Zeidler, D. L. (2005). The significance of content knowledge for informal reasoning regarding socioscientific issues: Applying genetics knowledge to genetic engineering issues. *Science Education*, *89*(1), 71-93. doi:10.1002ce.20023

Sanders, M. (2009). STEM, STEM education, STEM mania. *Technology Teacher*, *68*(4), 20-26.

Sauer, G. (2012). *Redesigning engineering curricula for the 21st century*. Iowa State University.

Segal, E. A. (2011). Social empathy: A model built on empathy, contextual understanding, and social responsibility that promotes social justice. *Journal of Social Service Research*, *37*(3), 266-277. doi:10.1080/01488376.2011.564040

Stolz, M., Witteck, T., Marks, R., & Eilks, I. (2013). Reflecting socio-scientific issues for science education coming from the case of curriculum development on doping in chemistry education. *Eurasia Journal of Mathematics, Science and Technology Education*, *9*(4), 361-370.

Strobel, J., Hess, J., Pan, R., & Wachter Morris, C. A. (2013). Empathy and care within engineering: Qualitative perspectives from engineering faculty and practicing engineers. *Engineering Studies*, *5*(2), 137-159. doi:10.1080/19378629.2013.814136

Upadhyay, B. R. (2005). Using students' lived experiences in an urban science classroom: An elementary school teacher's thinking. *Science Education*, *90*(1), 94-110. doi:10.1002ce.20095

Vakil, S., & Ayers, R. (2019). The racial politics of STEM education in the USA: Interrogations and explorations. *Race, Ethnicity and Education*, *22*(4), 449-458. doi:10.1080/13613324.2019.1592831

Vilorio, D. (2014). STEM 101: Intro to tomorrow's jobs. *Occupational Outlook Quarterly*, 2-12. https://www.bls.gov/careeroutlook/

Walther, J., Miller, S. E., & Sochacka, N. W. (2017). A model of empathy in engineering as a core skill, practice orientation, and professional way of being. *Journal of Engineering Education*, *106*(1), 23-148. doi:10.1002/jee.20159

Watkins, J., Spencer, K., & Hammer, D. (2014) Examining young students' problem scoping in engineering design. *Journal of Pre-College Engineering Education Research*, *4*(1), Article 5.

Wilson-Lopez, A., & Minichiello, A. (2017). Disciplinary literacy in engineering. *Journal of Adolescent & Adult Literacy*, *61*(1), 7-14. doi:10.1002/jaal.658

Zeidler, D. L. (2014). STEM education: A deficit framework for the twenty first century? A sociocultural socio-scientific response. *Cultural Studies of Science Education*, *11*(1), 11-26. doi:10.100711422-014-9578-z

Zeidler, D. L., Herman, B. C., Clough, M. P., Olson, J. K., Kahn, S., & Newton, M. (2016). Humanitas emptor: Reconsidering recent trends and policy in science teacher education. *Journal of Science Teacher Education*, *27*(5), 465-476. doi:10.100710972-016-9481-4

Zeidler, D. L., Sadler, T. D., Simmons, M. L., & Howes, E. V. (2005). Beyond STS: A research-based framework for socioscientific issues education. *Science Education*, *89*(3), 357-377. doi:10.1002ce.20048

Zeidler, D. L., Walker, K. A., Ackett, W. A., & Simmons, M. L. (2002). Tangled up in views: Beliefs in the nature of science and responses to socioscientific dilemmas. *Science Education*, *86*(3), 343-367. doi:10.1002ce.10025

Zoltowski, C. B., Oakes, W. C., & Cardella, M. E. (2012). Students' ways of experiencing human-centered design. *Journal of Engineering Education*, *101*(1), 28-59. doi:10.1002/j.2168-9830.2012.tb00040.x

第十章　SSI 与基于模型的学习

本泽居尔·杜拉克（Benzegül Durak）
土耳其迪兹杰大学
穆斯塔法·萨米·托普丘（Mustafa Sami Topçu）
土耳其耶尔得兹技术大学

摘要：本章旨在对 SSI 和基于模型的学习（MBL）进行文献分析。一方面，SSI 在学生科学素养培养过程中的作用是毋庸置疑的。另一方面，建模让学生可以建构自己的模型，在学习过程中使用这些模型来提出假设、开展探究调查、解释科学现象、交流并论证自己的观点。据此，本章提出一个创新工具，把建模实践嵌入 SSI 教学中，促进科学教育与科学素养培养。

科学模型和建模

过去五十多年里，研究者从科学哲学、认识论和课堂实践等方面对建模以及学生如何在学习中使用模型展开了探索（Harrison & Treagust 1998，2000）。对模型的概念界定有多种方式，但对于科学教育来说，最恰当的是通过考察不同类别的模型来理解其内涵。模型通常以一种或多种物理形式表达，尽管它在其发明者或任何后续使用者的心中总是以不同形式存在。正如吉尔伯特和尤斯蒂（Gilbert & Justi 2016）所述，模型可能以多种媒介方式表征。

……例如，以手势的形式（如物体的相对位置），以物质的形式（如晶体结构的球棍表示），以视觉的形式（如代谢途径示意图）、文字形式（如以太阳系结构类比原子结构）、符号形式（如化学方程式）和虚拟形式（如计算机模拟）。可被表征的实体范围很广：物体（如病毒）、系统（如血液循环系统）、过程（如食物中的能量释放）、事件（如白细胞攻击病毒）、观念（如力的矢量性/力矢量），以及以上实体的数据系列（p. viii）。

具体而言，科学模型可以对真实物体/过程（如人体骨骼系统的模型）或抽象物体/过程（如原子模型）进行表征（Gilbert 2004；Gobert & Buckley 2000；Harrison

& Treagust 1998；Treagust, Chittleborough & Mamiala 2002）。因此，在科学课堂中，科学模型适用于不同目的，例如表征具体或抽象物体/过程、界定或简化复杂科学现象、为科学解释和预测奠定基础（Gilbert 2004；Gobert & Buckley 2000；Harrison & Treagust 2000）。

建模指的是一种基础性科学实践，它使学生能够概念化理解、调查探究、解释自然现象，帮助说服他人采信自己的结论（Gilbert 2004；Harrison & Treagust 2000）。因此，建模是帮助学生对所学创造表征的过程（Clement 2000）。

基于模型的学习

MBL是科学教育中的一种学习和教学方法，利用学生的自创模型支持促进学习（Louca & Zacharia 2012）。有许多研究从不同视角对MBL进行了探索（Louca & Zacharia 2012）。本章从建构主义视角出发，认为学习要求学习者创造自己的图式以同化新概念（Yager 1991），因此，本章主要对建构主义学习理论视角下的MBL方法进行讨论。建构主义理论主张，学习在经验和观念之间的相互作用中发生（Savin-Baden & Major 2013），通过模型的构建和迁移可以对这些相互作用进行外部化。个人将新信息与自己用以理解经验的前信息联系起来，生成心智模型。因此，学习是调整心智模型以适应新经验的过程（Schwarz et al 2009）。从这个角度来看，MBL推进发展了建构主义学习理论，因为它可以用来"使抽象的、困难的、不可观察的科学概念变得有意义，以适应不同的解释者、受众、内容或情境"（Treagust & Harrison 1999，p.32）。

在众多MBL研究中，只有小部分关注了如何在课堂上有效运用MBL（Clement 2000；Louca & Zacharia 2012）。克莱门特（Clement 2000）建构的MBL基本理论框架包括以下核心概念：前概念、自然推理能力、中介模型、学习过程、目标模型与专家共识模型（图10.1）。

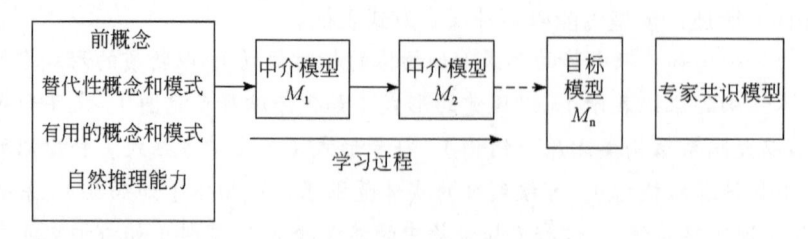

图10.1 基于模型的学习的基本理论框架（Clement 2000）

该框架利用学习者的前概念和自然推理能力来帮助他们构建中介模型。随后，在整个学习过程中，学生不断构建新的中介模型，直到他们达成目标模型或期望知识水平（Clement 2000）。

该框架让学生得以将模型与学习过程联系起来，不过，对教师而言是具有挑战性的。科学教师仍然需要得到支持以便在课程中有效地使用建模（Schwarz et al 2009）。教师需参与 MBL 活动的设计和开发，协调实施活动，还要在实施过程中为学生提供指导与支架（Fretz et al 2002；Louca & Zacharia 2012）。然而，教师对科学教育中使用模型和建模的认识有限。例如，一些教师倾向于使用模型来说明未被直接观察到的物理系统（Justi & Gilbert 2002；Van Driel & Verloop 2002）。此外，尤斯蒂与吉尔伯特（Justi & Gilbert 2002）发现，教师普遍认识到了模型在科学内容学习中的价值，但是没有看到建模对理解 NOS 的重要性。换句话说，当他们在课上使用模型时，主要关注的是模型的内容，而不是模型的性质以及作为学生建构知识手段的建模过程本身（Justi & Gilbert 2002）。由于许多科学教师需要相关支持以有效地推动学生参与科学建模，施瓦兹等（Schwarz et al 2009）提出了科学建模的学习进阶，以确保建模对学习者而言是可及且有意义的。

施瓦兹等（Schwarz et al 2009）主张，建模是两大构件之间的互动：实践要素和元建模知识（图 10.2）。实践要素如下：

- 学生根据自己的前知识，构建初始模型，用以说明、解释或预测现象。
- 学生使用该模型来说明、解释或预测现象。
- 学生评价该模型是否能充分表征和解释现象模式或预测新现象。
- 学生利用有关现象的其他证据或现象来修改模型以提高其解释力或预测力（Schwarz et al 2009）。

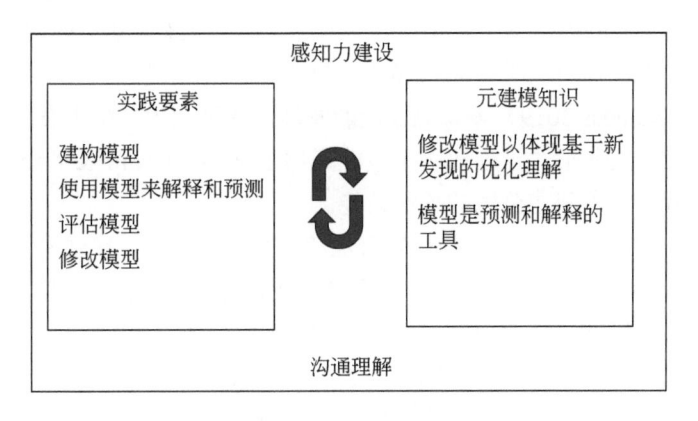

图 10.2 实践要素和元建模知识的相互作用

资料来源：（Schwarz et al 2009）

元建模知识指导学生参与实践。如果学生意识到修改模型是为了表征由新发现带来的对现象更深入的理解，并且认识到模型是预测和解释的工具，那么学生将从建模过程中获得更多收益（Schwarz et al 2009）。

为何建模和 MBL 如此重要？

研究人员和教育政策制定者认为，就实现科学素养培养目标而言，模型和建模非常重要（Gobert & Buckley 2000；NRC 2012）。根据 NRC（2012）《K-12 科学教育框架》：

> 随着学生在科学教育中不断进阶，各个年级的教学与课程材料应当运用更为复杂的模型类型。学生建模的质量在很大程度上取决于先前掌握的知识和技能，也取决于学生对建模对象系统的理解，因此学生应当能够按照预期随着对科学内容理解的发展不断完善自己的模型。课程需要明确强调模型的作用，并为学生提供建模工具（如 Model-It，包括 NetLogo、电子表格模型等基于主体的建模），这样学生就会重视这一核心实践，具备构建和应用适当模型的能力（p.59）。

NRC 提出教师不仅要直接应用模型和建模，还要投入各类促进学生建模参与的科学教育项目和研究工作（Clement 2000；Forbes, Zangori & Schwarz 2015；Louca & Zacharia 2012；MoNE 2018；NRC 2012；Schwarz et al 2009）。把使用模型和建模作为科学课堂中的科学实践，让学生有机会构建自己的模型，使用它们来提出假设、开展调研、解释科学现象，基于模型来交流和证明他们的想法。在学习过程中，学生发展完善自己的模型，根据新信息评估模型，根据不断深入的理解修正模型（Namdar & Shen 2015）。这对科学教育大有裨益，因为前文已提到，将科学实践融入课程对科学素养培养非常重要。此外，建模支持非形式推理、决策（Demir & Namdar 2019）等其他技能的发展。通过建模，学生发现支持其论点的数据，这为发展非形式推理和决策技能提供了基础（Demir & Namdar 2019）。这些都是具有科学素养之公民的关键技能。

与建模一样，MBL 是一种兼具创新性和有效性的方法，在许多方面服务于科学教育。沈等（Shen et al 2014）指出了 MBL 的三大主要优势特点。第一，MBL 让学生在开发、测试、修改模型（类似于科学家的实际工作）的实践中积极投入学习过程。第二，它鼓励使用不同形式的表征和模型（如物理模型、图表或数学公式），从而支持不同的学习方式。第三，MBL 在课堂上提供了更多同伴学习（peer-learning）的机会——学生共同开发模型，向全班展示模型，相互评价彼此的模型。沈等的讨论指出，参与写作建模活动的学生在小组中参与互动更多，在内容测试中也取得更好的成就表现（Birchfield & Megowan-Romanowicz 2009，转引自 Shen et al 2014，p.535），协作建模、应对同伴挑战提高了学生的理解能力（Simpson et al 2006，转引自 Shen et al 2014，p.535）。

建模是比较复杂的科学实践之一，它为学生提供了参与数据分析、解释等其他相关实践的机会（Duschl et al 2016；Louca & Zacharia 2012；Sadler, Friedrichsen & Zangori 2019）。MBL 方法也可以用于评价（Namdar & Shen 2015）。根据施瓦兹等（Schwarz et al 2009）提出的建模图式，建模导向的评价（modeling-oriented assessment，MOA）是一个动态过程，包括三个相互关联的维度：模型评价、建模实践评价和元建模知识评价（Namdar & Shen 2015）。

整合 MBL 和 SSI

实施 SSI 教学可以有效支持学生理解科学概念（Klosterman & Sadler 2010；Sadler, Barab & Scott 2007）、提高学生学习科学的兴趣（Albe 2008；Harris & Ratcliffe 2005）、发展学生推理能力（Sadler 2009）、促进学生论证能力（Dawson & Venville 2013）。然而，正如赞戈里等（Zangori et al 2017）所说，"SSI 教学方法通常很少促进学生参与到论证以外的科学实践"（p.4）。但是，如上节所述，科学教育纲要（例如，MoNE 2018；NRC 2012；NGSS Lead States 2013）特别强调建模等科学和工程实践。

赞戈里等（Zangori et al 2017）将 SSI 嵌入 MBL 单元，以促进学生对气候变化的理解，推动他们参与基于模型的推理。学生需设计开发模型以解答"碳从哪里来，又到哪里去？"，然后在关于气候变化议题的辩论中使用各自的模型（Zangori et al 2017，p.7）。课程设计基于施瓦兹等（Schwarz et al 2009）的 SSI 建模循环，要求学生进行了三次建模活动。学生首先创建了初始模型，反映他们对议题的前知识和个人经验，运用模型来阐释自己当时对该议题的理解。随着学习过程的推进，学生原有知识受到了挑战，因而对自己的模型进行评估。接下来，学生修改模型以反映他们的新认识。教师运用以下提示性问题，帮助推动了建模学习过程。

- 你认为碳是如何循环的？你是怎么知道的？
- 在 1 到 5 的范围内对你的碳运动循环的解释力评分。
- 你为什么给模型这个评分？模型应该在哪些方面进行修改？
- 讨论并理解：当所有变量平衡时，碳循环如何运作？某些变量的变化会如何影响碳循环的其他部分以及地球整体系统（Zangori et al 2017，p.8）？

随着学生依据新信息不断使用、评估和修改模型，学习就在学生与模型的对话中展开（Zangori et al 2017）。这一整合 MBL 与 SSI 的成功案例，推动了模型导向的基于议题（model-oriented issue-based，MOIB）教学的发展。

支持 MOIB 教学的教学设计环节

MOIB 教学整合了 SSI 和基于模型的推理和教学（Zangori et al 2018）。当前教育纲要强调，要使用科学和工程实践来支持学生理解科学知识是如何形成的（MoNE 2013，2018；NRC 2012；NGSS Lead States 2013）。此外，科学和工程实践对于发展学生的科学推理能力至关重要（Peel et al 2019；Zangori et al 2018）。然而，正如萨德勒（Sadler 2004）所指出的，SSI 教学并没有与这些实践充分联系起来，而是更多地关注科学与社会的互动（Peel et al 2017；Sadler 2004；Zangori et al 2017）。有趣的是，最近的研究声称，学生在科学实践中的技能，如发展、处理、总结思考，事实上提高了他们理解科学与社会之间互动的能力（Peel et al 2017，2019；Zangori et al 2017，2018）。因此，赞戈里等（Zangori et al 2017）认为科学和工程实践对 SSI 教学至关重要。在这些研究基础上，阮等（Nguyen et al 2019）提出了 MOIB 教学模式（图 10.3）。

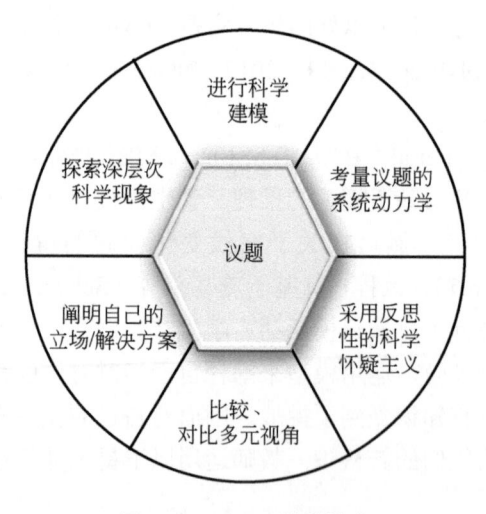

图 10.3　MOIB 教学模式

根据 MOIB 教学模式，学生对 SSI 进行建模从而理解、解释该议题所涉及的科学现象。学生探究科学现象并按照建模步骤来开发、使用、评估/修改模型，以便理解 SSI 背后的科学。这一过程使学生能够将他们所掌握的科学知识应用于这个议题，对该议题的复杂性、多元视角、构成要素展开调研。基于模型的推理与 SSI 教学的整合让学生对真实世界问题形成有意义的、基于科学的视角（Peel et al

2019；Zangori et al 2018）。

社会性科学议题与基于模型的学习（SIMBL）教学模式

随着学习过程的推进，所运用的工具和方法也会发生相应的变化。在过去的几年里，出现了一系列 SSI 教学框架（Friedrichsen et al 2016；Presley et al 2013；Sadler 2011；Sadler, Foulk & Friedrichsen 2017）。最新的 SSI 教学框架（Sadler et al 2017）可以概述为三个阶段：①在教学开始，介绍了解焦点议题；②在焦点议题的情境下培养科学思维、科学实践和 SSR；③通过总结性活动整合思维、实践、推理。近几年，萨德勒及其团队专注于了解教师在进行 SSI 教学时面临的挑战，不断改进 SSI 教学框架（Friedrichsen et al 2016；Presley et al 2013；Sadler 2011；Sadler et al 2017）。而后，萨德勒等（Sadler et al 2019）基于对这一教学环节的实践考察，得出以下三个结论：

> 首先，将主要焦点集中于某一科学实践，如科学建模，可能比同时强调所有八个 NGSS 实践更有利于教师学习和课堂教学。其次，SSR 需要进一步细化阐发，以便更多教师对其加以应用。最后，对于许多倾向于修改和调整教学和学习材料的教师来说，规范性的教学环节可能无法提供足够的灵活性（p. 22）。

基于以上认识，萨德勒等（Sadler et al 2019）提供了另一套将建模融入 SSI 教学的方法。在与职前教师培养的教师合作基础上（见 Sadler et al 2019；Zangori et al 2018），研究人员提出需要创建相关工具帮助教师进行 SSI 教学设计。SSI 教学要求使用诸如论证和建模等科学实践，这些让教师们觉得难以掌握的认知实践可能是整合 MBL 与 SSI 最有成效的工具。就此，萨德勒等设计了一个框架，其目的不在于包纳全部科学实践，而是聚焦于建模。

和 MOIB 模式一样，SIMBL 模式包括了六个相互关联的 SIMBL 本质特征（图 10.4），凸显了 SSI 的中心地位，并强调在整个课程单元中与该议题保持关联的必要性（Sadler et al 2019）。这六个特征包括：①探索深层次科学现象；②进行科学建模；③考量议题的系统动力学；④运用媒介素养策略；⑤比较、对比多元视角；⑥阐明自己的立场/解决方案。以上排序须根据课堂具体要求以及 SSI 的具体特点进行调整。

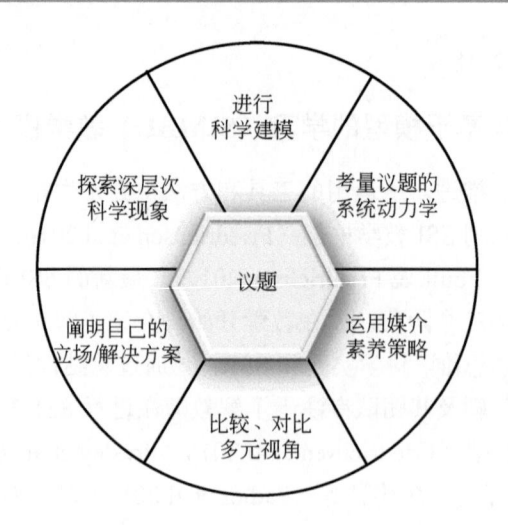

图 10.4　SIMBL 教学模式

资料来源：（Sadler et al 2019，p. 17）

在早期 SSI 教学模式中（Sadler et al 2017），教学的第一步是介绍焦点议题，并将其与科学观念和社会问题联系起来。接着，在焦点议题的情境下，把科学理念及实践与 SSR 过程相互联系。最后一步是围绕议题组织总结性活动来整合思考、实践和推理（Sadler et al 2017）。SIMBL 的目的则主要在于鼓励教师在 SSI 教学中纳入每个基本特征，因此萨德勒等（Sadler et al 2019）并没有限定这些特征在教学中的具体顺序。教师可以对教学单元涉及的关键特征进行分类，并调整分配给每个特征的教学时间。正如萨德勒等（Sadler et al 2009）所言，SIMBL 为教师的 SSI 教学中提供了富于灵活性的工具。两种模式（图 10.3 和图 10.4）之间唯一的变化是将"采用反思性的科学怀疑主义"替换为"运用媒介素养策略"。因此，虽然 SIMBL 与其他 SSI 教学模式在用途和目的上都有所不同，但没有必要将 MOIB 和 SIMBL 对立起来比较。相反，MOIB 模式可以被视为 SIMBL 模式的一个版本。

下文将对 SIMBL 的各个关键特征进行描述，并介绍教师与萨德勒等合作实施的两个 SSI 单元教学示例（Sadler et al 2019）。"消失的草原"单元是为高中生设计的，其重点是气候变化议题以及关于碳循环、生态相互作用的科学观念。自然系统建模、恢复与栖息地保护（modeling natural systems, restoration, and conservation of habitat，MONARCH）单元针对小学生而设计，重点在于调研栖息地破坏如何导致帝王蝶种群数量减少（Sadler et al 2019）。

探索深层次科学现象

这一特征可能是科学教师最熟悉的，它注重与所选 SSI 相关的科学内容。在教授科学内容时，教师应该为学生提供机会来探索与焦点议题相关的科学现象。根据改革导向的科学教学，教学需将科学概念与某一现象联系起来，促进学生参与探究（Sadler et al 2019）。针对这一探究过程，建议教师运用"锚定现象"，这些现象"与学生日常经验相关，可观察，具有复杂性，存在相关数据、文本和图像，并且有利益相关者或受众会对探究发现感兴趣"（NGSS Lead States 2013; Sadler et al 2019, p. 18）。在"消失的草原"和 MONARCH 两个教学示例中（Sadler et al 2019），锚定现象设定为实地考察。在"消失的草原"单元，学生参观了大草原，并进行了以下活动：收集土壤数据、识别原生植物、估算生物多样性等。在 MONARCH 单元，学生实地考察了帝王蝶栖息地。

进行科学建模

纵观科学教育史，模型在课堂教学中的运用，逐渐从基于教材或以教师为中心的学习，转变为学生通过建模进行学习。尽管 SIMBL 教学模式包括多种形式的建模，譬如在线平台和数学建模，但最理想的是提供一个建模包（包含多种建模类型），学生开发自己的模型来回答或解决与科学现象相关的问题或难题。在第一次绘画环节之后，学生可以给自己的模型打分，并说明为什么打这个分数。在低年级课堂中，学生根据获取的新知识，用彩色铅笔在模型一上标明所需的改变和调整；然后，画出模型二。同样的过程在单元结束时再次进行，要求学生评估和评价自己的模型二，并最终绘制出模型。评估和修改是建模实践的重要步骤。学生会意识到他们的思考和想法是动态的学习工具，而不是静态的实体（Sadler et al 2019）。

考量议题的系统动力学

学习系统动力学是学生的必备技能；然而，有关系统动力学的教学缺乏充分的支持。因此，在基于 SSI 的学习中，学生在思考一个系统时，同时思考其科学要素和社会要素。社会要素可能是政治、经济、伦理或宗教方面的考量。在 SIMBL 模式内，关于复杂系统的讨论应该是明确的，以便学生能够考虑到系统各部分之间的相互作用及其如何影响其他系统。例如，在"消失的草原"单元中，学生们需考虑减缓气候变化（如减少大气碳排放）的策略如何与经济、政治影响相互作用。MONARCH 单元则鼓励小学生思考蝴蝶的生物需求，同时也关照他们自己对活动区的渴望（Sadler et al 2019）。

运用媒介素养策略

　　SSI 是当代性议题，因此会随着正在进行的研究、新思想和新观点的发展而变化。有关 SSI 的信息是动态的，不像其他科学科目那样是相对静态的，容易在课本中体现。由于相关信息不断变化、增加，需要更动态的信息源。媒介工具是学生获取相关信息的必要手段，但传统科学教育中并没有教授这一技能。学生需要能够解释媒介信息，并对信息的质量做出评估和决策。

　　萨德勒等（Sadler et al 2019）对 SSI 教学中的媒介素养提出建议，鼓励学生考虑以下四个因素："①信息报道的含义与讯息；②作者撰写信息报道的意图；③预期受众；④可能影响信息或报道方式的潜在偏差。"（p.20）他们为学生提供了"理解媒介资源"（know your resources）问题清单，鼓励学生对他们所接触的各个报道或网站提出质疑。这些问题包括：

- 传播此信息的作者或组织是谁？
- 该出版物的目的是什么？
- 作者有哪些专业知识和/或相关经验？
- 哪些偏见会影响信息的表述？（Sadler 2019，p.20）

比较、对比多元视角

　　该特征指向一项重要的技能即超越个人视角进行思考的能力。这是 SSR 的特征之一，也是培养同理心的关键步骤（Kahn & Zeidler 2017；Sadler et al 2019）。SSI 是结构不良的复杂性问题，存在多种解决方案（Sadler 2004）。这为学生提供了锻炼多元视角转换的机会（Sadler et al 2019）。为了向学生介绍多元视角，可以专门设计一些与单元教学内容相适应的活动。例如，萨德勒等（Sadler et al 2019）在 MONARCH 单元中设计了一个多元视角转换活动，即将学校的足球场变成蝴蝶园，小学生需要思考校队运动员和环保主义者对不同的决策结果会如何反应。

阐明自己的立场/解决方案

　　这个关键特征要求学生为自己的立场辩护和/或对焦点议题提供解决方案。一般来说，可以在单元开始时引入这个环节，以便于教师了解学生的最初立场；并在单元结束时再次进行。SIMBL 单元教学通常会设计一个总结性活动，让学生撰写书面论证来为他们的立场辩护和/或提供解决方案。学生进行论证写作时，需要综合考虑议题中所涉及的科学内容。萨德勒等（Sadler et al 2019）强调，总结性活动应在学生进行了多元视角转换的练习之后进行。让学生阐明自己的视角很重要，这为学生提供机会来创造解决方案，就他们对复杂性议题提出的建议进行辩护，在作为公民所将面临的类似情境中学习科学，从而实现科学素养目标（Sadler 2011；Sadler et al 2019）。

结论

在许多研究者看来，科学素养是科学教育的目标（Bybee 1997；Laugksch 2000；Ogunkola 2013；Roberts & Bybee 2014）。格兰特和拉普（Grant & Lapp）认为，要实现科学素养，教师应实施四个主要策略：①明确与现实世界相关的趣味性科学主题，并将其纳入课程；②让学生熟悉科学产生的过程；③培养学生进行科学实践的习惯，在学生的前知识与新情境之间建立联系；④让学生熟悉使用多种资源并评估其质量。在课程中运用 SIMBL 教学模式（Sadler et al 2019）符合上述标准，能够有效促进公民科学素养培养。与之前的 SSI 框架不同（Friedrichsen et al 2016；Presley et al 2013；Sadler 2011；Sadler et al 2017），SIMBL 模式（Sadler et al 2019）在教学环节和时间分配方面是灵活的。基于课堂动态和关注议题的特点，课程可以从任何特征开始，所分配时间也可做相应调整。

最后，SIMBL 模式（Sadler et al 2019）和 MOIB 模式（Peel et al 2019）与之前的 SSI 教学框架（Friedrichsen et al 2016；Presley et al 2013；Sadler 2011；Sadler et al 2017）的主要差别在于，前者在已有的 SSI 框架中添加了一组基本特征形成新框架，以更好地指导教师的教学实践。这意味着 SIMBL 和 MOIB 并不是取代 SSI 教学，而是在 SSI 框架之下的专门针对建模实践的教学模式（Sadler et al 2019）。由此，这两个教学模式（SIMBL 和 MOIB）使得一个关键科学实践——建模——能够在 SSI 框架下得到有效应用，其重要性对于实现科学素养目标是毋庸置疑的。

参 考 文 献

Albe, V. (2008). When scientific knowledge, daily life experience, epistemological and social considerations intersect: Students' argumentation in group discussion on a socio-scientific issue. *Research in Science Education, 38*(1), 67-90. doi:10.100711165-007-9040-2

Bybee, R. W. (1997). *Achieving scientific literacy: From purposes to practices*. Heinemann.

Clement, J. (2000). Model based learning as a key research area for science education. *International Journal of Science Education, 22*(9), 1041-1053. doi:10.1080/095006900416901

Dawson, V., & Venville, G. (2013). Introducing high school biology students to argumentation about socioscientific issues. *Canadian Journal of Science Mathematics and Technology Education, 13*(4),

356-372. doi:10.1080/14926156.2013.845322

Demir, A., & Namdar, B. (2019). The effect of modeling activities on grade 5 students' informal reasoning about a real-life issue. *Research in Science Education*. Advance online publication. doi:10.100711165-019-09896-8

Duschl, R. A., Bismack, A. S., Greeno, J., Gitomer, D. H., Bismack, A. S., Greeno, J., & Gitomer, D. H. (2016). Coordinating preK-16 STEM education research and practices for advancing and refining reform agendas. In R. A. Duschl & A. S. Bismack (Eds.), *Reconceptualizing STEM education: The central role of practices* (pp. 1-32). Routledge. doi:10.4324/9781315700328

Forbes, C., Zangori, L., & Schwarz, C. (2015). Using models scientifically. *Science and Children*, *53*(2). Advance online publication. doi:10.2505/4c15_053_02_42

Fretz, E. B., Wu, H. K., Zhang, B., Davis, E. A., Krajcik, J. S., & Soloway, E. (2002). An investigation of software scaffolds supporting modeling practices. *Research in Science Education*, *32*(4), 567-589. doi:10.1023/A:1022400817926

Friedrichsen, P. J., Sadler, T. D., Graham, K., & Brown, P. (2016). Design of a socio-scientific issue curriculum unit: Antibiotic resistance, natural selection, and modeling. *International Journal of Designs for Learning*, *7*(1). Advance online publication. doi:10.14434/ijdl.v7i1.19325

Gilbert, J. K. (2004). Models and modelling: Routes to more authentic science education. *International Journal of Science and Mathematics Education*, *2*(2), 115-130. doi:10.100710763-004-3186-4

Gilbert, J. K., & Justi, R. (2016). *Modelling-based teaching in science education*. Springer International Publishing. doi:10.1007/978-3-319-29039-3

Gobert, J. D., & Buckley, B. C. (2000). Introduction to model-based teaching and learning in science education. *International Journal of Science Education*, *22*(9), 891-894. doi:10.1080/095006900416839

Grant, M., & Lapp, D. (2011). Teaching science literacy. *Educational Leadership*, *68*(6).

Harris, R., & Ratcliffe, M. (2005). Socio-scientific issues and the quality of exploratory talk—What can be learned from schools involved in a 'collapsed day' project? *Curriculum Journal*, *16*(4), 439-453. doi:10.1080/09585170500384396

Harrison, A. G., & Treagust, D. F. (1998). Modelling in science lessons: Are there better ways to learn with models? *School Science and Mathematics*, *98*(8), 420-429. doi:10.1111/j.1949-8594.1998.tb17434.x

Harrison, A. G., & Treagust, D. F. (2000). A typology of school science models. *International Journal of Science Education*, *22*(9), 1011-1026. doi:10.1080/095006900416884

Justi, R. S., & Gilbert, J. K. (2002). Modelling, teachers' views on the nature of modelling, and implications for the education of modellers. *International Journal of Science Education, 24*(4), 369-387. doi:10.1080/09500690110110142

Kahn, S., & Zeidler, D. L. (2017). A case for the use of conceptual analysis in science education research. *Journal of Research in Science Teaching, 54*(4), 538-551. doi:10.1002/tea.21376

Klosterman, M. L., & Sadler, T. D. (2010). Multi-level assessment of scientific content knowledge gains associated with socioscientific issues based instruction. *International Journal of Science Education, 32*(8), 1017-1043. doi:10.1080/09500690902894512

Laugksch, R. C. (2000). Scientific literacy: A conceptual overview. *Science Education, 84*(1), 71-94. doi:10.1002/(SICI)1098-237X(200001)84:1<71::AIDSCE6> 3.0.CO;2-C

Louca, L. T., & Zacharia, Z. C. (2012). Modeling-based learning in science education: Cognitive, metacognitive, social, material and epistemological contributions. *Educational Review, 64*(4), 471-492. doi:10.1080/00131911.2011.628748

Ministry of National Education (MoNE). (2013). *İlköğretim Kurumları (İlkokullar ve Ortaokullar) Fen Bilimleri Dersi (3, 4, 5, 6, 7 ve 8. Sınıflar) Öğretim Programı* [Primary education institutions (primary and secondary schools) science course (3rd, 4th, 5th, 6th, 7th and 8th grades) curriculum]. Academic Press.

Ministry of National Education (MoNE). (2018). *Fen Bİlimleri Dersi Öğretim Programı (İlkokul ve Ortaokul 3, 4, 5, 6, 7 ve 8. Sınıflar)* [Science education curriculum (primary and secondary schools 3rd, 4th, 5th, 6th, 7th and 8th grades)]. Academic Press.

MOIB Model |RI[2]. (2019, June 24). http://ri2.missouri.edu/content/MOIB-Model

Namdar, B., & Shen, J. (2015). Modeling-oriented assessment in K-12 science education: A synthesis of research from 1980 to 2013 and new directions. *International Journal of Science Education, 37*(7), 993-1023. doi:10.1080/09500693.2015.1012185

National Research Council (NRC). (2012). *A framework for K-12 science education: Practices, crosscutting concepts, and core ideas*. National Academies Press.

NGSS Lead States. (2013). *Next generation science standards: For states, by states*. National Academies Press.

Ogunkola, B. J. (2013). Scientific literacy: Conceptual overview, importance and strategies for improvement. *Journal of Educational and Social Research, 3*(1), 265-274.

Peel, A., Nguyen, H., Friedrichsen, P., Sadler, T., & Zangori, L. (2019, April 3). *A professional design cycle to support model-oriented issue-based teaching* [poster]. NARST-2019 Annual International Conference, Baltimore, MD.

Peel, A., Sadler, T. D., Andrew, K., Zangori, L., & Friedrichsen, P. (2017). Climate change as an issue for socio-scientific issues teaching and learning. In D. P. Shepardson, A. Roychoudhury, & A. S. Hirsch (Eds.), *Teaching and learning about climate change: A framework for educators* (pp. 153-165). Routledge. doi:10.4324/9781315629841-11

Peel, A., Zangori, L., Friedrichsen, P., Hayes, E., & Sadler, T. (2019). Students' model-based explanations about natural selection and antibiotic resistance through socio-scientific issues-based learning. *International Journal of Science Education, 41*(4), 510-532. doi:10.1080/09500693.2018.1564084

Presley, M. L., Sickel, A. J., Muslu, N., Merle-Johnson, D., Witzig, S. B., Izci, K., & Sadler, T. D. (2013). A Framework for socio-Scientific issues based education. *Science Educator, 22*(1), 26-32.

Roberts, D. A. (2013). Scientific literacy/science literacy. In *Handbook of research on science education* (pp. 743-794). Routledge.

Sadler, T. D. (2004). Informal reasoning regarding socioscientific issues: A critical review of research. *Journal of Research in Science Teaching, 41*(5), 513-536. doi:10.1002/tea.20009

Sadler, T. D. (2009). Situated learning in science education: Socio-scientific issues as contexts for practice. *Studies in Science Education, 45*(1), 1-42. doi:10.1080/03057260802681839

Sadler, T. D. (Ed.). (2011). *Socio-scientific issues in the classroom: Teaching, learning and research*. Springer. doi:10.1007/978-94-007-1159-4

Sadler, T. D., Barab, S., & Scott, B. (2007). What do students gain by engaging in socioscientific inquiry? *Research in Science Education, 37*(4), 371-391. doi:10.100711165-006-9030-9

Sadler, T. D., Foulk, J. A., & Friedrichsen, P. J. (2017). Evolution of a model for socio-scientific issue teaching and learning. *International Journal of Education in Mathematics, Science and Technology, 5*(2), 75-87.

Sadler, T. D., Friedrichsen, P., & Zangori, L. (2019). A framework for teaching for socio-scientific issue and model based learning (SIMBL). *Educação e Fronteiras, 9*(25), 08-26.

Savin-Baden, M., & Major, C. H. (2013). *Qualitative research: The essential guide to theory and practice*. Routledge.

Schwarz, C. V., Reiser, B. J., Davis, E. A., Kenyon, L., Achér, A., Fortus, D., Shwartz, Y., Hug, B., & Krajcik, J. (2009). Developing a learning progression for scientific modeling: Making scientific modeling accessible and meaningful for learners. *Journal of Research in Science Teaching, 46*(6), 632-654. doi:10.1002/tea.20311

Shen, J., Lei, J., Chang, H.-Y., & Namdar, B. (2014). Technology-enhanced, modeling-based instruction (TMBI) in science education. In J. M. Spector, M. D. Merrill, J. Elen, & M. J. Bishop

(Eds.), *Handbook of research on educational communications and technology* (pp. 529-540). Springer. doi:10.1007/978-1-4614-3185-5_41

Treagust, D., & Harrison, A. (1999). The genesis of effective scientific explanations for the classroom. In J. Loughran (Ed.), *researching teaching methodologies and practices for understanding pedagogy* (pp. 28-43). Routledge.

Treagust, D. F., Chittleborough, G., & Mamiala, T. L. (2002). Students' understanding of the role of scientific models in learning science. *International Journal of Science Education, 24*(4), 357-368. doi:10.1080/09500690110066485

Van Driel, J. H., & Verloop, N. (2002). Experienced teachers' knowledge of teaching and learning of models and modelling in science education. *International Journal of Science Education, 24*(12), 1255-1272. doi:10.1080/09500690210126711

Yager, R. E. (1991). The constructivist learning model. *Science teacher (normal, Ill.), 58*(6), 52.

Zangori, L., Foulk, J., Sadler, T. D., & Peel, A. (2018). Exploring elementary teachers' perceptions and characterizations of model-oriented issue-based teaching. *Journal of Science Teacher Education, 29*(7), 555-577. doi:10.1080/1046560X.2018.1482173

Zangori, L., Peel, A., Kinslow, A., Friedrichsen, P., & Sadler, T. D. (2017). Student development of model-based reasoning about carbon cycling and climate change in a socio-scientific issues unit. *Journal of Research in Science Teaching, 54*(10),1249-1273. doi:10.1002/tea.21404

第十一章 面向科学素养培养之 SSI 教学中的统一主题

沃德尔·A. 鲍威尔
美国弗雷明翰州立大学

摘要：本章介绍了本书以 SSI 教学培养科学素养的统一主题。第一部分概述了如何在小学阶段有效实施 SSI 教学，为学生提供将科学应用于日常生活的机会。第二部分延续了这一讨论，不同作者利用现实世界的科学情境，促使学生在思考寻找真实世界科学问题的解决方案时，运用品格、价值、道德推理。第三部分继续向上来到更高学段，讨论了 SSI 如何提高大学生的科学素养。第四部分介绍了 SSI 在 K-12 核心教育体系的成功实施。在第五部分中，作者揭示了 STEM、MBL 和 SSI 在实现科学素养方面的整合性与综合性。

引 言

新冠疫情凸显了提升美国公众尤其是学龄儿童科学素养的迫切性。当成千上万的美国人死于新冠病毒感染时，许多美国联邦、州政府决策者却无视药物类型、疫苗生产等科学过程中已知的科学原则、研究实践与发现。一些政策制定者甚至提倡广泛使用羟氯喹等抗疟药来治疗新冠肺炎，认为服用羟氯喹并无大碍；科学家则表示此举可能导致严重副作用，甚至危及生命。疾病控制与预防中心不得不发布公告，警告公众不要服用家用清洁剂或消毒剂来治疗新冠肺炎。随着美国经济重新开放，许多政府官员甚至无视科学家有关戴口罩和保持社交距离的警告。政策制定者不断提出危险建议，这凸显了培养公众以及学龄儿童科学素养的紧迫性。PISA 2015 报告对科学素养的定义如下：

科学素养是具备反思力的公民参与讨论科学议题、科学观念的能力。具备科学素养的个人有意愿参与有关科学技术的理性讨论，而这要求具备科学解释现象、评估设计科学探究以及科学解读数据与证据的能力（OECD 2018，p.75）。

PISA 对科学素养的定义涵盖了以下三种能力：①科学解释现象的能力；②科学解读/阐释数据和证据的能力；③评估和设计科学探究的能力。

SSI 框架对于帮助学生获得以上科学素养能力至关重要。SSI 具有结构不良的特性，能够促使学生参与讨论真实世界中与社会相关的科学问题（Zeidler 2014）。研究表明，SSI 可以提高学生科学解释现象的能力（Kosterman & Sadler 2009；Nielson 2012；Sadler, Klosterman & Topçu 2011；Zeidler et al 2005）。此外，SSI 也展现了对于学生评估和设计科学探究能力的积极影响（Zeidler, Applebaum & Sadler 2011；Bencze, Sperling & Carter 2011），以及在提高学生解读数据与证据能力方面的作用（Powell 2019，2020；Zeidler et al 2009）。更重要的是，SSI 对学生道德品格发展具有潜在促进作用（Owens, Sadler & Zeidler 2017；Zeidler 2014），提供必要蓝图以帮助学生在道德相关问题上做出知情决策。此外，还须牢记 SSI 不仅限于课堂教学，因为就其本质而言，它能够让所有人在处理真实世界科学难题时都兼顾德性的考量。新冠疫情就是这样的难题，它要求我们投票选举出的官员在进行决策时抱持德性。广大民众需要他们在以智慧处理应对疫情的同时，能够做到值得信赖、心系天下、敢为人先、开诚布公、公平公正。

SSI 框架能够有效推动 PISA 测试所倡导的科学素养培养，并为学生带来更为全面的发展，无论我们是在讨论新冠疫情，还是天然气管道应穿过哪些社区、填埋式垃圾场的选址问题、是否应该消费转基因食品，抑或是气候变化等议题。本书作者关注 SSI 与科学素养之间的关系，分享了他们通过 SSI 培养学生科学素养的诸多方法，对该问题做出了重要贡献。

SSI 与科学素养培养

PISA 测试科学素养定义与 SSI 框架有很多共同点。根据萨德勒和蔡德勒（Sadler & Zeidler 2009）的说法，"PISA 测试与 SSI 框架针对科学素养的定位都强调帮助学生为各自的人生与公民参与做好准备、注重复杂性推理与反思实践、讲求深刻理解 NOS 及其在社会实践中的呈现"（p.1）。然而，SSI 框架作为实现科学素养的进路更为稳妥，因为它兼顾考量道德发展（Zeidler 2014；Sadler 2011；Zeidler et al 2005）、情感（Hodson 2006；Kolstø 2001；Saunders & Rennie 2013；Wu & Tsai 2011）、品格教育（Zeidler et al 2005）、社会道德话语（Zeidler 2014）。其视角囊括了功能性科学素养（Zeidler & Keefer 2003），有助于将真实世界科学难题与科学教育课程联系起来。如果一个人不能慎思诸如迫使边缘群体饮用污水等道德暴行,那么考察他是否具有科学素养(即能够科学解释现象、科学解读数据和证据、评估和设计科学探究)又有什么意义?

SSI 框架提倡的科学素养概念,包括向学生创设契机,在对大众福祉与环境保护等相关事宜进行决策的同时,能够兼顾考量道德伦理因素(Sadler 2011;Zeidler, Herman & Sadler 2019)。培养学生科学素养要求教师为学生提供进入社会道德话语展开讨论的契机,使学生在发展自身品格的过程中,增强共情他人、从他人角度进行思考的能力。

显然,在面对气候变化、环境污染、生态系统破坏、新冠疫情等真实世界科学议题时,我们的应对措施中并非全然没有道德发展、社会道德话语、品格发展、认知发展、情感、NOS 等要素,这些都是达到科学素养需求水平、进行问题解决所必不可少的。图 11.1 直观地展示了提高科学素养水平以进行真实世界问题解决的要素。

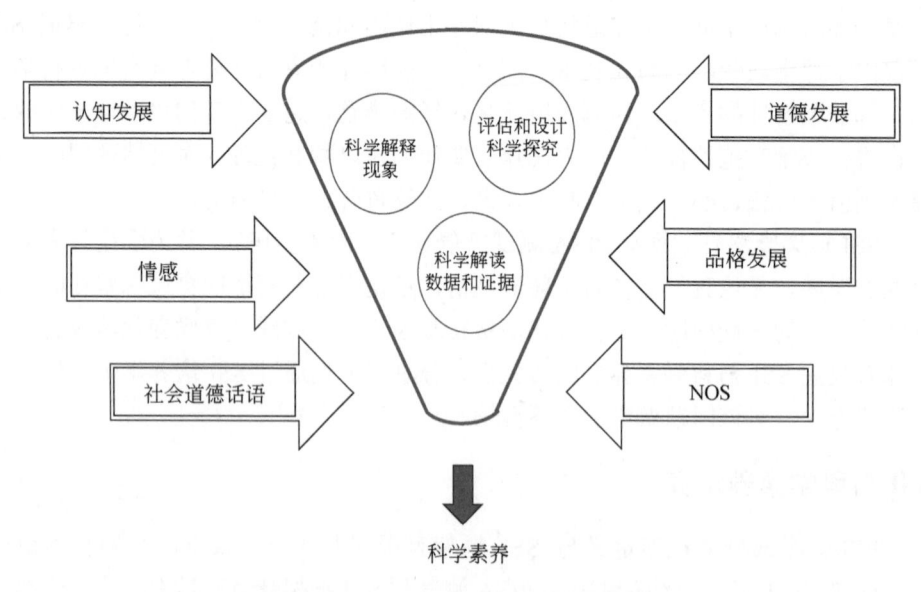

图 11.1 以 SSI 推进 PISA 科学素养培养

以 SSI 培养科学素养之教学路径的统一性

本书作者分别分享了各自在以 SSI 框架提高科学素养方面的专业性和创造力。因此,他们一致认为,道德发展、品格发展、NOS、社会道德话语、情感和认知发展对于培养所有学生科学解释现象、科学解读数据和证据、评估和设计科学探究的能力至关重要。

第一部分（第一章和第二章）概述了如何在小学阶段有效实施 SSI 教学的问题，如何为学生创造机会，将科学应用于日常生活。此外，相较于语文、数学等学科，科学往往被置于次要地位。这导致许多小学生直到高年级、即将面临关键的州级基础科学考试之时，才突然接触到大量科学知识。事实上，在美国一些地区，学校的当责报告并没有赋予科学与数学、英语言艺术等学科同等的价值。在这种情况下，为小学生科学素养培养夯实基础的希望渺茫。而这一部分的作者也确实说明了，年龄再小的孩子都具备做科学的能力。

第二部分（第三、四、五章）延续第一部分的讨论，作者利用真实世界科学情境为学生创造契机，让他们在思考寻找现实世界科学难题的解决方案时，融入品格、价值和道德推理。这一部分提供了如何针对中年级学生制定、实施有效 SSI 教学的蓝图。

第三部分（第六章）向我们展示了在更高学段如何以 SSI 教学提升大学本科生科学素养。在这一部分，作者展示了大学本科课堂中 SSR 与科学素养之间的关系。此外，作者也详述了 SSI 与技术本质之间的密切联系，以及如何在本科课堂上利用这些关联来帮助学生寻找解决真实世界问题的方法。

第四部分（第七章和第八章）展示了在 K-12 教育体系之核心部分实施 SSI 教学的成功经验。如果职前教师对 SSI 及其提高学生科学素养的功能有积极的认识，那么他们将更加开放地创造教学机会，让学生就现实世界中社区相关的科学议题展开论证，参与社会道德话语讨论，这将切实提高本书集中关注的科学素养水平。

在第五部分（第九章和第十章）中，作者揭示了 STEM、MBL 和 SSI 在实现科学素养方面的整合性。为了让学生成为面向未来的全球公民，STEM 倡导者呼吁所有研究者、政策制定者和教师优先发展 STEM 教育（ICASE 2013）。然而，我们已经看到，少数群体——黑人女性尤甚——在以白人为主的机构中往往遭到边缘化，并且在 STEM 行业中代表性不足（Dorch & Patel 2017）。在 SSI 框架内践行 MBL，可以推进建构主义学习方法，帮助女性和有色人种进入学界。

结　　语

我们认为，利用 SSI 提高全体学生科学素养具有诸多优势。在总结本书时，我觉得以下面这段话结束是恰当的：

区分长、幼、老、少的主要标准不该是日历。

人不会只因生得早就年老，也不因生得晚就年少。长或幼，更多取

决于人们如何看待世界，以及他们有多大意愿带着好奇投身知识。(Freire 2004, p.72)

保罗·弗莱雷（Paul Freire）的名言，凝练了本书的主旨，我们看到不同作者巧妙地利用各自的创造力和专业技能，让所有学生参与到 SSI 教学中。这些教学实践使学生能够思考世界、感受人与自然的紧密关联，并在为真实世界科学难题寻求解决方案时，从道德推理、品格发展、情感推理、认知发展、科学本质的视角给予自己知识。我们已经看到，学生对违背其信念/信仰的科学议题进行决策时，愿意考虑他人的观点。例如，在确定科学家是否应该克隆动物来提供食物从而预防营养不良和死亡时，学生们会这样评论："我的宗教教导说上帝是生命的创造者。尽管克隆违背了我的宗教信仰，但我可以想象他们的感受。作为一名基督徒，我坚信我应当在人们需要的时候为他们提供服务和帮助。其他人帮助过我们，所以我们现在应该尽我们所能帮助其他人。"

这个例子表明，有效的 SSI 教学可以培养学生具有一种德性、关怀感，让人能够勇敢地反对根深蒂固的信念。

参 考 文 献

Bencze, L. L., Sperling, E., & Carter, L. (2011). Students' research informed socio-scientific activism: Re/Visions for a sustainable future. *Research in Science Education, 42*(1), 129-148. doi:10. 100711165-011-9260-3

Dortch, D., & Patel, C. (2017). Black undergraduate women and their sense of belonging in STEM at predominantly White institutions. *NASPA Journal About Women in Higher Education, 10*(2), 202-215. doi:10.1080/19407882.2017.1331854

Freire, P. (2004). *Pedagogy of indignation*. Paradigm Publishers.

Hodson, D. (2006). Why we should prioritize learning about science. *Canadian Journal of Science. Mathematics and Technology Education, 6*(3), 293-311. doi:10.1080/14926150609556703

ICASE. (2013). The Kuching declaration. *Proceeding of the World Conference on Science and Technology Education (WorldSTE2013)*. Available online at: http://www.icaseonline.net/ICASE%20Kuching%20Declaration_Final.pdf

Kolstø, S. D. (2001). Scientific literacy for citizenship: Tools for dealing with the science dimension of controversial socioscientific issues. *Science Education, 85*(3), 291-310. doi:10.1002ce.1011

Kosterman, M. L., & Sadler, T. D. (2010). Multi-level assessment of scientific content knowledge gains associated with socioscientific issues-based instruction. *International Journal of Science Education, 32*(8), 1017-1043. doi:10.1080/09500690902894512

McGee, E. O., & Bentley, L. (2017). The troubled success of black women in STEM. *Cognition and Instruction*, *35*(4), 265-289. doi:10.1080/07370008.2017.1355211

Nielson, J. A. (2012). Science in discussion: An analysis of the use of science content in socioscientific discussion. *Science Education*, *96*(3), 428-456. doi:10.1002ce.21001

OECD. (2018). *PISA for development assessment and analytical framework: Reading, mathematics and science*. OECD.

Owens, D. C., Sadler, T. D., & Zeidler, D. L. (2017). Controversial issues in the science classroom. *Phi Delta Kappan*, *99*(4), 45-49. doi:10.1177/0031721717745544

Powell, W. A. (2020). Framework for using geospatial technology to promote middle school students' critical thinking on socioscientific issues. In *Next generation digital tools and applications for teaching and learning enhancement* (pp. 47-78). IGI Global. doi:10.4018/978-1-7998-1770-3.ch004

Powell, W. A., & Fuchs, D. (2019). Using socioscientific issues to enhance evidence-based reasoning among middle school students. In S. Robinson & V. Knight (Eds.), *Handbook of research on critical thinking and teacher education pedagogy* (pp. 150-176). IGI Global. doi:10.4018/978-1-5225-7829-1.ch009

Sadler, T., Klosterman, M., & Topçu, M. (2011). Learning science content and socio-scientific reasoning through classroom explorations of global climate change. In T. D. Sadler (Ed.), *Socio-scientific issues in the classroom: Teaching, learning and research* (pp. 45-77). Springer. doi:10.1007/978-94-007-1159-4_4

Sadler, T. D. (2011). Situating socio-scientific issues in classrooms as a means of achieving goals of science education. In *Socio-scientific issues in science classrooms: Teaching, learning and research* (pp. 1-9). Springer. doi:10.1007/978-94-007-1159-4_1

Sadler, T. D., & Zeidler, D. L. (2009). Scientific literacy, PISA, and socioscientific discourse: Assessment for progressive aims of science education. *Journal of Research in Science Teaching*, *46*(8), 909-921. doi:10.1002/tea.20327

Saunders, K. J., & Rennie, L. J. (2013). A pedagogical model for ethical inquiry into socioscientific issues in science. *Research in Science Education*, *43*(1), 253-274. doi:10.100711165-011-9248-z

Wu, Y. T., & Tsai, C. C. (2011). High school students' informed reasoning regarding a socio-scientific issue, with relation to scientific epistemological beliefs and cognitive structures. *International Journal of Science Education*, *33*(3), 371-400. doi:10.1080/09500690903505661

Zeidler, D. L. (2014). Socioscientific issues as a curriculum emphasis: Theory, research, and practice. In N. G. Lederman & S. K. Abell (Eds.), *Handbook of research on science education* (Vol. 2, pp.

697-726). Routledge.

Zeidler, D. L., Applebaum, S. M., & Sadler, T. D. (2011). Enacting a socioscientific issues classroom: Transformative transformations. In T. D. Sadler (Ed.), *Socioscientific issues in science classrooms: Teaching, learning and research* (pp.277-306). Springer. doi:10.1007/978-94-007-1159-4_16

Zeidler, D. L., Herman, B. C., & Sadler, T. D. (2019). New directions in socioscientific issues research. *Disciplinary and Interdisciplinary Science Education Research*, *1*(11), 1-9. doi:10.11864 3031-019-0008-7

Zeidler, D. L., & Keefer, M. (2003). The role of moral reasoning and the status of socio-scientific issues in science education. In D. L. Zeidler (Ed.), *The role of moral reasoning on socio-scientific issues and discourse in science education* (pp. 7-38). Kluwer Academic Publishers.

Zeidler, D. L., Sadler, T. D., Applebaum, S., & Callahan, B. E. (2009). Advancing reflective judgment through socioscientific issues. *Journal of Research in Science Teaching, 46*(1), 74-101. doi:10.1002/tea.20281

Zeidler, D. L., Sadler, T. D., Simmons, M. L., & Howes, E. V. (2005). Beyond STS: A research-based framework for socioscientific issues education. *Science education, 89*(3), 357-377. doi:10.1002ce.20048